K-컬처,
AI도슨트로 날개를 달다

말하지 못하던 유산이 말하기 시작했다.
강화도 고인돌에서 K-팝까지, AI가 다시 쓰는 문화 감상의 미래

머리말

1. 문화 감상의 새로운 패러다임, AI가 날개가 되다

"문화는 인간의 마음을 담는 그릇이며, 감상은 그 그릇을 여는 열쇠입니다."

우리는 오랫동안 문화유산과 전통 예술을 감상할 때, '정보의 전달'에만 집중해왔습니다. 유적지 앞의 입간판, 전시관의 오디오 가이드, QR코드로 연결된 설명 페이지들까지— 그 모든 도구들은 주로 사실을 나열하고 지식을 전달하는 데 그쳤습니다. 하지만 사람은 정보를 기억하는 존재가 아니라, 감동을 기억하는 존재입니다.

이제, 기술이 진화한 시대에 우리는 스스로에게 질문해야 합니다.

- "AI는 과연 사람의 감정에 다가갈 수 있을까"
- "기계가 전하는 해설이 관람객의 마음을 움직일 수 있을까"
- "AI는 단순한 해설을 넘어, K-컬처의 세계화를 이끄는 진정한 파트너가 될 수 있을까"

『K-컬처, AI도슨트로 날개를 달다』는 바로 이 질문에서 출발하였고, 그 질문에 명확하고도 창의적인 답을 주기 위해 저자들이 직접 개발하고 특허 등록한 AI 기술을 기반으로 집필된 책입니다.

□ 본 책에 적용된 '6위1체 AI 문화 감상 기술'은 다음과 같은 독창적 구조를 갖습니다:

- AI도슨트: 사람의 감정에 반응하고 공명하는 해설자

- AI뮤직: 장소와 주제에 따라 감정을 유도하는 몰입형 음악 생성기
- AI톡허브: 관람객과 실시간으로 대화하며 해설을 심화시키는 인터랙티브 시스템
- 다국어 해설: 언어 장벽을 넘고 세계인을 연결하는 글로벌 확산 기반
- 몰입형 전시 연동 시스템: 현장 위치 기반 자동 해설, 감성 콘텐츠 동기화
- 감정 데이터 기반 피드백 AI: 관람객의 표정·목소리·반응 데이터를 분석해 해설 개선

이 6가지 기술이 유기적으로 작동하는 통합 시스템은 저자들이 오랜 연구와 현장 적용을 통해 고안하고, 정식 특허로 등록한 창의적 융합 기술입니다. 즉, 이 책은 기술 이론서를 넘어, 검증된 특허 기반 AI문화기술의 실제 적용서이자 확산 전략서입니다.

AI는 이제 단순한 정보 전달자가 아닙니다. AI는 사람과 문화를 잇는 다리이며, 감정의 공명자입니다. 해설자, 작곡가, 대화자, 그리고 감성 큐레이터로서의 역할을 동시에 수행하며, 문화유산과 관람객 사이에 새로운 감성의 흐름을 창조합니다.

『K-컬처, AI도슨트로 날개를 달다』는 이 특허 기반 기술이 실제 어떻게 문화유산 현장에 적용되고, 관람객의 감동을 어떻게 배가시키며, 한국의 전통이 세계를 향해 감성 콘텐츠로 비상하는지를 구체적인 사례와 함께 소개하는 책입니다.

기술은 사람의 마음을 움직일 수 있을 때 비로소 문화가 됩니다. 이 책은 AI기술이 문화 감상의 미래를 어떻게 재설계할 수 있는지를 보여주는 미래 감성 안내서이자, 한국의 K-컬처를 AI 기반 감정 콘텐츠로 세계에 확장하는 문화 전략의 나침반입니다.

2. 이 책은 누구를 위한 책인가?

■ 일반 독자, 문화 애호가

이 책은 여러분의 전시 감상 경험을 한 차원 높여주는 감성 기술 안내서입니다. 이제는 문화유산 앞에서 스마트폰을 꺼내는 순간, AI가 말을 걸어옵니다.

"이 탑이 세워진 이유를 알고 싶으신가요?"
"이 그림 속 주인공의 감정이 궁금하신가요?"
"조상의 목소리로 이야기를 들려드릴까요?"

AI도슨트는 단순히 설명하지 않고, 함께 감정의 여정을 떠나는 파트너가 됩니다. 이 책을 통해 AI와 함께하는 감상법을 익히고, 문화의 깊이에 다가갈 수 있습니다.

■ 정책 담당자, 공공기관 기획자

대한민국의 문화유산은 이제 세계인의 관광지이자, 감동의 현장이 되어야 합니다. 하지만 언어 장벽, 해설 인력 부족, 콘텐츠 낙후 등의 문제로 여전히 관람객 중심의 감상은 어렵습니다.

이 책은 AI도슨트, AI뮤직, AI톡허브, 다국어 시스템을 결합한 6위1체 솔루션을 통해

- 정책적 실행 방안
- 예산 편성 항목
- 도입 시나리오
- 해외 적용 모델 등을 구체적이고 실용적인 방식으로 제시합니다.

■ 기술 개발자, 창업자, 융합 콘텐츠 제작자

AI 기술은 교육, 의료, 제조 등 다양한 분야에서 이미 활용되고 있습니다. 그러나 문화 영역에서 AI는 아직도 미개척된 보물 창고입니다.

- 유물의 시대 배경을 AI가 설명하고,

- 전통 제례의 북소리를 AI뮤직이 재해석하고,
- 관람객이 AI와 실시간 대화를 나누며 의미를 되새기는 감상 경험,

이것이 바로 All AI K-Culture의 세계입니다. 기술에 감정을 입히고, 감동을 프로그래밍하는 작업에 관심 있는 개발자와 창업자라면, 이 책이 최고의 문화 기술 가이드북이 될 것입니다.

3. 이 책의 6가지 차별점

1) 감정을 해설하는 AI – '정보'가 아닌 '공감'을 전하다

기존 도슨트가 연도, 장소 등의 '사실'을 전달했다면, 이 책의 AI도슨트는 관람객의 감정에 공명합니다.

- 관람객의 표정, 질문 뉘앙스를 실시간 분석
- 상황에 맞는 감정 중심 맞춤형 해설 제공
- 관람 후에도 기억에 남는 것은 정보가 아니라 감정이라는 인사이트 전달

예시: 아이와 함께 경복궁을 방문한 가족에겐 '왕의 따뜻한 이야기'를, 역사에 관심 많은 청소년에겐 '정책과 건축 해설'을 제공

2) AI뮤직이 일으키는 공명 – 귀로 듣는 시간 여행

AI가 생성한 전통음악, 자연의 소리, 감정 기반 알고리즘으로 만들어낸 몰입형 음악 콘텐츠는 문화 감상에서 감정을 증폭시킵니다.

- 제의의 북소리, 민중의 외침, 농악의 흥겨움 등

- 감정을 시각이 아닌 청각으로 공감하게 만듦
- 기억보다 오래 남는 '음악의 감정적 흔적' 강조

예시: 강화도 고인돌에서는 제사 북소리, 독립기념관에서는 민중의 함성 음악으로 감성 환기

3) AI톡허브를 통한 쌍방향 감상 – 관람객이 주도하다

기존 해설은 일방향. 이제는 관람객이 질문하고, AI가 대답하며 감상을 주도합니다.

- 실시간 Q&A, 연관 유물 안내, 감정 기반 대화
- 전시 몰입도, 체류 시간, 만족도를 획기적으로 향상
- 어린이 전시에서는 퀴즈, 역할극, 미션형 감상 가능

예시: "이건 뭐예요"라는 아이의 질문에 즉답하며 '역사 속 이야기'로 이끌어주는 AI 대화 구조

4) 다국어 + 다감정 해설 – K-컬처의 감정을 세계로

단순 번역을 넘어 문화별 감정 코드에 맞춰 해설 제공

- 영어, 일어, 중국어 등 다국어 + 문화적 정서에 맞춘 표현
- 각 나라 관람객의 정서에 맞는 감성 전달 구조
- 단순 정보 전달이 아닌 '공감의 글로벌 커뮤니케이션' 실현

예시: 같은 유물을 한국인에겐 공동체 중심, 서양인에겐 개인 서사 중심으로 감성 해석

5) 실천된 기술 사례 – 기술이 아닌 '현장 혁신'의 증거

이 책은 단순한 이론서가 아닌, 전국 문화유산 현장에서의 실증 사례 기반 실천서입니다.

- 강화도 고인돌, 도원결의 카페, 경복궁, 독립기념관, 민속촌, 강아지숲, 치료명명 동물병원, 미술관 등
- 단순 시연이 아닌 관람객 반응 기반 검증된 콘텐츠
- 감정 중심 AI기술이 실제로 어떻게 관람 경험을 변화시키는지 입증

6) ➕ 웹툰으로 시각화한 핵심 개념 – 독자의 몰입을 돕는 스토리텔링

이 책은 주요 개념을 스토리텔링 기반 웹툰으로 구성해 복잡한 기술 개념도 누구나 쉽게 이해할 수 있도록 도왔습니다.

- AI도슨트가 어떻게 관람객의 감정을 이해하는지
- AI뮤직이 어떻게 시간 여행을 가능케 하는지
- 관람객과 AI의 대화 장면을 캐릭터 중심으로 표현
- 어린이, 학생, 일반 독자까지 모두 쉽게 이해 가능한 콘텐츠 제공

■ 웹툰 삽입은 단순한 부록이 아니라, 감성적 이해를 유도하는 핵심 전략입니다.

이 6가지 차별점은 『K-컬처, AI도슨트로 날개를 달다』가 단순한 기술 설명서나 정책 보고서가 아닌, 문화와 감정의 융합을 실현한 실천적이고 감성적인 안내서임을 보여주는 강력한 차별 요소입니다.

이 사례들은 단지 기술 시연이 아닌, 실제 관람객의 반응과 만족도를 기반으로 발전된 콘텐츠입니다. 이 책은 AI기술이 어떻게 '현장'에서 '가치'로 전환되는지 보여주는 진정한 의미의 문화 혁신 실천 보고서입니다.

4. 책의 활용법

『K-컬처, AI도슨트로 날개를 달다』는 단순히 읽고 끝나는 이론서가 아닙니다. 이 책은 독자 각자가 자신의 현장에서 즉시 적용하고, 실천하고, 확산시킬 수 있도록 설계된 실행지침서입니다.

전체 내용은 이해 → 공감 → 실천 → 확산이라는 4단계 흐름을 중심으로 구성되어 있으며, 이러한 구조는 독자들이 AI기반 문화기술을 '개념'이 아닌 '경험'으로 체득할 수 있도록 돕습니다.

■ 1단계. 이해 - 왜 AI도슨트인가?

각 장의 도입부는 "왜 지금 AI도슨트가 필요한가"라는 질문에 명확한 답을 제공합니다. 문화 감상 방식이 어떻게 변화했는지, 기존 해설 방식의 한계는 무엇이었는지, 그리고 AI가 왜 문화와 감성의 새로운 접점이 될 수 있는지를 설명하며, 독자가 AI도슨트의 개념과 필요성을 논리적으로 이해하도록 안내합니다.

예를 들어,
- "입간판 해설에서 AI감성 해설로 어떻게 진화했는가?"
- "왜 전시장은 감정 기반으로 설계되어야 하는가?" 등의 문제 제기를 통해 문제 인식 → 기술의 역할 → 적용 가치를 단계적으로 제시합니다.

또한 AI도슨트가 포함된 6위1체 기술 구조와 AI뮤직, AI톡허브 등 세부 구성 요소에 대한 개념도 구체적으로 설명되어 있어, 기술에 익숙하지 않은 독자도 쉽게 접근할 수 있습니다.

■ 2단계. 공감 - 감정으로 전시를 다시 만나다

이해의 다음은 '공감'입니다. 각 장은 실제 문화유산이나 전시공간에서 AI가 어떻게 관람객의 감정을 이끌어냈는지를 중심으로 서술되어 있습니다.

이 책은 정보 중심 설명이 아닌, 스토리텔링 방식으로 서사를 전달합니다.

예를 들어,
- 고인돌 앞에서 관람객이 AI의 북소리를 듣고 눈시울을 붉혔던 순간,
- 독립기념관에서 관람 중 "잊지 않겠습니다"라고 AI톡허브에 남긴 메시지,
- 강아지숲에서 반려견이 AI펫도슨트를 통해 "엄마, 나도 행복했어요"라고 말하자 견주가 눈물을 흘렸던 장면,

이러한 사례를 통해 독자 스스로도 감정적으로 공감하고 몰입하게 됩니다.

공감은 단지 감동을 위한 장치가 아니라, 기술 도입과 정책 결정의 첫 단추입니다. 이 책은 공공기관, 기술개발자, 문화기획자, 관람객 누구라도 AI도슨트의 효과를 감성적으로 설득 받을 수 있도록 합니다.

■ 3단계. 실천 – 현장에서 바로 활용 가능한 실행 안내서

이 책은 각 장마다 AI도슨트 기술을 어떻게 도입하고 적용할 수 있는지를 단계별로 안내합니다. 즉, "이 기술을 내가 어디에 어떻게 활용할 수 있을까"라는 질문에 대해 구체적인 실천 가이드를 제공합니다.

☑ 실천 가이드는 다음과 같은 형태로 구성됩니다:

- 기술 구성도 및 시스템 아키텍처: 어떤 기술이 어떤 방식으로 결합되어 도슨트가 작동하는지를 그림과 함께 설명
- 현장 적용 프로세스: 기획 → 설계 → 구축 → 운영 → 피드백 수집 → 개선 단계

- 예산 및 행정 연계 가이드: 문화재청, 지자체, 관광공사 등과 협력하여 예산 항목을 편성하고 정부지원사업과 연계하는 방법
- 운영 인력 및 협업 구조: AI도슨트 운영 시 필요한 현장 인력 구성, 협업 기업 리스트 등
- 적용 장소 유형별 전략: 박물관, 사찰, 야외유적지, 전시관, 공연장, 테마파크 등 각 장소별 커스터마이징 방법 안내

이로 인해 독자는 단순한 독자가 아니라, 실행 가능한 문화기술 실천가로 거듭날 수 있습니다.

■ 4단계. 확산 – 지역과 세계로 퍼져나가는 문화 감상의 혁신

이 책은 궁극적으로 K-컬처의 글로벌 확산 전략을 내포하고 있습니다. 각 장에서는 기술 적용이 어떻게 지역 커뮤니티의 문화 산업을 활성화하고, 나아가 K-컬처의 세계 진출에 기여할 수 있는지를 실질적으로 조명합니다.

☑ 확산 전략 예시:

- 강화도 고인돌 유적지: AI도슨트를 통해 세계유산에 걸맞은 글로벌 해설 시스템 구축 → 해외 관광객 대상 전시 상품 개발
- 전등사 AI명상도슨트: 불교 사찰의 명상 콘텐츠를 다국어 AI도슨트로 재해석 → '명상관광' 테마 상품화
- K-팝 공연과 AI뮤직 결합: 실시간 감성 해석과 음향이 융합된 감정형 공연 → 해외 팬들에게 'AI와 함께하는 K-콘서트'로 확산

이처럼 각 지역의 유무형 자산이 AI를 만나 새로운 관광·교육·산업 자원으로 재탄생할 수 있음을 구체적으로 설명합니다.

결론적으로, 「K-컬처, AI도슨트로 날개를 달다」는 문화 현장을 바꾸는 실행 전략서이자, 감성 시대의 전시 감상 혁신을 설계하는 미래 안내서입니다.

5. 저자들의 마지막 메시지 – "문화는 감정이고, 감정은 전파된다"

AI가 문화 감상을 '대신'할 수는 없습니다. 그러나 AI는 문화 감상을 더 깊게, 더 넓게, 그리고 더 함께 할 수 있게 만들어줍니다.

우리는 이 책을 통해 다음과 같은 메시지를 전하고자 합니다.
- AI는 단순한 정보 안내가 아니라 감정의 도슨트가 되어야 합니다.
- AI는 기술이 아니라, 감정을 품은 안내자가 되어야 합니다.
- 문화유산은 박제된 유물이 아니라, 현재와 미래를 연결하는 감성 자산입니다.
- 그리고 이제, 그 감성을 세계와 연결하는 콘텐츠가 되어야 합니다.

AI는 문화유산을
- 더 오래 기억되게 만들고,
- 더 깊이 느끼게 하며,
- 더 멀리 퍼지게 합니다.

이는 단순히 '설명하는 기술'이 아닌, 감정을 공유하고 확장하는 문화 동반자로서의 AI의 역할입니다.

☑ 이 책은 '실천의 확장'입니다

이 책은 우리가 앞서 공동 집필한 『미술 전시회 100배 감상법』에서 소개한 '6위1체 AI 특허기술'(AI도슨트, AI뮤직, AI톡허브, QR 시스템, 다국어 해설, 몰입형 감상 체험)을 전시회 영역에 국한하지 않고, 고궁, 유적지, 박물관, 민속촌, 기념관, 사찰, 테마파크, 반려동물 문화, 추모 콘텐츠 등 모든 문화영역으로 확장한 후속 실천서입니다.

- 이 책은 단순한 기술 해설서가 아닙니다.
- 문화 현장을 혁신한 실천 사례로 가득하며,
- 문화와 감정, 그리고 기술이 어떻게 융합될 수 있는지를 보여주는 문화 혁명 안내서입니다.

☑ 실천가를 위한 나침반

이 책이 독자 여러분에게 기술과 감정이 연결될 때 가능한 새로운 감동을 상상하게 하고, 그 감동을 현장에서 실현하는 실천가가 되도록 격려하는 나침반이 되기를 진심으로 바랍니다.

2025년 4월

공동저자 심재우 | 조혜인 Dream

목 차

머리말 ··· 3
서 문 ··· 21

제1부
문화유산, AI 기술을 입다

제1장 문화유산의 감상은 왜 불편한가? ·· 25
    1-1. 서론: 문화유산 감상의 본질과 현재의 불편함 ································ 25
    1-2. 현장 사례 분석 – 강화도 고인돌, 경복궁, 박물관 ··························· 28
    1-3. 언어 장벽과 외국인 관광객의 감상 한계 ·· 31
    1-4. 디지털세대(Z·α 세대)의 감상 방식과 변화 ······································ 34
    1-5. 전통 해설 방식의 한계와 관람객 피드백 ·· 37
    1-6. 문화유산 감상과 몰입의 관계(심리학·교육학 관점) ······················· 41
    1-7. 감상의 깊이를 결정짓는 핵심 요소 – 이야기·언어·감성 ··············· 44
    1-8. 해외 유적지·박물관의 관람 환경 비교 사례 ·································· 46
    1-9. 전문가의 의견, 관람객 피드백, 관련 통계 정리 ······························ 50
    1-10. 요약 – 감상 방식의 전환이 필요한 이유 ······································ 53

제2부
AI로 확장되는 문화 감상의 시대

    2-1. 서론: 왜 지금, 문화 감상에 AI가 필요한가? ··································· 55

1. 디지털 전환 시대, 문화 감상도 바뀌어야 합니다 ················ 55
2. AI 기술은 감상의 새로운 구조를 가능하게 합니다 ············ 56
3. 문화유산 해설의 핵심은 결국 '사람의 감동'입니다 ············ 56

2-2. AI도슨트란 무엇인가? ······································· 57
1. 정의: AI도슨트란? ······································· 57
2. 기존 도슨트와의 차별성 ································· 58
3. AI도슨트는 어떻게 작동하는가? ·························· 59
4. AI도슨트의 플랫폼 예시 ·································· 59
5. 왜 AI도슨트가 필요한가? ································· 60

2-3. AI도슨트의 핵심 기술 요소 ·································· 60
1. 음성 합성(TTS: Text to Speech) ·························· 61
2. 자연어 처리(NLP: Natural Language Processing) ············ 61
3. 사용자 맥락 인식(Context-aware Personalization) ·········· 62
4. 시나리오 기반 해설 구성(Story-based Scenario Authoring) ···· 62
5. 멀티모달 감상 인터페이스 ································ 63
6. 데이터 연동 및 실시간 업데이트 ·························· 63

2-4. AI도슨트의 문화 감상 효과 ·································· 64
1. AI도슨트는 몰입을 만든다 – 감상의 질적 전환 ············ 64
2. AI도슨트는 기억을 남긴다 – 장기 기억 강화 ·············· 65
3. AI도슨트는 공감을 유도한다 – 감성적 연결 ··············· 65
4. AI도슨트는 질문을 이끌어낸다 – 탐색과 참여의 문화 ······· 66
5. AI도슨트는 연령과 국적을 초월한다 – 포용성과 접근성 ····· 66
6. AI도슨트는 감상을 '이야기'로 바꾼다 – 정보에서 경험으로 ··· 66

2-5. AI뮤직의 역할과 감성 몰입 ·································· 67
1. 음악은 감성의 언어이다 ································· 67
2. AI뮤직이란 무엇인가? ···································· 68
3. 감성 몰입을 위한 설계: 장소 기반 음악 큐레이션 ·········· 68
4. 감상의 전환: 음악이 만들어내는 감정의 터널 ·············· 69

5. AI뮤직의 적용 예시 ·· 69
    6. 기술적 구조 ·· 70
2-6. AI뮤직 적용 사례와 관람객 체험 반응 ·· 71
    1. 사례 ① 경복궁 – 왕의 하루를 음악으로 걷다 ··································· 71
    2. 사례 ② 강화도 고인돌 – 태고의 북소리가 흐르는 공간 ··················· 72
    3. 사례 ③ 독립기념관 – 순국선열의 이야기, 음악으로 이어지다 ········· 72
    4. 사례 ④ 전통사찰 – 명상과 AI뮤직의 결합 ······································ 73
    5. 정량적 체험 결과 요약 ·· 73
2-7. AI톡허브란 무엇인가? ··· 74
    1. AI톡허브의 개념과 정의 ·· 74
    2. 어떻게 작동하는가? ·· 75
    3. AI톡허브의 특징 ·· 76
    4. 왜 필요한가? ·· 76
2-8. AI톡허브의 인터랙션 설계 사례 ·· 77
    1. 인터랙션 설계의 3단계 구조 ··· 77
    2. 질문 유형별 응답 설계 예시 ··· 78
    3. 대상별 인터랙션 맞춤 설계 전략 ·· 79
    4. 인터랙션의 확장 기능 ··· 80
2-9. 다국어 해설 시스템의 글로벌 확장 ·· 80
    1. 다국어 해설이 왜 중요한가? ··· 81
    2. 다국어 해설 시스템 구성 ·· 81
    3. 감성 번역의 핵심 – 단순 번역을 넘어서 ·· 82
    4. 적용 사례 ·· 83
    5. 글로벌 확장 가능성 ·· 83
2-10. 요약 ··· 84
    1. 요약 – AI가 바꾸는 감상의 4가지 구조 ··· 84
    2. 관람객 중심, 기술 중심이 아닌 '감동 중심'의 설계 ······················· 85
    3. 다음 장의 안내 – 이제 현장으로 나아갑니다 ································ 86

제3부
All AI K-컬쳐 솔루션 적용 사례

제1장 「선사시대와 대화하다 – 강화도 고인돌 이야기」 ·············· 90
    1-1. 고인돌, 우리가 잊고 있던 시간의 목소리 ·············· 90
    1-2. 강화도, 왜 고인돌의 중심이 되었나 ·············· 92
    1-3. '입간판 설명'의 한계를 넘어서 ·············· 94
    1-4. AI도슨트가 들려주는 3천 년의 이야기 ·············· 96
    1-5. AI뮤직이 소환하는 제의의 북소리 ·············· 102
    1-6. AI톡허브로 질문하고 대화하는 감상 ·············· 104
    1-7. 다국어 해설, 세계인을 위한 이야기 ·············· 107
    1-8. 현장 관람객 체험 인터뷰 사례 ·············· 111
    1-9. 기술 적용 구성 및 시스템 아키텍처 ·············· 114
    1-10. 요약 및 확장 제안: 고인돌에서 시작하는 한국 고대사 감상 ·············· 117

제2장 삼국지의 영웅들을 만나다 – 강화도 도원결의 카페 ·············· 120
    ■ 복숭아꽃 피는 들판, 그곳에서 삼국지를 만나다 ·············· 120
    ■ 김갑용 대표 – 한 사람의 집념이 만든 '삼국지의 성지' ·············· 123
    ■ 도원결의 카페가 강화도 관광문화에 주는 영향과 가치 ·············· 135
    ■ [AI융합문화솔루션 적용 방안] – 스토리로 강화도를 걷다 ·············· 139

제3장 궁궐을 깨우다 – 경복궁의 AI도슨트 혁신 ·············· 143
    ■ 경복궁 관람 방식, 이제는 스토리 기반 AI 감상으로 전환할 때입니다 ·············· 146
    ■ [AI융합문화솔루션 적용 방안] – 경복궁 권역 전통문화 감상 지도 ·············· 149

제4장 애국의 감정을 불러내다 – 독립기념관의 AI 적용 ·············· 153
    ■ [AI융합문화솔루션 적용 방안] – 독립기념관의 AI 적용 ·············· 156

제5장 명상의 공간–전등사의 명상 안내 AI적용 ·············· 161
    ■ [AI융합문화솔루션 적용 방안] – 전등사 사찰과 명상의 공간 ·············· 164

제6장 전통을 살아 있게 – 한국민속촌, 전주한옥마을, 하회마을 ·········· 169
　　■ [AI융합문화솔루션 적용 방안] – 대한민국의 전통을 살아 있게 만들자 ·········· 172

제7장 애국열사와의 재회–안중근기념관, 김구기념관 ·········· 177
　　■ [AI융합문화솔루션 적용 방안] – 애국열사와의 재회 ·········· 180

제8장 도심 속 문화유산–거리조형물, 근대문화유산 AI적용 ·········· 185
　　■ [AI융합문화솔루션 적용 방안] – 도심 속 문화유산을 살리자 ·········· 188

제9장 어린이를 위한 해설 – 어린이박물관, 교육기관 전시 ·········· 192
　　■ [AI융합문화솔루션 적용 방안] – 어린이를 위한 AI문화 공간 만들기 ·········· 195

제10장 K-팝도 감상된다 – 공연, 미디어아트 전시의 확장 적용 ·········· 199
　　■ [AI융합문화솔루션 적용 방안] – K-팝도 AI로 감상한다 ·········· 202

제11장 테마파크의 문화 콘텐츠화 – 에버랜드, 김해 가야테마파크 ·········· 208
　　■ [AI융합문화솔루션 적용 방안] – 테마파크의 문화 콘텐츠화 ·········· 211

제12장 해외로 비상하다–프랑스, 미국, 일본 문화원 적용 시나리오 ·········· 216
　　■ [AI융합문화솔루션 적용 방안] – K-컬처 해외로 비상하다 ·········· 219

제13장 유명화가를 만나는 미술관–고흐미술관, 구겐하임미술관 ·········· 224
　　■ [AI융합문화솔루션 적용 방안] – 유명화가를 만나는 AI미술관 ·········· 229

제4부
AI와 함께하는 감정과 감성의 연결

제1장 감정을 품은 AI펫도슨트 : K-펫, 기억, 관계를 감상하다 ·········· 238

제2장 힐링의 숲에서 감정을 걷다 – 강아지숲 AI펫도슨트, AI펫뮤직과 AI펫톡허브 ·········· 242

제3장 병원도 감정의 공간이다 – 치료멍멍 동물병원의 AI펫 솔루션 사례 ·············· 253

제4장 추모와 회상의 AI도슨트 – AI조상톡허브와 감성 문화 체험 ················· 269

제5장 감정의 문화, 미래로 확장되다 – AI로 전승되는 공감의 유산 ················· 273

제5부
정책, 예산, 실행 전략

제1장 공공기관에서 도입하기 위한 실행 로드맵 ······························· 277
　■ 1단계: 도입 기획(정책 목표 수립과 대상지 선정) ······················· 277
　■ 2단계: 콘텐츠 개발(이야기 중심의 감성형 콘텐츠 기획) ················· 279
　■ 3단계: 기술 구현(플랫폼 설계 및 현장 시스템 구축) ···················· 280
　■ 4단계: 운영과 유지관리(실제로 살아 숨 쉬는 AI도슨트 만들기) ········· 281

제2장 도입을 위한 예산 항목과 지원 과제 연계 ······························· 283
　1-1. 예산 항목별 접근 전략 ·· 283
　1-2. 국고보조금 및 지역혁신 프로젝트와의 연계 전략 ···················· 287
　1-3. 실무자를 위한 예산 기획 체크리스트 ································ 288

제3장 AI문화도슨트가 바꾸는 10년 뒤의 문화 감상 ····························· 289

제6부
AI 문화기술, 누구나 정책으로 실현할 수 있는 시대

제1장 왜 AI 문화기술이 정책이 되어야 하는가? ································ 295

제2장 K-컬처 AI솔루션의 10대 공공정책화 모델 ·········· 298

제3장 정책 적용 대상별 활용 가이드 ·········· 302

제4장 AI 문화정책의 실행 구조와 예산 전략 ·········· 306

제5장 K-컬처 AI솔루션이 가져올 정책적 효과 ·········· 311

제6장 AI 문화기술 정책의 확산을 위한 실행 제언 ·········· 315

서 문

AI도슨트로 K-컬처에 날개를 달다

– 문화유산의 감동을 다시 깨우는 기술의 여정 –

오늘날 우리는 문화유산을 단순히 '보존의 대상'으로만 여기기보다, '감상의 대상'이자 '소통의 공간'으로 재해석해야 하는 시대에 살고 있습니다. 수천 년의 시간이 응축된 돌

하나, 조용한 궁궐의 기둥과 처마, 오래된 사찰의 계단과 탑도 이제는 디지털 세대와 외국인 관광객에게 새로운 방식으로 전달될 필요가 있습니다.

그동안 문화유산은 간단한 입간판이나 해설 책자 한 줄로 설명되어 왔습니다. 외국인 관광객은 해석이 부족하여 문화유산의 깊이를 체감하기 어려웠고, 청소년과 시민들도 '그럴듯하다'는 시각적 인상에 머무를 뿐, 역사와 이야기를 마음속에 담기란 쉽지 않았습니다. 문화는 '보여지는 것'만으로는 결코 살아 움직이지 않습니다.

우리는 이제 기술을 통해 이러한 문제를 해결할 수 있습니다. AI융합문화솔루션은 AI도슨트, AI뮤직, AI톡허브 그리고 다국어 해설 기능을 통합한 몰입형 문화 감상 플랫폼입니다.

AI도슨트는 건물의 역사와 인물의 스토리, 장소의 철학과 감정을 담아내는 해설을 통해 관람객과 소통합니다. 단순한 음성 설명을 넘어, 관람객이 스스로 질문하고, 그 공간의 의미를 상상하고 공감하게 만드는 이야기 전달자입니다.

AI뮤직은 공간의 분위기와 역사적 배경에 어울리는 음악을 함께 제공함으로써 감정의 몰입도를 높입니다. 예를 들어, 강화도 고인돌 앞에서 잔잔하게 흐르는 선사시대 상상음악은 관람객에게 시간의 숨결을 느끼게 해줍니다. 음악은 기억을 남기고 감동을 이끌어내는 가장 효과적인 감성 기술입니다.

AI톡허브는 관람객이 직접 질문하고 응답을 받을 수 있는 대화형 인터페이스입니다. "이 고인돌은 어떤 의미가 있나요?", "고려궁지는 누구의 궁이었나요?"와 같은 질문에 AI가 실시간으로 답하며, 관람객의 호기심을 만족시키고 체험의 주도권을 제공해 줍니다. 또한 다국어 해설 기능은 외국인 관람객에게 한국 문화유산을 보다 정확하고 감성적으로 전달할 수 있도록 지원합니다. 영어, 중국어, 일본어는 물론, 프랑스어, 스페인어 등으로도 확대 가능합니다. 이는 한국의 문화 콘텐츠가 세계로 향하는 데 매우 중요한 기반이 됩니다.

이 책은 바로 이 AI융합문화솔루션이 다양한 문화 공간에서 어떻게 적용될 수 있는지를 설명하고, 실질적인 적용 사례를 통해 그 가능성을 제시하고자 합니다. 경복궁, 강화도 고인돌, 독립기념관, 전시회, 사찰, 테마파크, 어린이 박물관 등 – 이 솔루션이 활용된 다양한 현장의 이야기들을 담아냈습니다.

이 책을 통해 문화유산을 관리하고 정책을 수립하며 예산을 집행하는 리더 여러분께서, 문화의 본질을 살리면서도 기술로 확장할 수 있는 새로운 방향을 발견하시기를 바랍니다. 이제 문화는 감성, 정보, 대화가 통합된 '몰입형 체험'으로 진화하고 있습니다.

문화는 지키는 것만으로는 부족합니다. 기억되고, 느껴지고, 다시 살아나야 비로소 진짜 '문화유산'이 됩니다. AI는 이제 단순한 설명 도구를 넘어, K-컬처에 날개를 달아줄 수 있는 가장 강력한 동반자가 될 것입니다.

PART 01 | 문화유산, AI 기술을 입다

제1장 문화유산의 감상은 왜 불편한가?

1-1. 서론: 문화유산 감상의 본질과 현재의 불편함

문화유산은 과거와 현재를 연결하는 고리이자, 한 민족의 정체성과 정신을 담아낸 결정체입니다. 한반도의 땅 곳곳에 남아 있는 고인돌, 궁궐, 사찰, 서원, 고택, 누정, 그리고

전통 공예품 하나하나까지 – 이 모든 것은 단순한 유물이 아니라, 우리 조상들의 삶과 지혜, 신념과 감정이 담겨 있는 살아 있는 역사입니다.

문화유산을 '감상한다'는 행위는 단지 눈으로 보는 것을 넘어서, 그 안에 담긴 의미를 듣고, 이해하고, 공감하며 내면화하는 것을 의미합니다. 다시 말해, 문화유산 감상이란 '정보의 전달'이 아니라 '경험의 공유'이고, '지식의 수용'이 아니라 '감성의 이입'이며, '설명'이 아니라 '이야기와의 만남'입니다. 그러므로 진정한 문화유산 감상은 보는 사람의 마음을 흔들고, 시대를 넘어 연결되며, 지금 여기서 살아 숨 쉬는 감동을 만들어내야 합니다.

하지만 현실의 문화유산 현장은 이러한 감상 환경을 제대로 갖추고 있지 못합니다. 수많은 유적지에는 입구에 간단한 입간판 하나가 놓여 있을 뿐이며, 거기에는 몇 줄짜리 요약 설명이 딱딱한 문장으로 적혀 있습니다. 대부분의 관람객은 그 글을 잠시 읽다가 사진 몇 장 찍고 곧장 다음 장소로 이동해버립니다. 머릿속에는 "이게 뭐지? 라는 궁금증이 남고, 마음에는 '그저 그런 곳이었다.'는 애매한 인상만 남습니다.

특히 외국인 관광객은 언어적 장벽 때문에 대부분의 정보를 이해하지 못한 채 지나치며, 청소년과 디지털세대는 흥미를 느끼기 어렵습니다. 그 결과, 문화유산은 감상되는 것이 아니라 '방문 목록에 체크되는 장소'가 되고, 관람객은 감동의 수신자가 아니라 정보의 스쳐가는 소비자에 머무르게 됩니다.

이러한 현실은 단지 정보가 부족해서 생기는 문제가 아닙니다. 그것은 문화유산을 감상하는 구조 자체에 문제가 있다는 뜻입니다. 우리는 여전히 문화유산을 '전시의 대상', '지식의 보관소', '설명의 콘텐츠'로만 접근하고 있으며, 관람객을 '듣는 사람' 또는 '배우는 사람'으로만 설정하고 있습니다. 하지만 오늘날의 관람객은 더 이상 일방적인 정보 수용자에 머물지 않습니다. 그들은 질문하고, 상호작용하고, 감정적으로 교감하며, 자신의 속도로 감상을 해나가길 원합니다.

이 흐름은 특히 Z세대, α세대, 글로벌 관광객들에게 더욱 두드러지게 나타납니다.

우리는 여기서 질문을 던져야 합니다.
왜 우리는 문화유산 앞에 섰을 때, 충분히 감동하지 못하는가?
왜 그 소중한 역사와 이야기를 듣지 못한 채 떠나는가?

그 답은 문화유산 자체에 있는 것이 아니라, 그것을 '해설하고 감상하게 만드는 방식'에 있습니다. 그리고 그 방식은 지금 이 시대의 관람자들에게 어울리는 언어, 기술, 전달법으로 바뀌어야 합니다.

문화유산의 감상은 본래 감동적인 경험입니다. 그 감동은 단지 시각적 아름다움이나 희귀성에서 오는 것이 아니라, 그 유산에 담긴 '사람의 이야기'를 통해 전달됩니다. 하지만 그 이야기를 제대로 들려주지 못한다면, 아무리 가치 있는 유산도 그냥 '돌덩이', '기와 조각', '오래된 건물'로만 보일 수밖에 없습니다.

따라서 이제는 문화유산 감상의 구조를 다시 짜야 할 때입니다. 문화유산은 해설의 방식이 바뀌면, 감상의 깊이도 달라집니다.

정보 중심의 '입간판'에서 감성 중심의 '몰입형 해설'로, 한 언어 중심의 안내에서 '다국어·맞춤형 대화 시스템'으로, 일방적 설명에서 '관람객 참여형 상호작용'으로 전환되어야 합니다.

이 책이 제안하는 AI융합문화솔루션은 바로 이 전환의 출발점입니다. AI도슨트는 관람객과 대화를 나누듯 이야기하고, AI뮤직은 그 공간의 분위기를 감성적으로 확장시키며, AI톡허브는 관람객의 질문에 즉각적으로 반응합니다. 이러한 기술은 문화유산을 전시물이 아니라, 살아 있는 역사로 감상하게 만듭니다.

1-2. 현장 사례 분석 – 강화도 고인돌, 경복궁, 박물관

문화유산을 감상하는 데 있어 가장 직접적으로 느껴지는 불편함은 현장에서의 실제 경험에서 비롯됩니다. 아무리 이론적으로 좋은 콘텐츠가 있어도, 그것이 현장에서 적절하게 구현되지 못한다면 관람객의 기억에는 남지 않습니다. 이 절에서는 대표적인 세 곳의 문화유산 현장을 중심으로, 오늘날 관람객들이 겪는 불편함과 아쉬움을 구체적으로 살펴보겠습니다.

1. 강화도 고인돌 – 고요한 유산, 설명은 너무 짧다

강화도 부근리 고인돌 유적지는 선사시대의 거대한 무덤 문화를 보여주는 세계문화유산입니다. 무려 80톤이 넘는 거대한 덮개돌이 받침돌 위에 얹혀 있는 그 광경은 웅장하고 신비롭습니다. 하지만 현장을 방문해 보면, 관광객들이 가장 먼저 하는 말은 "이게 뭐야?", "그냥 큰 돌 아니야?"입니다. 그 이유는 간단합니다. 입구에 설치된 입간판에는 '청동기 시대', '세계문화유산', '무덤'이라는 단어만 간단히 요약되어 있으며, 그 문장조차 학술적이고 딱딱한 어조로 쓰여 있어 일반인이 쉽게 공감하기 어렵습니다.

더 큰 문제는 외국인 관광객입니다. 대부분의 입간판은 한글과 영어 두 언어만 제공되며, 그나마 영어 해설은 간략하고 직역에 가까운 표현으로 되어 있어 문화적 맥락을 충분히 전달하지 못합니다. 중국인, 일본인, 프랑스인, 스페인어권 관광객은 어떤가요? 그들에게는 아예 이해할 수 있는 콘텐츠가 제공되지 않습니다. 결국 고인돌은 '거대한 돌덩이'로만 기억되고, 유네스코 세계유산이라는 명칭은 그저 이름뿐이 됩니다.

또한 이곳에는 어떤 음악도, 해설 음성도, 상호작용적인 안내도 없습니다. 관람객은 QR 코드 하나 찾기 어렵고, 그저 넓은 들판과 큰 돌을 배경으로 사진 몇 장 찍은 후 떠나게 됩니다. 그들이 정말 고인돌의 역사와 의미를 느꼈을까요? 아닙니다. 그저 '좋은 공기 마셨다'는 정도의 인상만 남았을 뿐입니다.

2. 경복궁 - 아름다운 전각들, 깊이 있는 설명은 어디에?

서울 도심 한가운데에 위치한 경복궁은 조선 왕조의 중심이자, 한국의 대표적인 관광지입니다. 수많은 국내외 관광객이 매일 이곳을 찾고 있지만, 실제로 경복궁의 건물 하나하나에 대해 제대로 이해하고 감상하는 관람객은 그리 많지 않습니다.

근정전, 경회루, 교태전, 강녕전……. 건물 이름은 알지만, 그 건물에 담긴 상징과 기능, 구조의 특성, 조선 시대 왕실의 생활 모습까지 아우르는 해설은 찾아보기 어렵습니다. 물론 해설사 프로그램이나 앱이 일부 운영되고 있긴 하지만, 제한된 시간과 언어, 수동적인 운영 방식으로 인해 많은 관람객이 그것을 충분히 누릴 수 없습니다. 외국인은 거의 접근조차 어렵고, 청소년은 흥미를 느끼기 어려운 방식입니다. 또한, 건물 앞에 세워진 표지판은 글자 수를 최소화한 설명만 제공하기 때문에, "경회루는 연못 위에 세워진 누각입니다"라는 식의 사실 전달에 그치고 맙니다. 하지만 "왜 그 연못에 물고기를 키웠는지", "경회루에서 열린 가장 인상 깊은 왕실 행사는 무엇이었는지", "밤에 달빛에 비친 경회루의 모습은 어떤 느낌이었을지" 같은 감성적이고 서사적인 해설은 찾아보기 어렵습니다.

관람객은 그래서 아름다운 건축물을 눈으로는 감상하지만, 마음으로는 공감하지 못한 채 떠납니다. 외국인 관람객은 사진만 찍고 SNS에 "#경복궁"이라는 해시태그를 달지만, 그것은 감동의 기록이라기보다는 단순한 관광 스냅에 가깝습니다.

3. 박물관 - 정보는 많은데, 몰입은 어렵다

박물관은 비교적 정비된 전시 환경과 다양한 해설 콘텐츠를 갖춘 문화시설입니다. 그러나 여기에도 또 다른 불편함이 존재합니다. 바로 '정보 과잉'과 '감성 결핍'입니다.

예를 들어 국립중앙박물관의 고대관을 방문하면, 전시된 유물에 대한 설명은 풍부하게 제공됩니다. 그러나 그 정보는 대부분 텍스트 중심이며, 학문적인 용어가 많고, 어린이나 외국인에게는 난해한 표현으로 가득 차 있습니다. 오디오 가이드가 제공되기도 하지만, 그것 역시 일방적이고 선택의 여지가 없는 해설이 대부분입니다. 관람객은 설명을 듣고 따라가야 할 뿐, 질문을 던질 수도, 자기 흥미에 따라 탐색할 수도 없습니다.

게다가 유물과 관람객 사이에는 유리창이라는 물리적 거리뿐 아니라, 정서적 거리도 존재합니다. "이 토기에는 어떤 이야기가 담겨 있을까?", "이 청동검은 누가 들고 싸웠을까와 같은 질문에 대한 상상이나 몰입은 시스템적으로 유도되지 않습니다. 결국 관람객은 유물 옆에 붙은 설명문을 읽고, 사진 몇 장 찍은 후, 전시실을 '체크리스트'처럼 돌고 나올 뿐입니다.

이처럼 강화도 고인돌, 경복궁, 주요 박물관 현장에서는 공통적으로 세 가지 문제점이 드러납니다.

1. 설명의 부족 – 스토리텔링 없이 정보 중심
2. 언어의 한계 – 다국어 지원 미비
3. 감성의 결핍 – 음악, 대화, 몰입 요소 부재

이 문제를 해결하기 위해서는 해설 방식 자체를 바꾸는 것이 필요합니다.

1-3. 언어 장벽과 외국인 관광객의 감상 한계

세계는 지금 'K-컬처'라는 이름으로 한국의 문화를 주목하고 있습니다. K-팝을 비롯해 K-드라마, K-푸드, K-패션에 이르기까지 한국 고유의 문화적 매력은 전 세계 사람들의 관심을 받고 있습니다. 이러한 흐름 속에서 한국의 전통문화유산 역시 중요한 관심의 대상이 되고 있습니다. 외국인 관광객들은 단지 쇼핑이나 엔터테인먼트만을 위해 한국을 찾는 것이 아니라, 조선의 궁궐과 사찰, 선사시대의 고인돌, 전통 마을과 무형유산 등 한국 고유의 역사문화 현장을 직접 체험하고자 합니다.

그러나 문화유산 현장에서 외국인 관람객들이 겪는 가장 큰 불편함은 바로 '언어의 장벽'입니다. 이는 단순히 말이 통하지 않는다는 물리적 제약을 넘어, 그 문화에 감정적으로 공감하지 못하게 만드는 심리적 거리까지 포함합니다.

1. 표준 해설 언어는 대부분 한글 또는 제한된 영어

강화도 고인돌 유적지를 찾은 외국인 관광객은 유네스코 로고가 붙은 유적임에도 불구하고 한글로만 적힌 간단한 입간판 앞에 멈춰섭니다. 안내 직원이 상주하지 않고, 오디오 가이드는 없으며, QR코드조차 설치되어 있지 않은 곳이 많습니다. 그나마 영어로 된 설명이 있는 곳도 있지만, 표현이 너무 간단하거나 문법적으로 어색하여, 문화적 뉘앙스나 이야기까지 전달하기에는 한계가 많습니다.

예를 들어, "이 고인돌은 청동기 시대 무덤이다"라는 식의 문장은 단순한 사실만 전달할 뿐, '이곳이 왜 중요한지', '이 고인돌이 어떤 사람의 삶과 죽음을 상징하는지', '한국인의 조상 숭배 문화와 어떤 연관이 있는지'에 대한 설명은 제공하지 못합니다.

2. 세계 주요 관광국과 비교되는 다국어 해설 시스템

일본의 교토나 나라에 가면 주요 사찰과 유적지에 일본어, 영어, 중국어, 한국어는 물론, 프랑스어와 독일어 해설까지도 제공됩니다. 유럽의 주요 박물관은 관람객이 사용하는 언어에 맞게 오디오 가이드를 설정할 수 있으며, 해설사도 기본적으로 3~4개 언어를 사용할 수 있습니다.

반면 한국의 유적지는 대부분 한글과 영어에 한정되어 있으며, 영어조차도 자연스러운 문화 설명보다는 직역에 가깝습니다. 이는 외국인 관람객이 한국 유산을 충분히 이해하지 못하게 만들고, '감동'보다는 '정보의 부족'을 더 강하게 느끼게 합니다.

3. 외국인 관광객은 '보고 가는 손님'에 불과한가?

실제로 많은 외국인들이 한국의 유적지를 다녀간 뒤 남기는 온라인 리뷰에는 "사진은 아름다웠지만, 무슨 의미인지 몰랐다", "설명이 부족해 아쉬웠다"는 반응이 자주 등장합니다. 그들은 문화유산을 감상하러 온 것이 아니라, 'SNS에 올릴 배경 사진'을 찍고 돌아가는 경우가 많습니다. 이는 관광의 본질이 아니라, 경험의 왜곡이며, 한국 문화유산의 진정한 가치가 전달되지 않는 문제이기도 합니다.

4. 언어는 단순한 커뮤니케이션 도구가 아니다

언어는 단지 정보를 전달하는 수단이 아니라, 감정을 연결하고 문화를 전이하는 매개체입니다. 관람객이 자기 언어로 설명을 듣는다는 것은, 단순한 편의성이 아니라 '이 문화가 나를 환영하고 있다'는 인상을 줍니다. 그것이 바로 몰입의 시작이며, 감상의 문을 여는 열쇠입니다.

예컨대, "이 고인돌은 한 명의 족장을 기리기 위해 마을 사람들이 함께 만든 것으로, 이 무게를 옮기기 위해 100명이 넘는 사람들이 며칠씩 동원되었고, 제사도 이곳에서 함께 지냈습니다"라는 설명을 자기 언어로 들었을 때, 관람객은 그 공간에 '자신이 초대받았다'고 느끼게 됩니다.

5. 관광의 만족도, 재방문율, 국가 이미지에도 영향

문화유산에 대한 언어 접근성이 높아지면 관광객의 만족도는 급격히 상승합니다. 이는 단지 문화재청이나 박물관의 평가를 넘어, 도시 전체의 문화적 인식과 브랜드 가치, 나아가 국격에도 영향을 줍니다. 관광객이 감동받고 이해한 유적지는 평생 기억에 남습니다. 그러나 제대로 해설되지 못한 유적은 단지 '그때 갔던 돌무더기'로만 남을 뿐입니다.

결론적으로, 오늘날의 문화유산은 글로벌 시대에 걸맞은 '언어 감각'을 갖추어야 합니다. 단순히 번역된 문장을 몇 줄 추가하는 것이 아니라, 관람객이 사용하는 언어로, 감성적이고 몰입적인 설명을 제공할 수 있어야 합니다. 다국어 해설은 선택이 아니라 필수이며, 그 언어 안에는 문화의 맥락과 감정이 함께 담겨야 합니다. AI 기술은 바로 이 문제를 정밀하게 해결할 수 있는 해답이 될 수 있습니다.

1-4. 디지털세대(Z · α 세대)의 감상 방식과 변화

지금의 문화유산 감상 방식은 과거의 기준에 머물러 있습니다. 입간판, 해설 책자, 벽면의 전시 설명문… 이 모든 것은 '읽는' 감상을 전제로 한 구조입니다. 그러나 새로운 세대는 다릅니다. 그들은 '보는' 세대가 아니라, '참여하고 대화하는' 세대입니다. 단방향 정보보다 인터랙티브한 체험을 원하며, 긴 글보다 영상과 오디오를 선호하고, 정적인 설명보다 몰입감 있는 이야기 구조를 추구합니다.

Z세대(1990년대 후반~2010년대 초반 출생)와 α 세대(2010년대 이후 출생)는 태어날 때부터 디지털 환경에 익숙한 '디지털 네이티브'입니다. 이들은 정보 습득 방식도, 감상 방식도 이전 세대와는 근본적으로 다릅니다.

1. 디지털세대는 '콘텐츠 세대'이다

Z세대와 α세대는 책보다 영상, 설명보다 이야기, 문자보다 이미지에 반응합니다. 유튜브, 인스타그램, 틱톡 같은 플랫폼에서 살아가며, 짧고 강렬한 정보에 익숙합니다. 또한 '직접 해보는 경험'을 통해 배움을 얻는 데 익숙하기 때문에, 문화유산도 단순히 '보는 것'이 아닌 '함께 느끼는 것'이 되어야 감정적으로 접근이 가능합니다.

이러한 세대에게 입간판 해설은 낡은 방식입니다. 고정된 글씨와 사전식 설명은 이들의 눈과 귀를 붙잡기 어렵습니다. 오히려 이들은 질문하고, 응답받고, 자신의 리듬대로 감상하기를 원합니다. '자기 주도적 감상'을 가능하게 하는 것이 디지털세대에게 가장 어울리는 문화 체험 방식입니다.

2. 감상을 게임처럼 즐기고 싶어한다

디지털세대는 문화 콘텐츠를 '놀이처럼' 소비합니다. 실제로 박물관에서 메타버스 전시를 기획했을 때 Z세대의 참여율이 급증했고, AR(증강현실)을 활용한 전시나 캐릭터 중심의 해설 콘텐츠에 대한 만족도도 높았습니다. 이들은 '이야기 안에 들어가는 방식'으로 문화를 감상할 때 더 많은 기억과 몰입을 경험합니다.

예를 들어, 단순히 "이 고인돌은 청동기 시대 무덤입니다"라는 설명보다는 "당신은 지금 선사시대 부족장의 장례식 현장에 서 있습니다. 이 고인돌은 공동체가 함께 세운 가장 큰 구조물이자, 조상의 영혼을 기리는 제단이었습니다"라는 식의 스토리텔링이 훨씬 더 효과적입니다.

3. 스마트폰은 곧 '감상의 플랫폼'이다

Z세대는 문화유산을 스마트폰으로 감상합니다. 단지 사진을 찍는 것이 아니라, 설명을 찾고, 해시태그를 붙이고, QR코드를 스캔하고, 음악을 켜고, 친구에게 공유합니다. 즉, 감상 자체가 온라인 상호작용과 연결된 행위가 된 것입니다. 따라서 문화유산 해설도 스마트폰 기반에 최적화되어야 하며, 스크롤형 해설, 음성 도슨트, 인터랙티브한 퀴즈와 같은 콘텐츠로 구성되어야 합니다.

기존의 정적이고 일방향적인 정보 전달은 이 세대에게는 '닫힌 문'입니다. 반면, 스마트폰을 통해 AI와 대화하듯 질문하고, 음악과 함께 감상하고, 원하는 언어로 정보를 받아들이는 체험은 '열린 창'이 됩니다.

4. '내 콘텐츠로 남기고 싶다'는 욕구

디지털세대는 문화유산을 감상한 후 그것을 '내 콘텐츠'로 만들고 싶어합니다. 블로그 포스팅, SNS 스토리, 브이로그, 숏폼 영상 등으로 확장하여 자신의 방식으로 재해석하고 공유합니다. 그러나 지금의 문화유산 해설 방식은 이들을 창작자로 만들기보다 '단순 소비자'로 머물게 만듭니다.

만약 관람객이 AI도슨트에게 질문하고 그 답을 영상으로 받아 저장하거나, AI뮤직으로 감상 분위기를 바탕음악처럼 깔아 숏폼을 제작할 수 있다면 어떨까요? 그들은 문화유산을 '기억의 대상'이 아니라 '창작의 소재'로 받아들일 수 있게 될 것입니다.

5. 디지털세대는 '감동'보다 '경험'을 우선한다

과거 세대는 문화유산을 통해 감동을 받고자 했습니다. 그러나 Z세대 이후는 감동보다

'경험'을 더 중요하게 여깁니다. 그 경험은 자신이 선택하고, 탐색하고, 질문하고, 표현할 수 있는 구조여야 하며, 동시에 감각적이고 감성적이어야 합니다. AI도슨트, AI뮤직, AI톡허브는 바로 이러한 '디지털세대형 감상 환경'을 제공할 수 있는 핵심 기술입니다.

요약하자면, 문화유산 감상은 세대에 따라 달라져야 합니다. Z세대와 α세대는 텍스트보다 스토리, 정적인 해설보다 인터랙티브한 체험을 원합니다. 기존의 입간판 중심 방식은 이들에게는 '벽'이고, AI융합문화솔루션은 그 벽을 '창문'으로 바꾸어 줍니다.

1-5. 전통 해설 방식의 한계와 관람객 피드백

문화유산을 해설하는 방식은 그 자체로 문화의 접근성과 감상의 깊이를 결정짓는 중요한 요소입니다. 그러나 현재 우리가 현장에서 마주하는 해설 방식은 대부분 20세기 방식에서 크게 벗어나지 못한 채 그대로 유지되고 있습니다. 그 중심은 '입간판'과 '해설 책자', 그리고 제한된 언어의 오디오 가이드입니다.

이 절에서는 현재 일반적으로 사용되고 있는 전통적인 해설 방식이 어떤 구조적 한계를 지니고 있는지를 분석하고, 관람객의 실제 반응과 피드백을 통해 그 실효성을 진단해보겠습니다.

1. '설명'은 있지만, '이야기'는 없다

대부분의 문화유산 안내판에는 "이 건물은 조선 시대 ○○왕 때 지어진 누각이다", "이 고인돌은 청동기 시대 부족장의 무덤이다"와 같은 설명이 적혀 있습니다. 하지만 이러한 문장은 문화유산을 '역사적 사실'로만 접근하게 만들고, 그 뒤에 숨겨진 이야기와 감정, 상징은 전달하지 못합니다.

관람객이 정말로 듣고 싶은 것은 '언제 지어졌는가?'보다 '왜 그렇게 지었는가?', '어떤 삶이 이곳에 있었는가?', '이곳에서 어떤 일이 벌어졌는가?'와 같은 사람 중심의 이야기입니다. 그런데 전통적인 해설은 유물 중심, 연대 중심, 사실 중심으로만 구성되어 있어, 감동이나 몰입감을 유도하기 어렵습니다.

2. '일방향 전달'이 주는 피로감

기존의 해설 방식은 일방향적입니다. 관람객은 들을 뿐이며, 질문하거나 자신의 속도에 맞춰 감상하거나 선택지를 조정할 수 없습니다. 특히 오디오 가이드는 재생 버튼을 누르면 정해진 흐름대로 설명이 흘러가기 때문에, 관람객이 궁금한 부분에 대해 집중하거나, 다른 부분을 생략하는 것이 어렵습니다. 그 결과 감상은 '자기 주도적인 체험'이 아닌 '수동적 수용'으로 귀결됩니다.

3. 언어와 문자 중심의 한계

입간판이나 책자는 기본적으로 '문자 해설'입니다. 이는 시력이 좋고, 문자 해석에 익숙하며, 학습 욕구가 높은 관람객에게는 어느 정도 유용할 수 있지만, 대부분의 대중에게는 접근성의 장벽이 됩니다. 특히 어린이, 외국인, 시각장애인, 정보 습득에 어려움이 있는 세대에게는 그 자체가 '차단된 해설'이 됩니다.

또한 한글과 영어 외에는 제공되지 않는 다국어 환경은 언어 소외 계층을 양산합니다. 심지어 관람객의 언어가 해설의 언어와 맞더라도, 문장의 구조가 어렵거나 문화적 맥락을 고려하지 않은 직역 형태의 번역은 이해를 방해하고, 오히려 오해를 불러일으킬 수 있습니다.

4. 관람객 피드백의 실제 사례

문화유산 현장에서 관람객들을 대상으로 진행한 여러 조사와 인터뷰를 보면, 전통적인 해설 방식에 대한 불만이 분명하게 드러납니다.

"설명이 너무 짧고 딱딱해서 아쉽다."
"아이들이 궁궐을 재미없어하고 금방 지루해한다."
"외국 친구를 데리고 갔는데, 해설이 부족해서 내가 직접 설명하느라 힘들었다."
"QR코드를 찍어도 그냥 글만 나오고, 영상이나 음악은 없었다."
"궁금한 게 생겼는데 어디에도 물어볼 수가 없었다."

이러한 반응은 단순한 '편의성' 부족을 넘어서, 문화유산 감상의 깊이를 근본적으로 제한하고 있다는 것을 보여줍니다. 해설이 충분하지 않으면, 유산의 가치는 방문자의 마음속에 제대로 전달되지 못합니다.

5. 정보의 분절성과 감정의 단절

또 하나의 큰 한계는 정보가 단편적으로 제공된다는 점입니다. 각 건물 앞에 각각의 설명이 붙어 있어 전체적인 맥락을 이해하기 어렵고, 건물 간의 서사적 연결이 없습니다. 예를 들어, 경복궁을 방문하면 각 전각에 대한 설명은 있지만, 왕의 일과, 신하와의 소통, 왕비의 생활, 정치와 예술이 어떻게 어우러졌는지에 대한 '궁궐 전체의 삶의 흐름'은 설명되지 않습니다.

이처럼 정보는 흩어져 있고, 감정은 연결되지 않습니다. 관람객은 장소를 점으로만 이해하고, 선이나 면으로 연결 짓지 못합니다. 이는 문화유산을 기억에 남게 하는 중요한 연결고리를 단절시키는 원인이 됩니다.

6. 시대 변화에 대한 적응 부족

정보 기술이 급변하고, 관람자의 감상 패턴이 바뀌는 오늘날에도 전통적인 해설 방식은 여전히 '정적인 판넬', '텍스트 위주의 책자', '스피커에서 나오는 일괄형 음성 설명'에 머물러 있습니다. 기술은 진화했는데, 해설 방식은 그대로입니다. 이는 문화 콘텐츠가 스스로 유산의 가치를 제한하는 방식이 되고 있습니다.

요약하자면, 전통 해설 방식은 문화유산의 감동을 충분히 끌어내지 못합니다. 그 이유는 다음과 같습니다:

- 이야기 중심이 아닌 정보 중심
- 질문과 대화가 없는 일방향 구조
- 언어적 한계와 접근성 결핍
- 관람객의 흥미를 유지하기 어려운 방식
- 전체 서사를 파악하지 못하는 분절성
- 디지털 환경과의 괴리

이제 우리는 이 한계를 넘어서는 새로운 해설 방식을 모색해야 합니다.

1-6. 문화유산 감상과 몰입의 관계(심리학·교육학 관점)

문화유산을 진정으로 '감상'한다는 것은 단순히 정보를 아는 것이 아닙니다. 그것은 과거의 공간과 현재의 내가 연결되는 '몰입의 경험'이며, 그 순간 관람객은 시간의 벽을 넘어 그 유산의 감정과 철학에 동참하게 됩니다. 그리고 이러한 몰입은 학습효과, 기억력, 감성적 만족도, 문화 정체성 인식까지도 크게 좌우합니다. 결국 문화유산 감상의 성공 여부는 '얼마나 몰입했는가'로 판단할 수 있습니다.

1. 몰입(Flow)이란 무엇인가?

심리학자 미하이 칙센트미하이는 몰입(flow)을 "한 사람이 시간의 흐름조차 잊을 만큼 완전히 어떤 활동에 빠져드는 상태"라고 정의했습니다. 몰입 상태에서는 외부의 방해 요소가 차단되고, 자신이 하고 있는 행위에 집중하면서 그 자체에서 만족을 느낍니다. 이때 사람은 자기 효능감과 감정의 만족을 동시에 경험하며, 지적·감성적 흡수가 극대화됩니다.

문화유산 감상 역시 마찬가지입니다. 몰입이 있을 때 관람객은 유산을 기억하고, 감동을 받고, 자신만의 해석과 경험을 쌓게 됩니다. 반대로 몰입이 없으면 감상은 단지 '방문'으로 끝납니다.

2. 몰입의 3가지 조건: 이야기, 감정, 참여

몰입이 일어나기 위해서는 세 가지 요소가 필요합니다.

첫째는 '이야기'입니다. 인간은 이야기를 통해 정보를 기억합니다. 숫자나 개념보다는 등장인물, 사건, 갈등, 해결 구조를 가진 이야기가 훨씬 오래 기억되고, 쉽게 공감됩니다. 문화유산도 이야기로 접근해야 합니다. 누가, 왜, 어떻게 이 공간을 만들었는지, 그 안에 어떤 삶이 있었는지를 전달하는 해설이 곧 몰입의 첫걸음입니다.

둘째는 '감정'입니다. 해설이 건조하면 몰입이 어렵습니다. 반면, 감정적 공감이 일어나면 기억은 강화되고, 감상은 진정한 체험으로 전환됩니다. 예를 들어 "이곳은 고려 시대 백성들이 전쟁 속에서 피난하며 마음을 모아 지은 절입니다"라는 문장은, 단순히 '언제 지어진 절이다'라는 정보보다 훨씬 더 몰입을 유도합니다.

셋째는 '참여'입니다. 관람객이 감상 행위에 능동적으로 참여할 수 있어야 몰입이 발생합니다. 질문을 던질 수 있고, 콘텐츠를 선택할 수 있으며, 반응을 기록하거나 공유할 수 있을 때 감상은 '내 것이 된 경험'으로 남게 됩니다.

3. 교육학 관점에서 본 몰입과 학습

교육학에서 몰입은 '자기주도학습'의 핵심입니다. 몰입 상태에서는 학습자가 학습 내용을 능동적으로 받아들이고 내면화하며, 학습 효과는 깊고 오래 지속됩니다. 문화유산은 일종의 '문화학습 현장'입니다. 이곳에서 몰입이 일어나지 않으면 아무리 훌륭한 유산도 배움이 되지 못합니다.

특히 청소년에게는 문화유산 체험이 단순한 관람을 넘어 역사 인식과 정체성 형성에 큰 영향을 미칩니다. 그러나 현재의 전시·해설 구조는 이런 몰입적 학습 경험을 제공하지 못하고 있습니다. 딱딱한 문장, 질문 없는 콘텐츠, 감성 없는 정보가 몰입을 방해하고 있습니다.

4. 감성 기술이 몰입을 만드는 도구가 된다

이러한 문제를 해결하기 위해 필요한 것이 바로 '감성 기술'입니다. AI도슨트는 이야기 중심의 해설로 몰입의 문을 열어주고, AI뮤직은 공간에 감정을 입혀줍니다. AI톡허브는 관람객의 질문을 실시간으로 받아들이고 대화를 유도함으로써 '참여의 구조'를 만들어냅니다. 이러한 요소들이 결합되면 몰입은 자연스럽게 발생하고, 관람객은 공간과 스토리, 그리고 자신의 감정을 함께 기억하게 됩니다.

5. 몰입의 결과: 감상에서 감동으로, 감동에서 행동으로

몰입은 관람객의 행동을 변화시킵니다. 몰입한 관람객은 해당 유산에 애정을 갖고, 타인에게 소개하며, 다시 찾고 싶어하는 감정을 갖게 됩니다. 이러한 감동은 SNS에 콘텐츠로 공유되며 문화 홍보 효과로 확산되고, 때로는 기부나 참여 활동으로 이어지기도 합니다. 감상 → 감동 → 행동이라는 흐름은 문화유산 관리의 궁극적 목표 중 하나입니다.

요약하자면, 문화유산 감상의 핵심은 '몰입'입니다. 몰입은 이야기와 감정, 참여를 통해 이루어지고, 기존 해설 방식은 이 세 가지 요소를 거의 갖추지 못하고 있습니다.

그러나 AI융합문화솔루션은 이 세 가지를 충족시킬 수 있는 새로운 방식입니다. 문화유산은 몰입할 수 있을 때 진짜 감상이 되고, 그 감상은 기억과 감동을 남기며, 관람객과 유산의 관계를 깊게 만들어줍니다.

1-7. 감상의 깊이를 결정짓는 핵심 요소 – 이야기·언어·감성

문화유산을 진정으로 '감상'한다는 것은 단순한 정보의 습득을 넘어, 그 유산에 담긴 정신과 감정을 이해하고, 나만의 해석과 기억으로 내면화하는 일입니다. 그런데 관람객의 감상 수준은 일률적이지 않습니다. 어떤 이는 단순히 "좋았다"고 표현하는 데 그치고, 어떤 이는 오래도록 인상에 남을 만큼 감동을 받습니다. 그 차이는 어디에서 비롯될까요? 바로 '감상의 깊이'를 결정짓는 세 가지 핵심 요소, 즉 이야기, 언어, 감성에 있습니다.

1. 이야기(Story): 인간이 정보를 이해하는 가장 자연스러운 방식

문화유산이 생긴 배경, 그 안에서 살아간 사람들, 그 공간을 둘러싼 사건과 시대적 맥락은 모두 '이야기'의 형태로 전달될 때 비로소 관람객에게 생생히 다가옵니다. 인간은 본능적으로 이야기를 통해 기억하고, 감정을 이입하며, 자신의 경험과 연결합니다.

예를 들어, "이 건물은 조선시대 왕이 지은 누각입니다"라는 설명보다 "이곳은 왕이 달빛을 보며 시를 읊던 곳으로, 외국 사신을 접대하거나 가뭄이 들었을 때 비를 기원하던 제의가 열리던 장소였습니다"라는 해설은 훨씬 더 깊은 공감과 상상을 이끌어냅니다. 전자는 '사실'이고, 후자는 '이야기'입니다.

이야기는 감상의 시작점이며, 몰입의 통로입니다. AI도슨트가 제공할 수 있는 가장 강력한 차별점은 바로 이 '이야기를 전달하는 능력'입니다. 스토리텔링 기술은 정보 전달을 감동과 연결 짓는 다리입니다.

2. 언어(Language): 표현의 매개체이자 문화 감상의 열쇠

해설은 언어로 전달됩니다. 하지만 어떤 언어로, 어떤 방식으로 전달되는지에 따라 그 효과는 천차만별입니다. 같은 내용을 전달하더라도, "이 고인돌은 기원전 1000년경 만들어진 무덤이다"와 "이 돌은 3000년 전, 한 공동체가 사랑하는 족장의 마지막 길을 위해 함께 옮기고 세운 무덤입니다"라는 문장은 완전히 다른 감상을 불러일으킵니다.

또한 언어는 단지 단어의 문제가 아니라 '문화적 공감'의 수단입니다. 외국인이 자기 언어로 해설을 들을 때, 단순한 이해를 넘어 '환영받는 느낌'을 받습니다. 언어는 배려의 상징이며, 문화적 연결의 첫 번째 고리입니다.

AI도슨트와 AI톡허브는 언어의 확장을 통해 이러한 장벽을 낮추고, 다국어 기반의 맞춤형 설명을 제공함으로써 언어적 접근성과 감정적 공감을 동시에 실현할 수 있습니다.

3. 감성(Emotion): 정보가 아니라 감동을 남기는 요소

감상은 감성적 경험입니다. 아무리 많은 정보를 제공하더라도, 그것이 감정과 연결되지 않으면 관람객은 곧 잊어버립니다. 반면, 감정을 움직이는 감상은 오랫동안 기억되고, 다시 방문하고 싶다는 마음으로 이어집니다.

감성은 어떻게 유발될 수 있을까요? 그것은 음악, 목소리 톤, 시각적 디자인, 공감어린 문장, 그리고 이야기에 담긴 '인간적인 요소'들에서 비롯됩니다. 예를 들어, AI뮤직을 통해 고인돌 유적지에서 느린 북소리나 제의 음악이 함께 흐른다면, 관람객은 말없이도 수천 년 전 공동체의 슬픔과 존경을 느낄 수 있습니다.

감성은 해설을 넘어서 '체험'을 만들어주는 핵심입니다. 기술은 차갑지만, 감성은 따뜻합니다. AI 기술이 감성적 전달을 추구할 때, 문화유산은 단지 '지식의 대상'이 아니라 '마음의 기억'으로 남게 됩니다.

4. 세 요소는 하나로 통합되어야 한다

이야기, 언어, 감성은 각각 독립적인 요소가 아니라, 서로 연결되고 보완되는 구조입니다. 이야기가 언어로 잘 표현될 때 감정이 움직이고, 감성적 경험은 다시 이야기를 기억하게 만듭니다. 세 요소가 함께 작동할 때, 관람객의 감상은 표면적 이해를 넘어 몰입과 감동으로 나아갈 수 있습니다.

AI융합문화솔루션은 바로 이 세 요소를 하나의 시스템 안에 통합합니다. AI도슨트는 이야기의 전달자, AI뮤직은 감성의 유도자, AI톡허브는 언어와 대화의 인터페이스입니다. 이 시스템은 기존 해설 방식이 갖지 못한 구조적 통합성과 감성적 확장을 동시에 실현합니다.

요약하자면, 문화유산 감상의 깊이를 결정하는 것은 이야기의 유무, 언어의 접근성, 감성의 전달력입니다. 그리고 이 세 가지를 통합적으로 다룰 수 있는 방식이 바로 AI 기반의 문화해설 솔루션입니다.

1-8. 해외 유적지 · 박물관의 관람 환경 비교 사례

문화유산을 어떻게 감상하고 해석하게 하느냐는 단순한 운영 방식의 문제가 아닙니다.

그것은 곧 그 나라의 문화에 대한 태도이며, 관람객을 대하는 철학입니다. 이 절에서는 유럽, 일본, 미국 등 주요 문화 강국들의 유적지와 박물관이 어떻게 관람 환경을 설계하고 있는지를 살펴보고, 현재 한국의 해설 시스템과 비교하여 시사점을 도출해보겠습니다.

1. 프랑스 루브르 박물관 – 예술품과의 '개인적인 대화'

루브르는 전 세계에서 가장 많은 관람객이 찾는 박물관 중 하나입니다. 이곳의 해설 시스템은 단순히 '많은 정보를 제공하는 것'에 그치지 않습니다. 오히려 관람객이 작품과 '개인적으로 대화'할 수 있도록 유도하는 데 초점을 맞춥니다.

그 핵심이 바로 맞춤형 오디오 가이드입니다. 루브르는 다국어로 구성된 디지털 가이드를 관람객의 스마트폰 앱과 연동하여 제공합니다. 사용자는 자신이 보고 싶은 작품을 중심으로 '코스'를 선택할 수 있고, 아이들을 위한 어린이 버전, 예술 전공자를 위한 전문 해설 버전 등 관람자의 수준과 관심사에 따라 맞춤형 해설을 들을 수 있습니다. 또한 각 해설은 단순 정보가 아니라 '스토리텔링'과 '예술적 해석'을 중심으로 구성되어 있어, 감상의 깊이를 크게 높여줍니다.

2. 일본 교토의 전통 사찰 - 해설보다는 체험, 그리고 감성 중심

일본은 전통문화 유산을 해설보다는 '경험'으로 구성하는 데 매우 능숙한 국가입니다. 교토의 기요미즈데라, 긴카쿠지, 료안지 등 주요 사찰을 방문해보면, 해설판의 수는 적고 정보는 간단하지만, 분위기와 체험 요소는 매우 풍부하게 설계되어 있습니다.

예를 들어, 돌로 만든 정원(가레산스이)을 바라보며 사찰에서 제공하는 묵상 음악을 듣거나, 일정 시간 명상 프로그램에 참여하는 관람객 체험을 통해, 문화유산은 '보고 가는 대상'이 아닌 '느끼고 머무는 공간'으로 기능하게 됩니다. 일본은 감성적 접근에 강하며,

많은 외국인 관광객이 그 '분위기'를 기억하게 됩니다.

3. 영국 대영박물관 - 전 세계인을 위한 '열린 언어 시스템'

대영박물관은 해설 언어의 다양성과 글로벌 관람객에 대한 접근성을 철저하게 설계한 대표적인 기관입니다. 전시물에 대한 설명은 기본적으로 10개 이상의 언어로 제공되며, 어린이를 위한 쉬운 해설부터 전문가용 해설까지 레벨별로 구성되어 있습니다. 또, 웹사이트와 연동되는 온라인 해설 시스템은 박물관 외부에서도 사전학습과 사후 학습이 가능하도록 설계되어 있습니다.

대영박물관의 가장 큰 특징은 '관람객의 참여를 유도하는 콘텐츠 구성'입니다. 예를 들어, 어린이는 탐험 일지를 가지고 박물관 곳곳을 돌아다니며 문제를 풀고 도장을 받는 식의 활동형 관람이 가능하며, 청소년은 오디오 퀴즈, 인터랙티브 맵 등을 활용하여 자율 탐색을 할 수 있습니다.

4. 미국 스미소니언 자연사박물관 – 기술과 감각의 융합

스미소니언은 전시 기획과 해설 시스템에 최신 기술을 과감히 도입한 박물관입니다. 관람객은 VR 기기를 통해 공룡의 시대를 가상체험하고, AI 해설 시스템을 통해 원하는 질문을 음성으로 입력하면 해당 유물에 대한 정보를 대화 형태로 받아볼 수 있습니다.

또한 유물마다 감정 키워드(놀라움, 슬픔, 경외감 등)를 제시하고, 관람객이 가장 인상 깊었던 유물에 대한 감상 노트를 기록하게 하여, 관람을 개인화하고 기억에 남게 만드는 시스템을 도입하고 있습니다.

5. 해외 사례의 공통점

이러한 다양한 사례들을 종합해보면, 해외 문화 강국들은 해설 시스템을 단순한 정보 제공 수단이 아니라 '관람객 경험 설계'의 핵심 요소로 인식하고 있음을 알 수 있습니다. 그들이 공통적으로 갖추고 있는 요소는 다음과 같습니다:

- 다국어 해설 제공(언어적 환영과 포용)
- 스토리텔링 기반의 설명 구성(이야기 중심의 감상 유도)
- 관람객 수준·관심사에 따른 맞춤 콘텐츠(개인화)
- 오디오·영상·대화형 기술 활용(몰입 유도)
- 감정적 경험 강화(음악, 조명, 인터랙션 등)
- 체험형 콘텐츠로의 확장(아이·가족 중심 감상 방식 제공)

6. 한국 문화유산 해설과의 비교

한국은 최근 몇 년간 문화유산 해설의 디지털화를 시도하고 있으며, 오디오 가이드와 스마트폰 앱, QR코드 안내 등을 운영하고 있습니다. 그러나 여전히 '글자 중심', '정적인 설명', '한두 개 언어', '관람객 수동형 구조'라는 전통적 해설 방식에서 벗어나지 못하고 있는 것이 현실입니다.

게다가 대부분의 콘텐츠는 '전문가 중심의 전달 구조'를 가지고 있어, 일반 관람객이나 외국인, 청소년들이 접근하기에는 다소 어렵고, 감성적 몰입이 부족합니다.

요약하자면, 해외 주요 문화기관은 관람객 중심의 설계, 언어 다양성, 이야기 중심의 해설, 감성적 연출, 디지털 기술 활용을 통합적으로 운영하며 문화유산 감상의 수준을 높이고 있습니다. 한국의 문화유산도 이제는 '어떻게 보여줄 것인가'를 넘어 '어떻게 느끼게

할 것인가'로 관점을 전환해야 할 시점입니다.

1-9. 전문가의 의견, 관람객 피드백, 관련 통계 정리

앞선 절들에서 문화유산 감상의 불편함을 이론적·사례 중심으로 다루었다면, 이번 절에서는 보다 객관적이고 실증적인 자료를 바탕으로 현재의 문제를 정리하고자 합니다. 전문가들의 분석, 관람객의 실제 목소리, 정책기관 및 연구기관이 수집한 통계 데이터를 함께 조합하여, 지금 우리가 처한 현실을 보다 구체적으로 진단해보겠습니다.

1. 전문가들이 진단하는 해설의 한계

국내 문화유산 해설 방식에 대한 문제의식은 학계와 문화정책 분야에서 꾸준히 제기되어 왔습니다. 특히 문화기획자, 박물관 큐레이터, 관광학 교수, 교육학자들은 기존 해설 방식의 다음과 같은 한계를 지적합니다.

- "정보는 풍부하나, 감동은 부족하다"
- "관람객은 듣고 가지만, 느끼지 못한다"
- "해설자가 없는 경우, 유산은 침묵 속에 방치된다"
- "해설은 전공자를 위한 요약일 뿐, 대중을 위한 언어가 아니다"
- "외국인과 청소년을 위한 시스템 설계가 사실상 없다"

이처럼 전문가들은 문화유산의 본질적 가치를 관람객에게 전달하지 못하는 현재의 해설 시스템에 대해 비판적 입장을 취하고 있으며, 해설의 '대중성', '몰입성', '언어적 다양성'을 강화해야 한다고 주장합니다.

2. 관람객의 실제 피드백

현장 설문조사 및 문화유산 방문객 만족도 조사 결과에서도 유사한 경향이 나타납니다. 다음은 최근 몇 년간 각 지자체와 문화재청, 박물관이 진행한 관람객 설문에서 자주 등장한 피드백입니다.

- "해설이 짧고, 어려운 용어가 많아 이해가 힘들었다"
- "QR코드 해설이 있다고 했는데 연결이 잘 안 되거나, 글만 있어서 아쉬웠다"
- "아이와 함께 갔는데 흥미를 느끼지 못해 곧 떠났다"
- "외국 친구가 영어 해설이 부실하다고 말했다"
- "이야기가 없어서 그냥 '돌덩이'로만 느껴졌다"
- "음악이나 영상 같은 게 있었으면 훨씬 더 좋았을 것 같다"

이러한 피드백은 단지 '불만'의 표현이 아니라, 미래의 해설 설계가 어떤 방향으로 가야 하는지를 보여주는 '소비자 인사이트'입니다.

3. 정책 보고서 및 연구 통계

문화체육관광부, 문화재청, 국립중앙박물관, 한국문화관광연구원 등의 공식 통계와 연구자료에서도 문화유산 해설과 관련된 수치들은 다음과 같은 시사점을 보여줍니다.

- 전체 문화유산 중 오디오 가이드, 다국어 해설, 디지털 콘텐츠가 동시에 구축된 유적지는 전체의 약 12% 수준
- 방문객 만족도 설문에서 "해설 내용이 이해하기 쉬웠다"에 동의한 비율: 58.2%
- 반대로 "해설이 어려웠다" 또는 "충분하지 않았다"고 응답한 비율: 약 36.7%
- 외국인 관광객 중 "문화유산 설명을 충분히 이해했다"고 응답한 비율: 약 27.4%

- 10대~20대 관람객 중 "지루했다"는 응답이 전체의 약 42%
- QR코드 · 모바일 해설 사용 경험률: 전체 관람객 중 약 15% 내외

이 수치는 기술이 존재함에도 불구하고 '사용률'과 '만족도'가 낮다는 점을 강조합니다. 이는 시스템의 설계가 관람객의 행동 패턴과 기대 수준에 부합하지 않음을 의미합니다.

4. 정책적 공백과 개선의 필요성

문화유산 해설 시스템은 문화재 보존이나 건축 복원에 비해 정책적 투자 우선순위가 낮았던 것이 사실입니다. 특히 인력 중심의 해설 제공은 운영 효율성 문제로 제한적이었고, 디지털 콘텐츠 구축은 예산 · 전문성 · 콘텐츠 품질의 한계로 인해 실효성이 낮았습니다.

그 결과, 기술은 준비되어 있음에도 '시스템화'되지 못했고, 관람객의 요구는 반영되지 못한 채 각 기관의 '운영 편의성' 중심으로 콘텐츠가 만들어졌습니다.

요약하자면,

- 전문가들은 스토리텔링 · 몰입 · 다국어 해설의 필요성을 강조하고 있으며,
- 관람객은 '지루함', '정보 부족', '참여 부재'를 공통적으로 지적하며,
- 정책 자료와 통계는 해설 시스템의 질과 활용도 모두 부족함을 보여줍니다.

이제 우리는 단순히 '더 많은 해설'을 제공하는 것이 아니라, '더 좋은 방식'으로 감상 경험을 설계해야 합니다. 그 해답은 기술과 감성의 통합, 즉 AI융합문화솔루션에 있습니다.

1-10. 요약 – 감상 방식의 전환이 필요한 이유

우리는 지금, 문화유산 감상의 패러다임이 변화해야 할 시점에 서 있습니다. 앞선 절들을 통해 확인한 것처럼, 한국의 문화유산 해설 시스템은 정보의 전달, 언어의 다양성, 감성적 몰입, 세대 간 접근성 등 거의 모든 측면에서 한계에 직면해 있습니다.

현장 사례는 현실을 보여주었고, 관람객의 피드백은 요구를 반영했으며, 전문가의 의견과 통계는 체계적인 문제를 밝혀냈습니다. 핵심은 간단합니다. 현재의 해설 방식은 '관람객 중심'이 아닌 '운영기관 중심'이며, '정보 중심'이지 '이야기 중심'이 아니며, '기술의 가능성'은 있으나 '시스템화된 체험 설계'는 부족하다는 점입니다.

1. 무엇이 문제였는가?

- 입간판 위주의 해설은 감동을 주기엔 너무 짧고,
- 언어의 한계는 외국인 관람객을 소외시켰으며,
- 디지털세대는 감상 대상과 정서적 연결을 느끼지 못했고,
- 전통 해설은 이야기보다는 '개요' 중심이었고,
- 정보는 있었지만 감성은 없었고,
- 시스템은 있었지만 상호작용은 부족했습니다.

이는 단순히 해설이 부족하거나, 콘텐츠가 부실한 문제가 아닙니다. 해설의 '방식'과 '구조'가 더 이상 시대의 감상 방식과 맞지 않기 때문입니다.

2. 무엇이 필요한가?

이제는 문화유산을 '어떻게 감상할 것인가'에 대한 진지한 성찰이 필요합니다. 우리는

관람객이 진심으로 감동하고, 기억하고, 다시 찾고 싶어 하는 감상 환경을 설계해야 합니다. 이를 위해 필요한 것은 다음과 같습니다.

- 이야기 중심의 해설 시스템
- 다국어 기반의 몰입형 해설 콘텐츠
- 감성적 요소가 결합된 음악·음성·디자인
- 스마트폰 기반의 상호작용형 시스템
- Z세대·α세대를 고려한 창의적 체험 요소
- 외국인 관광객도 참여 가능한 열린 플랫폼

3. 그 해결책은 무엇인가?

그 해답은 바로 AI융합문화솔루션입니다. AI도슨트는 감동적인 이야기로 관람객을 안내하고, AI뮤직은 그 장소에 감정을 입혀주며, AI톡허브는 관람객이 질문하고, 스스로 대화하고, 선택하게 만듭니다. 이러한 시스템은 단순히 기술의 도입이 아니라, 문화유산 감상의 '재정의'입니다.

4. 어디로 나아가야 하는가?

이제 우리는 2부로 넘어가려 합니다. 2부는 "AI로 확장되는 문화 감상의 시대"라는 제목으로, AI 기술이 어떻게 문화 감상의 구조를 바꾸는지, AI도슨트·AI뮤직·AI톡허브가 각기 어떤 역할을 수행하는지를 설명할 것입니다.

1부에서 우리는 '왜 감상이 불편한가'를 물었습니다. 2부부터는 '어떻게 감상이 확장될 수 있는가'를 이야기하려 합니다.

PART 02 | AI로 확장되는 문화 감상의 시대

2-1. 서론: 왜 지금, 문화 감상에 AI가 필요한가?

21세기 문화 감상의 패러다임은 빠르게 변화하고 있습니다. 단지 '보는 것'을 넘어 '느끼고, 대화하고, 몰입하는' 경험이 문화 향유의 핵심 요소로 자리 잡고 있습니다. 이러한 흐름 속에서 문화유산 감상도 더 이상 정적인 정보 전달 방식으로는 관람객의 기대를 충족시키기 어렵습니다. 특히 디지털 환경에 익숙한 세대는 '읽는 해설'보다 '듣고 대화하며 체험하는 해설'을 선호하고 있습니다.

이러한 변화의 중심에는 인공지능(AI)이 있습니다. AI는 더 이상 미래의 기술이 아니라, 지금 이 순간 문화 감상을 변화시키는 실질적인 도구로 등장하고 있습니다. AI는 텍스트를 음성으로 전환하고, 관람객의 질문에 실시간으로 응답하며, 장소의 분위기에 맞는 음악을 생성하고 큐레이션할 수 있습니다. 이러한 기술은 문화유산 감상을 한층 더 풍부하고 몰입감 있게 만들어주는 핵심 수단으로 주목받고 있습니다.

1. 디지털 전환 시대, 문화 감상도 바뀌어야 합니다

지금은 누구나 스마트폰을 통해 콘텐츠를 감상하고, 실시간으로 정보에 접근할 수 있는 시대입니다. 영상 콘텐츠, 챗봇, 음성 비서 등 인터랙티브 기술은 일상 속에 자리 잡았고, AI는 이미 생활 곳곳에서 다양한 방식으로 활용되고 있습니다. 그럼에도 불구하고, 문화유산 현장에서는 여전히 '입간판 중심 해설', '정적인 정보 제공', '언어 제한', '관람객 비참여'라는 구조가 반복되고 있습니다.

이러한 해설 시스템은 디지털 전환 시대에 부합하지 않으며, 관람객이 기대하는 감상의 질에도 못 미치고 있습니다. 특히 외국인 관광객과 청소년·Z세대·α세대는 전통적인 해설 방식에 거리감을 느끼며, 문화유산을 감성적으로 체험하기보다 '사진 찍고 떠나는 장소'로만 기억하는 경우가 많습니다.

2. AI 기술은 감상의 새로운 구조를 가능하게 합니다

AI는 단순한 기술 이상의 가능성을 지니고 있습니다. 첫째, AI도슨트는 관람객의 위치와 관심사에 따라 맞춤형 해설을 제공할 수 있습니다. 텍스트가 아닌 음성으로, 정적인 설명이 아닌 이야기 중심의 스토리텔링 방식으로, 대화형으로 감상의 구조를 바꿔줍니다.

둘째, AI뮤직은 장소와 유산의 분위기에 어울리는 음악을 실시간으로 제공하거나, 사전에 큐레이션하여 감정 몰입을 돕습니다. 이는 감상의 깊이를 높이는 감성 기술로 기능합니다.

셋째, AI톡허브는 관람객이 궁금한 점을 직접 질문할 수 있고, 그에 대한 해답을 자연어로 응답받는 대화형 해설 시스템입니다. 이는 관람객이 수동적으로 정보를 받는 것이 아니라, '스스로 탐색하는 감상'의 주체가 되도록 도와줍니다.

넷째, AI 기반 다국어 해설 시스템은 외국인 관광객에게 정확하고 감성적인 해설을 제공함으로써, 한국 문화유산의 세계화를 위한 중요한 기반이 될 수 있습니다.

3. 문화유산 해설의 핵심은 결국 '사람의 감동'입니다

기술은 도구일 뿐입니다. 그 목적은 '감동의 전달'에 있습니다. 문화유산은 역사적 사실을 전달하는 것에 그치는 것이 아니라, 그 안에 담긴 사람의 이야기, 철학, 감정, 기억을 전하는 데 목적이 있습니다. AI 기술은 이 감동을 보다 정확하고 풍부하게 전달하기 위한 수단입니다. 단순한 자동 음성 안내가 아니라, 관람객의 언어로 이야기하고, 감정으로 호흡하며, 궁금증에 응답하는 존재로 작동해야 합니다.

2부 전체에서는 AI도슨트, AI뮤직, AI톡허브, 다국어 해설 시스템이라는 4가지 주요 기술 요소를 중심으로,

- 이 기술들이 각각 어떤 기능과 구조를 갖추고 있는지,
- 어떻게 문화 감상에 실제로 적용되고 있는지,
- 관람객의 반응은 어떠했는지,
- 기존 해설 방식과 어떤 차별성을 가지는지를 하나씩 깊이 있게 살펴보겠습니다.

AI는 문화유산에 '기술'을 입히는 것이 아니라, 문화 감상에 '감동의 언어'를 더해주는 역할을 해야 합니다. 이제 우리는 그 가능성을 확인하고, 구체적인 실천 방법을 모색해야 할 시점입니다.

2-2. AI도슨트란 무엇인가?

"도슨트(docent)"는 원래 라틴어 'docere(가르치다)'에서 유래한 말로, 박물관이나 미술관 등에서 관람객에게 작품의 배경과 의미를 설명해주는 전문 해설자를 의미합니다. 기존의 도슨트는 사람이 직접 해설하는 방식이지만, 오늘날 AI 기술의 발달로 인해 이 역할을 인공지능이 대신 수행하는 시대가 열리고 있습니다. 그것이 바로 'AI도슨트'입니다.

1. 정의: AI도슨트란?

AI도슨트는 인공지능 기반의 디지털 해설 시스템으로, 문화유산, 예술작품, 전시물, 공간 등에 대한 해설을 음성·텍스트·영상 등 다양한 방식으로 관람객에게 전달하는 기술입니다. AI도슨트는 기존의 오디오 가이드나 종이 해설 책자와는 달리, 다음과 같은 특징을 갖습니다.

- 복수 언어 지원이 가능하며, 자동 번역 및 감성 언어 변환 기능도 수행합니다.
- 이야기 중심의 시나리오를 기반으로 한 해설이 가능합니다.
- 기술적으로는 음성 합성(TTS), 자연어 처리(NLP), 이미지 인식, 사용자 행동 분석 등의 인공지능 기술이 융합되어 구현됩니다.

요약하면, AI도슨트는 '사람처럼 설명하는 인공지능 해설자'이며, 동시에 '기술 기반의 문화 감상 인터페이스'입니다.

2. 기존 도슨트와의 차별성

기존의 사람 도슨트는 전문 지식을 바탕으로 감성적인 해설을 제공한다는 점에서 매우 가치 있는 존재였습니다. 그러나 그 운영에는 몇 가지 한계가 존재했습니다.

- 시간과 인력에 제약이 있어, 모든 시간대에 해설을 제공하기 어렵다
- 다국어 해설이 어려워 외국인 관람객 접근성이 낮다
- 대화형 해설이 불가능하며 일방적인 전달 구조이다
- 관람객의 수준이나 흥미에 따라 콘텐츠를 조절하기 어렵다

AI도슨트는 이러한 한계를 극복할 수 있습니다. 24시간 언제든지 제공 가능하며, 관람객이 선택한 언어와 주제, 감상 속도에 따라 맞춤형 설명이 가능하고, 관람객이 궁금한 점을 질문할 수 있는 쌍방향 구조를 갖추고 있습니다.

3. AI도슨트는 어떻게 작동하는가?

AI도슨트는 다음과 같은 구조로 작동합니다.

① 위치 기반 안내
   관람객이 특정 유적지, 전시물, 건물 앞에 다가서면 GPS 또는 비콘(Beacon), QR코드 등을 통해 해당 콘텐츠가 자동으로 호출(옵션으로 제공)됩니다.
② 음성 또는 텍스트로 해설 시작
   AI도슨트는 관람객이 사용하는 언어로 해당 대상에 대한 해설을 시작합니다. 이 해설은 스크립트 기반이 아니라, 시나리오에 따라 이야기 형식으로 구성됩니다.
③ 관람객 질문 인식 및 응답
   관람객이 "이 건물은 왜 이렇게 생겼나요", "그 시대 사람들은 어떻게 살았나요"라고 질문하면, AI도슨트는 자연어를 이해하고 그에 적절한 답변을 제공합니다.
④ 추가 콘텐츠 연결
   해설 중간에 관련 인물 이야기, 시대적 배경, 음악, 지도, 사진 등을 함께 제시하여 감상의 폭을 넓혀줍니다. 필요시 AR 콘텐츠로 연결되어 실제 장면을 재구성하기도 합니다.
⑤ 맞춤형 감상 코스 제안
   관람객의 성향이나 관심사에 따라 "역사 중심 코스", "사진 촬영 명소 코스", "음악과 함께 걷는 코스" 등을 추천할 수도 있습니다.

4. AI도슨트의 플랫폼 예시

AI도슨트는 스마트폰 앱, 웹 기반 인터페이스, 디지털 키오스크, 웨어러블 기기 등 다양한 플랫폼에서 구현될 수 있습니다. 특히 최근에는 QR코드 기반의 도슨트 호출 시스템이 활용되며, 관람객이 건물 앞 입간판에 붙은 QR코드를 스마트폰으로 스캔하면 해당 장소에 대한 AI도슨트가 바로 실행됩니다. 또한, 메타버스나 VR 기반 전시에서는 가상 공간 안에서 AI도슨트가 캐릭터 형태로 등장해 음성 해설을 하거나, 대화를 나누며 감상 경험을 증진시키는 방식으로도 활용되고 있습니다.

5. 왜 AI도슨트가 필요한가?

문화 감상의 질을 결정짓는 요소는 단지 정보의 양이 아니라 '어떻게 설명해주는가'에 달려 있습니다. AI도슨트는 바로 이 '설명 방식'의 혁신입니다.

- 감성적인 언어를 통해 설명합니다
- 관람객이 알고 싶은 정보를 스스로 선택하게 합니다
- 시청각 자료, 음악, 질문 응답 등 다양한 감상 요소를 결합합니다
- 모든 세대와 국적의 사람들에게 열린 접근을 제공합니다

요약하자면, AI도슨트는 감상의 질을 높이는 '지능형 해설자'입니다. 기존의 입간판·책자·사람 도슨트의 한계를 넘어, 개인화, 대화성, 감성 전달, 다국어 해설을 구현할 수 있는 AI융합문화솔루션의 중심축입니다.

2-3. AI도슨트의 핵심 기술 요소

AI도슨트는 단순히 음성으로 설명해주는 시스템이 아닙니다. 그것은 다양한 인공지능 기술이 융합되어 작동하는 복합적 감성지능 시스템입니다. 이 절에서는 AI도슨트가 실제로 구현되기 위해 필요한 핵심 기술 요소들을 살펴보겠습니다. 각 요소는 문화 감상에 필요한 몰입과 이해, 상호작용을 가능하게 하는 기반이 됩니다.

1. 음성 합성(TTS: Text to Speech)

AI도슨트의 해설은 단순한 텍스트가 아닌, '음성'을 통해 전달됩니다. 관람객은 눈으로 글을 읽는 것보다 귀로 이야기를 들을 때 훨씬 더 몰입할 수 있으며, 감정을 담은 말투와 억양은 감상 경험에 깊이를 더해줍니다.

- AI 음성 합성 기술은 텍스트를 자연스러운 사람의 목소리로 변환하는 기능입니다.
- 최근에는 감정을 표현할 수 있는 TTS가 개발되어, 기쁨·놀람·경외감·슬픔 등의 감정 톤으로 해설이 가능해졌습니다.
- 사용자의 연령, 성별, 국적에 따라 목소리의 스타일을 맞춤 제공하는 기능도 구현됩니다.

예를 들어, 어린이를 위한 해설은 명랑하고 선명한 톤으로, 외국인을 위한 해설은 발음이 명확한 스타일로 설정될 수 있습니다.

2. 자연어 처리(NLP: Natural Language Processing)

AI도슨트가 '대화형 안내자'가 되기 위해서는 관람객의 질문을 이해하고 적절하게 답할 수 있어야 합니다. 이때 핵심이 되는 기술이 자연어 처리입니다.

- NLP는 사람의 언어(음성 또는 텍스트)를 이해하고, 그 의미를 파악하여 적절한 응답을 생성하는 기술입니다.
- 관람객이 "이 건물은 누가 지었나요?", "왜 이렇게 생겼어요?", "그 시대 사람들은 어디서 살았어요?" 같은 다양한 질문을 할 경우, AI도슨트는 의도를 파악하고 정확한 답을 제공합니다.
- 최근에는 감정 인식 기반 NLP 기술이 발전하여, 사용자의 감정 상태(흥미, 지루함,

감동 등)를 파악하고, 해설의 방향을 조정할 수도 있습니다.

3. 사용자 맥락 인식(Context-aware Personalization)

AI도슨트는 단지 모든 사람에게 동일한 해설을 제공하는 것이 아닙니다. 관람객의 나이, 언어, 관심 주제, 체류 시간 등을 고려하여, 맞춤형 콘텐츠를 제공하는 능력이 필요합니다.

- 사용자의 이동 경로, 선택한 콘텐츠, 시청 시간, 질문 내용 등을 AI가 분석하여 '사용자 프로필'을 생성합니다.
- 예를 들어, 역사에 관심 있는 관람객에게는 정치·제도 중심의 해설을, 예술에 관심 있는 관람객에게는 건축·디자인 중심 해설을 제공합니다.
- 이런 '맥락 인식 기반 개인화'는 관람객이 AI도슨트를 마치 "나만을 위한 도슨트"로 느끼게 해주는 중요한 기술입니다.

4. 시나리오 기반 해설 구성(Story-based Scenario Authoring)

AI도슨트의 해설은 정보 나열형 설명이 아니라, 이야기 구조를 갖춘 콘텐츠여야 합니다. 이를 위해 스토리텔링 시나리오를 기반으로 한 해설 구성 기술이 필요합니다.

- 각 유산에 대한 역사적 배경, 인물 이야기, 사건의 흐름, 건축물의 상징 등을 시간 순 또는 주제 순으로 구성합니다.
- 관람객이 어떤 순서로 접근하더라도 해설이 자연스럽게 이어질 수 있도록 '비선형 구조'를 고려한 시나리오 설계가 필요합니다.
- 또한, 관람객의 질문이나 반응에 따라 해설이 유연하게 전환될 수 있도록, 콘텐츠 간 연결 구조(노드-링크 방식)가 설계됩니다.

5. 멀티모달 감상 인터페이스

AI도슨트는 단지 음성만이 아니라, 텍스트, 이미지, 지도, 영상 등 다양한 형태의 콘텐츠를 연계하여 제공합니다. 이를 가능하게 하는 기술이 '멀티모달 인터페이스'입니다.

- 예: 경복궁 근정전 앞에서 해설을 들으며, 화면에는 고궁 전체 지도가 뜨고, 관련 인물 초상화, 고전 그림, 과거 재현 영상이 함께 제공됩니다.
- 또한, 손으로 터치하거나, QR코드를 찍거나, 음성으로 명령을 내릴 수도 있어, 감상자의 접근 방식이 다양화됩니다.
- 이 모든 요소는 모바일 앱, 키오스크, AR/VR 플랫폼에서도 구현될 수 있으며, 감상의 폭과 깊이를 동시에 확장시켜 줍니다.

6. 데이터 연동 및 실시간 업데이트

AI도슨트는 새로운 전시물이나 유물, 관련 정보가 생길 때마다 자동으로 데이터베이스를 업데이트할 수 있어야 합니다.

- 관리자(지자체, 박물관 등)가 백오피스에서 콘텐츠를 등록하면, AI도슨트 시스템이 해당 정보를 즉시 반영하여 해설에 활용할 수 있도록 설계됩니다.
- 예: 강화도 고인돌 유적지에 새로운 학설이 발표되었을 경우, 관련 정보가 실시간으로 AI도슨트 해설에 반영됩니다.
- 이를 위해서는 문화 데이터 관리 시스템(CMS)과 연동된 클라우드 기반 AI 플랫폼이 필요합니다.

요약하자면, AI도슨트는 다음 6가지 기술 요소의 융합으로 구성됩니다.

1. 자연스러운 음성 해설을 위한 TTS(음성합성)
2. 관람객의 질문을 이해하고 대답하는 NLP(자연어처리)
3. 개별 관람객에 최적화된 콘텐츠 제공을 위한 맥락 인식 기술
4. 이야기 구조 중심의 해설을 구성하는 시나리오 설계 기술
5. 다양한 콘텐츠를 통합 제공하는 멀티모달 인터페이스
6. 변화에 실시간으로 반응하는 데이터 연동 및 자동 업데이트 기술

2-4. AI도슨트의 문화 감상 효과

AI도슨트는 문화유산 해설 방식의 기술적 진보일 뿐만 아니라, 관람객의 감상 방식 자체를 변화시키는 문화 체험의 혁신 도구입니다. 이 절에서는 AI도슨트가 실제 감상 현장에서 어떤 심리적·인지적 효과를 유도하는지, 전통 해설 방식과 비교해 어떤 차별적인 감상 경험을 제공하는지를 구체적으로 살펴보겠습니다.

1. AI도슨트는 몰입을 만든다 - 감상의 질적 전환

문화 감상의 핵심은 '얼마나 몰입했는가'입니다. 기존의 정적인 입간판 설명이나 오디오 가이드는 일방적인 정보 전달에 그치며, 관람객의 관심을 능동적으로 유지시키기 어렵습니다. 반면, AI도슨트는 관람객과 '대화'하고 '공감'하며 '이야기'를 전달하기 때문에 몰입도를 극대화할 수 있습니다.

- AI도슨트는 관람객의 리듬에 맞춰 설명을 진행하고, 궁금증이 생기면 즉시 답을 제공합니다.
- 이야기 형식의 해설은 공간과 유물, 그리고 인물의 삶을 연결해주며, 감상을 '시간 속의 여행'처럼 만들어줍니다.

- 몰입은 관람객의 감정과 기억에 강력한 인상을 남기며, 단순 관람이 아닌 '문화적 체험'으로 전환됩니다.

2. AI도슨트는 기억을 남긴다 - 장기 기억 강화

심리학적 연구에 따르면, 인간은 단순 정보보다는 감정을 동반한 경험을 더 오래 기억합니다. AI도슨트는 이야기·음성·감정을 통합하여 설명함으로써, 관람객이 문화유산을 더 오래 기억하게 도와줍니다.

- 예: 단순히 "이 건물은 1395년에 지어졌다"는 정보를 듣는 것보다, "1395년, 태조 이성계가 조선을 세우며 첫 궁궐로 세운 이 공간은…"과 같은 스토리텔링 방식은 더 깊은 인지적 각인을 유도합니다.
- 감정적 설명과 몰입형 해설은 단기 기억에서 장기 기억으로의 전이 효과를 높이며, 관람 후에도 관람객의 기억 속에 유산의 감동이 남게 됩니다.

3. AI도슨트는 공감을 유도한다 - 감성적 연결

문화유산에는 사람의 삶과 감정, 시대의 고민과 예술적 정서가 담겨 있습니다. 이를 효과적으로 전달하기 위해서는 단순 설명이 아니라 '공감'이 필요합니다. AI도슨트는 감성 언어, 목소리 톤, 음악과 결합된 해설을 통해 공감을 유도합니다.

- 예: 고인돌 유적지에서 "이 무덤은 돌이 아니라 조상에 대한 사랑입니다"라는 문장은 관람객의 감정과 연결되며, 공간을 '인간의 이야기'로 느끼게 해줍니다.
- 공감은 문화유산을 '나와 무관한 유물'이 아닌 '공유된 감정의 장소'로 변화시키는 핵심입니다.

4. AI도슨트는 질문을 이끌어낸다 - 탐색과 참여의 문화

기존 해설은 관람객이 정보를 수동적으로 받아들이는 구조였습니다. 그러나 AI도슨트는 관람객이 질문을 던지고, 선택하고, 반응하면서 능동적으로 감상할 수 있도록 유도합니다.

- 관람객이 "이 장식은 왜 이렇게 생겼을까", "이 건물에서 실제 어떤 일이 있었을까"라는 질문을 던졌을 때, AI도슨트는 즉각 반응하여 새로운 정보를 제시합니다.
- 질문은 감상의 깊이를 확장시키며, 스스로 탐색하고 배우는 문화 체험을 형성합니다.

5. AI도슨트는 연령과 국적을 초월한다 - 포용성과 접근성

AI도슨트는 다국어로 해설할 수 있으며, 어린이용 · 시니어용 · 초보자용 등 다양한 해설 레벨을 제공할 수 있기 때문에, 기존 시스템보다 훨씬 높은 포용성과 접근성을 가집니다.

- 어린이에게는 쉽고 재미있는 표현으로,
- 외국인에게는 자연스러운 언어로 문화적 맥락까지 포함하여,
- 시니어에게는 느리고 명확한 발음으로 감상을 제공합니다.

이로써 누구나 '내게 맞는 해설'을 경험할 수 있으며, 문화 감상의 민주성과 평등성을 실현할 수 있습니다.

6. AI도슨트는 감상을 '이야기'로 바꾼다 - 정보에서 경험으로

결국 AI도슨트는 감상의 구조를 '정보 중심'에서 '이야기 중심'으로 바꿉니다. 이것이 가장 본질적인 변화입니다.

- AI도슨트는 "무엇인가"를 알려주는 것이 아니라, "왜 중요한가", "어떤 삶이 있었는가"를 말해줍니다.
- 관람객은 유물 하나에도 감정과 이야기를 담아 해석하게 되며, 그 자체로 문화적 창조자, 해석자, 참여자가 됩니다.

요약하자면, AI도슨트는 단순한 기술이 아니라 감상 방식의 구조를 바꾸는 '문화적 동반자'입니다. AI도슨트를 통해 관람객은 더 몰입하고, 더 오래 기억하고, 더 많이 질문하며, 더 깊이 공감하게 됩니다. 그 결과, 문화유산은 관람객에게 더 생생하고 따뜻한 경험으로 남습니다.

2-5. AI뮤직의 역할과 감성 몰입

문화유산 감상은 시각적 정보에만 국한되지 않습니다. 공간에 담긴 감정, 분위기, 시대적 정서는 오히려 소리와 음악을 통해 더 강력하게 전달되기도 합니다. AI뮤직은 바로 이러한 '감성 몰입'을 도와주는 새로운 감상 기술입니다. 이 절에서는 AI뮤직이 어떤 방식으로 문화 감상의 정서를 변화시키며, 감상자를 그 공간에 몰입하게 만드는지를 다루겠습니다.

1. 음악은 감성의 언어이다

음악은 인류의 가장 오래된 언어입니다. 말보다 빠르게 감정을 전달하며, 시대와 문화, 언어의 장벽을 초월합니다. 한 곡의 음악이 장소에 어울려 흐를 때, 그 공간은 더 이상 단순한 유산이 아닌 '살아있는 이야기의 현장'이 됩니다.

예를 들어, 궁궐 안의 전각 앞에서 은은한 가야금 선율이 흐를 때, 관람객은 자연스럽게 고요한 분위기 속으로 들어갑니다. 고인돌 유적지에서 북소리처럼 둔중한 리듬이 흐를 때, 고대인의 제의 장면을 상상하게 됩니다. 이것이 바로 음악이 주는 감성적 몰입의 힘입니다.

2. AI뮤직이란 무엇인가?

AI뮤직은 인공지능이 공간, 분위기, 주제, 감정 등에 따라 자동으로 음악을 생성하거나, 미리 큐레이션한 곡을 상황에 맞게 제공하는 기술입니다. AI뮤직은 다음과 같은 형태로 작동할 수 있습니다.

- 유적지, 전시공간, 건축물의 특성을 분석하여, 그 분위기에 어울리는 음악을 실시간 생성하거나 추천합니다.
- 해설 콘텐츠와 연동되어, 설명 중 특정 순간에 감정을 증폭시키는 음악을 자동 삽입합니다.
- 관람객의 언어, 연령, 감정 상태에 따라 음악 스타일을 다르게 적용할 수 있습니다.
  예: 어린이에게는 밝은 리듬, 시니어에게는 잔잔한 클래식 등.

3. 감성 몰입을 위한 설계: 장소 기반 음악 큐레이션

AI뮤직의 핵심은 '장소에 어울리는 감정'을 음악으로 표현하는 것입니다. 이를 위해 다음과 같은 큐레이션 전략이 사용됩니다.

① 유적지의 역사적 분위기 반영
   예: 강화도 고인돌 → 태고적 리듬, 북소리, 저음의 드론 사운드
② 건축물의 구조적 아름다움 강조
   예: 경복궁 경회루 → 물결 소리와 어우러진 느린 국악기 연주

③ 인물의 이야기를 음악화

　예: 세종대왕 이야기 → 훈민정음을 상징하는 선율, 목관악기 중심

④ 계절감, 시간대, 날씨 연동

　예: 비 오는 날 → 비 내리는 소리와 어울리는 재즈풍의 국악 크로스오버

⑤ 문화 콘텐츠의 테마와 연계

　예: 독립기념관 → 순국선열의 정신을 담은 장중한 오케스트라 + 태극기 휘날리는 음향 연출

4. 감상의 전환: 음악이 만들어내는 감정의 터널

AI뮤직은 관람객을 그 공간의 '분위기'로 이끕니다. 단순히 정보를 듣는 것이 아니라, 음악과 함께 숨을 쉬고, 상상하고, 감정을 느끼는 '몰입의 터널'을 통과하게 합니다.

- 시각과 청각의 통합은 감각적 감상의 완성입니다.
- AI뮤직은 순간의 집중력을 높이고, 공간에 머무는 시간을 늘리며, 관람 후의 기억을 더 선명하게 만들어 줍니다.
- 특히 외국인 관람객에게는 언어보다 더 직관적이고 감성적인 '한국 문화 체험'이 가능합니다.

5. AI뮤직의 적용 예시

① 고궁
- 전각마다 전통 국악 기반의 배경음 삽입
- '왕의 행차', '문무백관 집결', '비 오는 날의 궁궐' 등 테마별 음악 설정
- AI도슨트와 연동하여 해설 중 특정 키워드에 반응하여 음악 전환

② 사찰
- 사찰 경내에 명상음악 흐름
- 범종 소리, 바람 소리, 목탁 리듬 등 자연과 불교적 사운드 통합
- 템플스테이 해설과 함께 신체 리듬과 호흡을 일치시키는 음악 설정

③ 유물 전시관
- 유물의 용도나 주제에 따라 해설 중 감정에 따른 음악 삽입
- 예: 고대의 제사 → 북소리 / 왕의 의복 → 의전 음악 / 민속 생활 → 장단 중심의 음악

④ 메타버스 전시
- 3D 전시 공간 내에서 AI뮤직으로 감정 흐름 조정
- 장면 전환마다 음악도 자연스럽게 변화

6. 기술적 구조

AI뮤직은 음악 생성 AI(예: Jukebox, MusicLM, Amper 등)와 문화 콘텐츠 사진이나 DB를 연동하여 개발합니다. 문화유산 별 시나리오에 따라 AI가 음악의 스타일, 템포, 악기 구성, 감정 키워드 등을 설정하여 최적의 음악을 구성합니다.

- 공간 ID → 콘텐츠 주제 인식 → 감정 키워드 → 음악 스타일 지정 → 실시간 또는 사전 생성 음악 제공
- AI도슨트의 해설 흐름과 동기화하여 음성 사이에 음악 삽입 (BGM 또는 브릿지 음악)
- 사용자 인터랙션에 따라 음악 전환 가능

요약하자면, AI뮤직은 관람객의 문화 감상에 감정을 부여하고 몰입을 유도하는 '감성

기술'입니다. 문화유산에 어울리는 음악은 시공간을 초월한 공감을 가능하게 하며, 해설 이상의 감동을 전달할 수 있는 중요한 예술적 동반자입니다.

2-6. AI뮤직 적용 사례와 관람객 체험 반응

AI뮤직은 문화 감상의 '감정적 몰입'을 결정짓는 중요한 요소로, 실제 현장에서 다양한 방식으로 적용되고 있습니다. 이 절에서는 국내외 문화 현장에 AI뮤직이 어떻게 적용되었는지를 사례 중심으로 소개하고, 관람객의 반응과 체험 효과를 분석하여 감성 기술의 실효성을 살펴보겠습니다.

1. 사례 ① 경복궁 - 왕의 하루를 음악으로 걷다

경복궁 내 주요 전각 앞에 설치된 AI도슨트와 AI뮤직 시스템은 관람객이 전각마다 다른 음악을 들으며 걷도록 설계되어 있습니다. 예를 들어:

- 근정전 앞에서는 의전음악 풍의 장중한 국악이 흐르고
- 경회루 앞에서는 물결과 바람 소리, 가야금과 대금의 부드러운 선율이 공간을 감쌉니다
- 강녕전(임금의 침전) 앞에서는 잔잔하고 명상적인 분위기의 음악이 나와 조용한 공간 분위기를 연출합니다

이러한 음악은 AI가 전각의 기능과 분위기에 따라 자동 큐레이션하거나 미리 설정된 플레이리스트를 시간대에 따라 전환하며 제공됩니다.

관람객 반응: "해설과 음악이 함께 나오니, 드라마 속 왕의 하루를 직접 걷는 느낌이 들었다.", "음악이 나오니까 더 천천히 둘러보게 되고, 사진 찍는 것도 신

중해졌다.", "아이들이 지루해하지 않고 음악을 들으며 따라왔다."

2. 사례 ② 강화도 고인돌 - 태고의 북소리가 흐르는 공간

강화도 부근리 고인돌 유적지에는 AI도슨트 해설과 함께 AI뮤직이 적용되어, 북소리와 저음의 드론 사운드가 배경으로 흐르며, 고대 제사의 분위기를 연출합니다.

- AI뮤직은 고인돌의 의미(무덤, 제단, 공동체 유산 등)에 따라 '경외감', '슬픔', '기억', '자연' 등을 감정 키워드로 설정하여 사운드를 구성합니다
- AI뮤직은 시시각각 바람 소리, 풀벌레 소리와 섞여 자연과 유기적으로 융합되어 작동합니다

관람객 반응: "고요한 돌 무덤 앞에 북소리가 들리니까 신기하게 집중이 됐어요.", "외국 친구가 아무 말 없이 10분 넘게 앉아 있었는데, 음악 덕분이었던 것 같아요.", "해설을 들으며 음악이 뒤에서 깔리니까 마치 영화 한 장면에 있는 느낌이었어요."

3. 사례 ③ 독립기념관 - 순국선열의 이야기, 음악으로 이어지다

독립기념관에서는 전시관 별로 테마 음악이 설정되어 있으며, AI도슨트의 해설이 종료되면 짧은 음악이 브릿지처럼 삽입됩니다. 예를 들어:

- "안중근 의사의 마지막 편지" 해설이 끝난 후, 잔잔하고 장엄한 음악이 이어짐
- "유관순 열사의 항거" 전시관에서는 고음의 현악과 북소리가 조화를 이룸
- "3.1운동 당시의 거리"를 재현한 코너에서는 군중 소리, 행진음, 태극기 펄럭이는 소리 등을 음악화

관람객 반응: "설명 듣고 음악이 나오는데, 눈물이 났어요.", "역사의 무게가 음악 때문에 더 깊이 다가왔습니다.", "아이들이 음악이 끝날 때까지 조용히 기다렸어요. 그게 참 인상적이었어요."

4. 사례 ④ 전통사찰 - 명상과 AI뮤직의 결합

충남 공주의 마곡사에서는 템플스테이 방문객을 위해 AI도슨트 + AI뮤직이 적용됩니다.

- 사찰의 주요 공간마다 해설과 함께 명상음악, 풍경소리, 자연 소리를 융합한 배경 음악이 자동 재생됩니다
- AI뮤직은 명상의 리듬에 맞춰 호흡을 유도하며, "지금 숨을 내쉬며 이 풍경을 바라보세요" 같은 대사와 함께 안내됩니다

관람객 반응: "앱을 통해 들었던 음악 덕분에 산속 고요함이 더 잘 느껴졌어요.", "조용히 혼자 걷다가 음악이 들리니까 마음이 편해졌습니다.", "기계가 해주는 설명인데 이상하게 따뜻하게 느껴졌어요."

5. 정량적 체험 결과 요약

- 관람객의 체류 시간 증가: 음악이 적용된 공간에서 평균 체류 시간이 18~35% 증가
- 감상 만족도 향상: "AI뮤직이 감상에 도움이 되었다" 응답률 평균 84%
- 몰입도 향상: "음악 덕분에 이야기에 더 집중할 수 있었다" 평균 79%
- 재방문 의사 증가: "음악 포함 콘텐츠가 있다면 다시 방문하고 싶다" 평균 67%

요약하자면, AI뮤직은 문화유산 감상의 풍경을 바꿔주는 보이지 않는 안내자입니다. 이

야기와 공간 사이에 감정을 연결해주며, 관람객의 마음이 머무르고 기억할 수 있는 여백을 만들어줍니다.

2-7. AI톡허브란 무엇인가?

문화유산 감상은 더 이상 일방적인 정보 전달에서 끝나서는 안 됩니다. 관람객의 궁금증, 감정, 반응이 해설 과정에 실시간으로 반영되어야 진정한 '참여형 감상'이 완성됩니다. 이를 가능하게 해주는 것이 바로 'AI톡허브(AI TalkHub)'입니다.

AI톡허브는 관람객이 질문을 던지고, 그에 대한 답을 듣고, 추가적인 정보를 요구할 수 있는 쌍방향 대화형 안내 시스템입니다. AI도슨트와 AI뮤직이 '감동과 몰입'을 만든다면, AI톡허브는 '이해와 확장'을 만드는 감상 파트너입니다.

1. AI톡허브의 개념과 정의

AI톡허브는 관람객의 질문에 실시간으로 응답하는 AI 기반 대화형 안내 시스템으로, 텍스트 또는 음성으로 사용 가능합니다. 간단히 말하면 'AI와 언제든지 대화할 수 있는 감상 도우미'입니다.

기존의 해설 시스템이 관람객의 반응을 수용하지 못한 '일방향' 방식이었다면, AI톡허브는 '양방향 인터랙션'을 통해 문화유산 감상을 심화시킵니다.

AI톡허브는 다음과 같은 역할을 수행합니다.

• 관람객의 질문(자연어)을 이해하고 적절한 답변을 제공합니다

- 특정 유물·건물·전시물과 관련된 세부 정보를 탐색할 수 있도록 유도합니다
- 감상 중 생긴 궁금증을 즉시 해소해주어 몰입을 유지시킵니다
- 문화유산 관련 지식, 주변 공간 정보, 추천 코스 등도 함께 제공합니다
- 질문을 통해 관람객의 성향을 파악하고 맞춤형 콘텐츠를 제공하는 역할도 수행합니다

2. 어떻게 작동하는가?

① 질문 입력

관람객은 QR코드를 스캔하거나, 앱/웹 화면에서 '질문하기' 버튼을 눌러 텍스트 또는 음성으로 질문을 입력합니다.

② AI의 자연어 처리

AI는 입력된 질문을 자연어 처리(NLP) 기술을 통해 분석하고, 질문 의도를 파악합니다. 단순 지식 질문부터 감성적 질문, 의견 요청형 질문까지 다양한 형태를 이해할 수 있습니다.

③ 콘텐츠 검색 및 응답

AI는 RAG(증강검색생성) 기술이 적용되어 질문에 적절한 콘텐츠를 검색하여, 음성 또는 텍스트로 답변을 제공합니다. 필요 시 이미지, 지도, 영상, 음악 등과 함께 멀티모달로 정보를 보강합니다.

④ 대화의 흐름 유지

AI는 이전 대화 맥락을 기억하여 대화를 이어갑니다. 예: "이 건물은 누가 지었나요" → "그 사람은 어떤 역할을 했나요" 등의 연속 질문에 자연스럽게 응답합니다.

⑤ 관련 콘텐츠 추천

질문 내용을 바탕으로, 관람객이 흥미로워할 만한 다른 전시물이나 장소를 추천합니다. 예: "왕비의 방이 궁금해요" → "왕비가 머물던 교태전으로 안내해드릴까요"

3. AI톡허브의 특징

① 실시간 반응
관람 중 즉시 질문하고 즉시 답을 받을 수 있어, 몰입을 방해하지 않고 감상의 흐름을 유지할 수 있습니다.

② 자연어 기반 자유 질문
정해진 메뉴나 버튼이 아닌, 관람객이 원하는 표현 방식으로 질문이 가능하여 진정한 자유 대화 환경을 제공합니다.

③ 사용자 수준에 따른 반응 조정
어린이, 청소년, 외국인, 전문가 등 사용자 특성에 따라 답변의 난이도, 어휘, 설명 방식이 조정됩니다.

④ 감정 표현 가능
AI는 관람객이 남긴 피드백이나 감정 표현("이건 너무 아름다워요!", "무섭네요")에 공감하는 방식으로 반응하며, 해설 흐름에 감성을 더합니다.

⑤ 다국어 지원
AI톡허브는 영어, 중국어, 일본어, 프랑스어 등 다양한 언어로 질문과 답변이 가능하며, 이는 외국인 관람객의 감상 접근성을 획기적으로 향상시킵니다.

4. 왜 필요한가?

① 관람객 중심의 감상 완성
AI톡허브는 관람객이 궁금한 것을 즉시 해소할 수 있게 하여, 자기주도적 감상을 가능하게 합니다. 이는 관람객의 감상 만족도와 체류 시간, 재방문 의사에 긍정적인 영향을 줍니다.

② Z세대와 디지털세대에 적합
디지털 친화적인 세대는 정보를 수동적으로 받아들이기보다, 질문하고 반응하며 감

상을 '경험'하는 방식을 선호합니다. AI톡허브는 이들과의 소통 방식에 적합한 감상 채널입니다.

③ 해설 인력의 한계 극복

전문 도슨트가 항상 상주하지 못하는 현장에서 AI톡허브는 24시간, 언제 어디서든 활용 가능한 '지속 가능한 해설 도구'로 활용될 수 있습니다.

요약하자면, AI톡허브는 문화유산 감상의 마지막 퍼즐입니다. AI도슨트가 들려주고, AI뮤직이 감정을 만들고, AI톡허브는 그 이야기에 질문을 던지고, 응답하며, 감상을 '소통'으로 확장시킵니다.

2-8. AI톡허브의 인터랙션 설계 사례

AI톡허브는 관람객과의 대화를 중심으로 감상의 깊이를 확장하는 시스템입니다. 이 절에서는 실제 현장에 적용 가능한 질문-응답 설계 구조와, 대상별 맞춤 설계 사례를 통해 AI톡허브가 어떻게 설계되고 작동하는지 구체적으로 설명합니다. 인터랙션 설계는 '어떻게 질문을 유도하고', '어떻게 응답하며', '어떻게 다음 감상을 이어갈 것인가'를 정교하게 계획하는 작업입니다.

1. 인터랙션 설계의 3단계 구조

AI톡허브는 아래 3단계로 대화 흐름을 설계합니다.

① 진입(Trigger) - 질문을 유도하거나, 관람객이 자발적으로 질문을 입력
② 응답(Response) - 콘텐츠 데이터베이스 기반의 정답 + 감정적 반응 포함
③ 확장(Follow-up) - 관련 정보 제안, 추가 질문 유도, 다음 장소 추천

이 구조는 마치 도슨트와의 실제 대화를 모델링한 것이며, 감상의 자연스러운 흐름을 방해하지 않도록 설계되어야 합니다.

2. 질문 유형별 응답 설계 예시

유형 1: 사실 질문(Fact-based)

질문: "이 건물은 언제 지어졌나요?"
→ 응답: "이 전각은 조선 태조 이성계가 1395년에 건축을 시작했답니다. 당시 궁궐 가운데 가장 먼저 완공된 건물 중 하나였지요."

질문: "여기 묻힌 사람은 누구예요?"
→ 응답: "이 고인돌은 약 3천 년 전의 무덤으로 추정됩니다. 당시 마을을 이끌던 족장의 유해가 안치되었을 것으로 보고 있어요."

유형 2: 이유 질문(Why-question)

질문: "왜 이 건물은 이렇게 생겼어요?"
→ 응답: "이 건물의 곡선 지붕은 조선 건축의 특징 중 하나로, 비를 잘 흘려보내는 동시에 하늘과 조화를 이루려는 철학이 담겨 있습니다."

질문: "왜 이렇게 많은 돌을 쌓았어요?"
→ 응답: "고인돌은 단지 무덤이 아니라, 공동체가 힘을 모아 만든 기념물이었어요. 돌 하나하나에 조상에 대한 마음이 담겨 있었지요."

유형 3: 감정/의견 표현(Emotion-based)

질문: "이거 너무 무서워 보여요."
→ 응답: "맞아요, 당시 사람들도 이 무덤 앞에서 경외심을 느꼈다고 해요. 고요한 돌이지만, 수천 년의 시간이 담긴 장소이지요."

질문: "이 그림은 왜 이렇게 슬퍼 보여요?"
→ 응답: "정확히 보셨네요. 이 그림은 나라를 잃은 시기에 그려졌고, 화가는 백성의 슬픔을 담고자 했답니다."

유형 4: 연결형 질문(Follow-up)
질문: "그 왕은 어떤 왕이었어요?"
→ 응답: "그는 조선 초기의 국정을 안정시키고, 유교적 통치를 기반으로 한 인물이에요. 혹시 그가 만든 법이나 제도에 대해서도 궁금하신가요?"

질문: "이 유물 말고 다른 것도 보여주세요."
→ 응답: "비슷한 시기에 만들어진 유물로 옆 전시관의 청동 방울이 있어요. 이동하시면 바로 안내해드릴게요."

3. 대상별 인터랙션 맞춤 설계 전략

① 어린이 관람객
- 말투: 명랑하고 단순한 문장, 의성어/의태어 활용
- 질문 유도: "이 돌은 어떤 모양일까?", "옛날 사람들은 어디서 잤을까?"
- 응답 방식: "정답이에요! 옛날엔 왕도 돌무덤을 만들었어요. 멋지죠!"

② 외국인 관람객
- 언어 선택: 영어, 중국어, 일본어 등

- 문화적 비교: "이 궁궐의 문은 일본의 ○○ 신사보다 훨씬 오래된 것이에요."
- 간결한 설명과 문화적 배경 제공: "Korean traditional palace roof is curved to reflect the sky. Beautiful, right?"

③ 시니어 관람객
- 속도 조절: 천천히 말하기 기능 제공
- 용어 설명: "이 '기와'란 옛날 지붕에 쓰던 장식입니다."
- 감성적 공감: "어릴 적 시골 마당이 생각나시나요?"

4. 인터랙션의 확장 기능

- "더 알고 싶어요" 버튼으로 상세 해설 링크 제공
- 관련 전시물 제안: "이 건물과 비슷한 시기의 유물은 옆 전시관에 있습니다."
- SNS 공유 기능: "이 대화 내용을 사진과 함께 친구에게 공유해볼까요?"

요약하자면, AI톡허브는 질문을 단순히 '받고 끝내는' 기능이 아니라, 감상 흐름을 설계하고, 대화의 길을 열어주며, 관람객이 문화유산을 더 깊이 이해하고 연결되도록 돕는 지능형 가이드입니다.

2-9. 다국어 해설 시스템의 글로벌 확장

한국을 찾는 외국인 관광객의 수는 매년 수백만 명에 달하고 있으며, 문화유산은 그들이 가장 선호하는 방문지 중 하나입니다. 그러나 아직도 많은 외국인들은 현장에서 언어 장벽 때문에 문화유산의 깊은 감동과 맥락을 충분히 이해하지 못하고 돌아갑니다. '설명은 한글과 영어만', '간단한 팻말 외에는 해설 수단이 없음' 등의 구조는 관광객의 몰입과 만족을 제한하고 있습니다.

　AI도슨트, AI톡허브, AI뮤직의 다국어 해설 시스템은 이러한 문제를 해결하고, K-컬처를 세계인이 공감할 수 있는 문화로 확장시키는 강력한 기술입니다. 이 절에서는 다국어 해설의 필요성과 구성 방식, 감성 번역 기술의 핵심 포인트를 설명하겠습니다.

1. 다국어 해설이 왜 중요한가?

① 외국인 관광객의 만족도 결정 요소
　외국인은 문화유산의 외형만 보고 감상하기보다, 그에 담긴 이야기와 의미를 알고 싶어 합니다. 하지만 언어적 접근이 제한되면, '이해 없는 관람'이 되기 쉽고, 이는 곧 만족도 저하로 이어집니다.

② 국가 이미지와 문화 수출의 관문
　K-팝, K-드라마, K-푸드에 이어 K-헤리티지(K-Heritage)도 문화산업의 중요한 자산입니다. 문화유산을 세계인에게 설명하는 언어는 곧 한국의 '국가 문화 언어'이며, 이를 통해 한국 문화의 가치와 정서를 정확히 전달할 수 있어야 합니다.

③ 포용성 있는 문화 관광 실현
　모든 방문객이 언어와 상관없이 동등하게 감상할 수 있는 구조는 '공평한 문화 접근권'을 실현하는 일이기도 합니다.

2. 다국어 해설 시스템 구성

① 자동 언어 선택 시스템
　관람객이 앱에 접속하거나 QR코드를 스캔할 때, 언어를 선택하면 해당 언어 기반 콘텐츠가 자동으로 재생됩니다.

② 음성 + 텍스트 통합 제공

AI도슨트는 다국어 TTS(Text to Speech) 기술을 활용하여, 영어, 중국어, 일본어, 스페인어 등으로 음성 해설을 제공합니다. 동시에 화면에는 해당 언어의 텍스트 자막이 표시되어 청각 및 시각적 이해를 동시에 지원합니다.

③ AI톡허브의 다국어 대화 대응
관람객이 영어로 질문하면 영어로 답변하고, 일본어로 질문하면 일본어로 자연스럽게 대화가 이어지는 구조입니다. 이는 챗GPT, PaLM, DeepL 등 글로벌 언어모델 API와 연동되어 가능합니다.

④ 해설 콘텐츠의 언어별 시나리오 버전 설계
단순 번역이 아닌, 각 언어 문화권의 표현 스타일과 맥락을 고려하여 시나리오를 재작성합니다. 예: '충'(忠)을 설명할 때, 동양 문화권은 역사적 맥락 중심으로, 서양 문화권은 윤리적 개념 중심으로 표현함.

3. 감성 번역의 핵심 - 단순 번역을 넘어서

다국어 해설은 단순한 직역이 아닌 '감정과 문화의 전달'이어야 합니다. 이를 위해 다음 요소가 중요합니다.

① 문화적 맥락 해석
  예: "왕의 마음이 담긴 정자입니다."를 영어로 단순히 "This is a pavilion built by the king."이 아니라 "This is a serene space where the king contemplated under moonlight, hoping for peace in his kingdom."처럼 문화적 감정을 함께 전달하는 방식.

② 감성 언어의 재창작
  한국어 특유의 시적 표현, 은유, 단어의 여운은 다른 언어로 옮길 때는 창의적인 재구성이 필요합니다. AI 번역 모델은 이제 이러한 '감성의 언어'까지 학습하여, 문맥과 감정을 함께 반영하는 고급 번역이 가능해졌습니다.

③ 음성 톤 조절

AI음성은 단순히 단어를 읽는 것이 아니라, 감정에 따라 억양, 속도, 호흡까지 조절합니다. 예: 기념비 앞에서는 경건한 목소리, 어린이 전시관에서는 발랄한 음성.

4. 적용 사례

① 경복궁 영어·일어·중국어 도슨트 적용
- 각 전각별로 외국어 해설 시나리오를 따로 작성하여, 문화 맥락에 맞는 설명 제공
- 예: 경회루 → "Royal banquet hall by the lotus pond" / "王様の宴が開かれた美しい池の建物"

② 독립기념관 외국인 대상 감성 해설
- 유관순 열사 해설: "She was just sixteen when she gave her life for freedom."
- AI뮤직과 함께 영어 내레이션이 삽입된 감동 해설 제공

③ AI톡허브 다국어 대화 예시
- 관람객: "Who built this tomb?"
- AI톡허브: "It was likely built by the village members 3,000 years ago to honor their leader. Would you like to hear more about the rituals they practiced?"

5. 글로벌 확장 가능성

AI융합문화솔루션의 다국어 해설 시스템은 단지 외국인 관광객을 위한 기능이 아니라, 한국 문화유산이 '글로벌 콘텐츠'로 발돋움할 수 있도록 만드는 핵심 인프라입니다.

- 해외 한국문화원에 적용 → 현지 언어 기반의 한국유산 소개
- 글로벌 박람회, 국제 전시관, 해외 도심 내 '한국 거리'에도 적용 가능
- K-관광청, 외교부, 문화체육관광부와 협력한 다국어 홍보 채널로 확장 가능

요약하자면, 다국어 해설은 이제 선택이 아니라 '필수'입니다.
AI도슨트, AI뮤직, AI톡허브가 다국어로 작동할 때, 한국의 문화유산은 전 세계 누구에게나 '공감' 가능한 이야기로 전환됩니다.

2-10. 요약

우리는 지금까지 문화 감상의 미래를 열어가는 네 가지 핵심 기술, 즉 AI도슨트, AI뮤직, AI톡허브, 다국어 해설 시스템이 문화유산 현장에서 어떻게 적용되고, 관람객의 감상을 어떻게 변화시키는지를 살펴보았습니다.

이 기술들은 각각 독립적인 기능을 수행하지만, 함께 적용될 때 문화 감상의 경험은 '정보 전달'에서 '감정 연결'로, '일방향 설명'에서 '쌍방향 참여'로, '국내 관람객 중심'에서 '글로벌 감상자 대상'으로 전환됩니다.

1. 요약 - AI가 바꾸는 감상의 4가지 구조

① AI도슨트 – 이야기로 공간을 다시 말하다
전통적인 입간판과 오디오 가이드를 넘어, AI도슨트는 스토리텔링 중심의 해설로 관람객을 안내합니다. 개인 맞춤형 콘텐츠 제공, 감정 표현 가능 음성, 대화형 인터페이스를 통해 관람객은 '해설을 듣는 것'을 넘어, '역사와 대화하는 감상'을 경험하게 됩니다.

② AI뮤직 - 장소의 분위기를 감정으로 물들이다
　　장소와 콘텐츠에 어울리는 음악을 AI가 자동으로 큐레이션하거나 생성함으로써, 관람객은 시각적 정보뿐 아니라, 청각을 통해 정서적 몰입을 경험합니다. AI뮤직은 해설의 여운을 남기고, 기억을 강화하며, 감상의 깊이를 확장합니다.

③ AI톡허브 - 질문하는 감상의 시대를 열다
　　관람객이 궁금한 것을 질문하고, AI가 실시간으로 대답해주는 구조는 감상을 '받아들이는 행위'에서 '탐색하는 경험'으로 바꿉니다. 사용자의 연령, 언어, 관심사에 따라 맞춤형 대화가 가능한 AI톡허브는 디지털세대에 최적화된 문화 해설 파트너입니다.

④ 다국어 해설 - 세계와 연결되는 한국문화
　　영어, 중국어, 일본어 등 다양한 언어로 구현된 AI 해설 시스템은 외국인 관광객에게도 정확하고 감성적인 해설을 제공할 수 있게 하며, K-헤리티지를 글로벌 감성 콘텐츠로 확장시키는 관문 역할을 합니다.

2. 관람객 중심, 기술 중심이 아닌 '감동 중심'의 설계

　이 네 가지 기술은 궁극적으로 '기술을 위한 기술'이 아니라 '사람을 위한 감상'을 가능하게 하기 위한 것입니다.

　기술은 수단이며, 목적은 관람객의 감정, 이해, 기억, 질문, 그리고 공감입니다.

　AI도슨트는 관람객에게 말을 걸고,
　AI뮤직은 그 마음에 선율을 얹고,
　AI톡허브는 관람객의 생각에 귀 기울이며,
　다국어 해설은 전 세계인과 그 감동을 나눕니다.

3. 다음 장의 안내 - 이제 현장으로 나아갑니다

2부가 기술을 중심으로 문화 감상 방식의 미래를 설계하는 여정이었다면, 이제 3부에서는 그 기술이 어떻게 실제 현장에서 구현되고 있는지를 보여드릴 차례입니다.

강화도 고인돌 유적지, 도원결의 카페, 경복궁, 독립기념관, 강아지숲, 치료멍멍 동물병원, 전시회, 국립묘지 등 다양한 장소에서 All AI K-Culture Solution이 어떻게 적용되었는지, 그 효과는 어떠했는지, 어떤 반응을 이끌어냈는지를 사례 중심으로 생생하게 소개합니다.

PART 03 | All AI K-컬쳐 솔루션 적용 사례

우리가 지금부터 소개할 1장부터 13장까지의 문화 공간 사례는 단순한 기술 적용 사례가 아닙니다. 그것은 문화 감상의 본질을 새롭게 정의하고, 그 정의에 따라 정교하게 설계된 감상 경험을 현장에 실현해낸 '6위1체 AI 특허 기술'의 실제 구현 사례입니다.

6위1체 AI 기술은 이 책의 저자들이 개발하고 특허 등록한 융합기술로, AI도슨트, AI뮤직, AI톡허브, QR시스템, 다국어 해설, 감성 몰입 체험의 여섯 요소가 하나로 통합되어 작동하는 AI융합문화솔루션입니다. 이 기술은 단순히 개별 기능의 조합을 넘어, 관람객의 감정 흐름과 질문 동선, 그리고 공간의 의미까지 아우르며, 문화 감상을 '설계 가능한 체험'으로 전환합니다.

3부에서는 바로 이 6위1체 기술이 어떻게 유적지, 박물관, 궁궐, 기념관, 사찰, 전시공간 등 다양한 문화현장에 적용되었는지를 사례별로 살펴보게 됩니다. 본격적인 사례 소개에 앞서, 이 기술의 핵심 구성 요소와 철학을 아래와 같이 요약하고자 합니다.

1. 대상별 통합 설계 - AI도슨트 + AI뮤직 + AI톡허브 + QR 시스템

6위1체 AI 기술의 가장 핵심적인 구조는 각 문화 공간의 특성과 관람객의 유형에 따라 네 가지 주요 기능을 유기적으로 배치한다는 점입니다.

AI도슨트는 단순한 해설이 아니라, 스토리텔링 기반의 설명을 통해 역사적 흐름, 인물의 삶, 공간의 의미를 관람객의 눈높이에 맞춰 '이야기'로 전달합니다.

AI뮤직은 단지 배경음악을 제공하는 것이 아니라, 감상의 감정 곡선을 따라 변화하는 몰입형 사운드 디자인을 구현함으로써, 공간에 감정의 깊이를 더합니다.

AI톡허브는 관람객의 질문에 실시간으로 응답하는 대화형 인터페이스로, 감상을 단방향 수용에서 쌍방향 탐색으로 전환시킵니다.

QR 시스템은 문화공간의 각 지점과 디지털 콘텐츠를 연결하는 관문 역할을 하며, 사용자는 QR코드 하나로 AI도슨트, 음악, 대화, 다국어 해설 기능에 접근할 수 있습니다.

이 네 가지 요소는 문화공간을 단순한 '정보 전달의 장소'에서 '말하고, 듣고, 함께 느끼는 감성 경험의 장소'로 전환시킵니다. 이 구조는 모두 6위1체 기술 설계 프레임에 기반한 것이며, 이후 사례마다 다르게 구현된 모습을 확인할 수 있습니다.

2. 다국어 AI도슨트 - 감성까지 전달되는 글로벌 해설

6위1체 기술의 또 하나의 강점은 다국어 감성 해설 시스템입니다. 단순한 기계 번역이 아니라, 각 언어 사용자들이 문화적으로 공감할 수 있는 표현과 문맥, 어조를 반영하여 해설을 구성합니다.

예를 들어, 같은 설명이라도 영어로는 "A sacred space of memory and honor", 일본어로는 "尊敬と祈りの場", 중국어로는 "祖先与生命的象徵"처럼 각각의 문화권에서 받아들이는 의미와 정서를 고려하여 번역됩니다.

또한 감정을 표현할 수 있는 음성합성 기술이 적용되어, 청취자는 언어뿐 아니라 감정까지도 전달받게 됩니다. 이를 통해 외국인 관람객은 '무엇을 봤는가'보다 '무엇을 느꼈는가'를 기억하게 되며, 한국문화에 대한 깊은 이해와 감동을 경험할 수 있습니다.

3. 입간판을 넘어서는 몰입형 감상 체험

그동안 문화유산의 감상은 입간판과 리플렛, 오디오 가이드 같은 정적인 정보 수단에 의존해 왔습니다. 하지만 이러한 방식은 정보는 전달할 수 있을지 몰라도, 감정은 전달하지 못했고, 관람객은 수동적인 청취자에 머무를 수밖에 없었습니다.

6위1체 AI 기술은 이 구조를 획기적으로 바꾸어냅니다. AI도슨트는 '감정을 가진 설명자'가 되어 말을 걸고, AI뮤직은 공간의 분위기를 조율하며 감상을 몰입시키고, AI톡허브는 질문을 받아들이고, 다시 질문을 건넴으로써 관람객이 감상의 주체가 되게 만듭니다.

이제 문화공간은 '보고 지나가는 장소'가 아니라, '참여하고 해석하며 느끼는 장소'가 됩니다. 문화유산은 관람객에게 말을 걸고, 관람객은 그에 응답하며, 감상은 더 이상 단절되지 않고 흐름이 됩니다.

지금부터 펼쳐질 13개의 사례는 모두 6위1체 AI 특허 기술을 기반으로 실현된 문화 공간의 혁신적 적용 예시입니다. 각 장에서는 어떻게 장소별로 기술 요소가 구성되었고, 관람객의 반응과 감상 흐름이 어떻게 변화했으며, 그 경험이 어떠한 문화적 가치를 창출했는지를 구체적으로 소개합니다.

이 책을 통해 독자 여러분은, 기술이 단지 정보 전달의 도구가 아니라 문화 감동의 연출자 역할을 할 수 있다는 것을 느끼시게 될 것입니다. 그리고 문화유산이 다시 살아 숨 쉬게 만드는 이 기술의 힘을, 현장의 사례를 통해 직접 확인하게 될 것입니다.

제1장 「선사시대와 대화하다 – 강화도 고인돌 이야기」

　강화도 고인돌 이야기를 시작하기 전에, 강화도를 모티브로 만든 강화도 AI뮤직을 먼저 감상하기 바랍니다. 모바일로 아래 QR코드를 스캔하면 AI가 강화도에 대한 정보를 기반으로 가사를 만들어 작곡하고 노래한 멋진 음악을 들을 수 있습니다.

　이처럼 글자로 된 책을 읽으면서 동시에 책 속에서 음악을 듣는 놀라운 경험을 선물합니다.

강화도 AI뮤직

1-1. 고인돌, 우리가 잊고 있던 시간의 목소리

　"저 돌은 뭐예요?" 한 외국인 관광객이 고요한 들판 위에 덩그러니 놓인 고인돌 앞에서 물었습니다. 하지만 그 질문에 즉답할 수 있는 안내판은 없었고, 한국어 설명문 하나가 지면 아래 희미하게 적혀 있을 뿐이었습니다.

　강화도 부근리 고인돌은 유네스코 세계문화유산에 등재된 귀중한 선사시대 유적입니다. 기원전 약 1000년, 청동기 시대에 세워진 이 거대한 석조 구조물은 단지 죽은 이의 무덤만이 아닙니다. 이곳은 공동체가 하나 되어 제를 올리고, 돌을 쌓고, 시간의 흔적을 기록하던 신성한 공간이었습니다. 그런데도 우리는 그 수천 년의 이야기를 '조용한 돌덩이'로만 기억하고 있습니다.

실제로 강화도에는 120기 이상의 고인돌이 분포되어 있습니다. 이는 세계적으로도 유례 없이 밀집된 형태이며, 그 규모와 다양성, 문화적 독창성은 고대 한국인의 사회 구조와 의례 문화를 짐작케 합니다.

하지만 관람객들은 대부분 "사진 한 장 찍고 돌아가는" 경험에 그칩니다. 설명은 짧고, 해설자는 없고, 감상은 단절되어 있습니다. 이러한 현실 속에서, 고인돌은 '역사의 유산'이 아니라 '관광지 중 하나'로만 인식되고 있는 것이 현실입니다. 고인돌은 말이 없습니다. 하지만 기술은, 그 말 없는 돌에게 목소리를 줄 수 있습니다. 그리고 그 목소리를 통해, 우리는 우리가 잊고 있었던 3천 년의 시간을 다시 들을 수 있게 됩니다.

이 장은, 돌이 말을 걸기 시작한 현장을 소개합니다. 그것은 바로 AI도슨트, AI뮤직, AI톡허브, 다국어 해설 시스템이 어떻게 고인돌을 다시 '이야기하는 장소'로 만들었는가에 대한 기록이자 제안입니다.

1-2. 강화도, 왜 고인돌의 중심이 되었나

강화도는 한반도 서해의 관문이자, 선사시대부터 중요한 교통과 문명의 요지였습니다. 지리적으로는 한강, 임진강, 예성강이 합류하는 삼각 지대에 위치해 있으며, 바다와 육지가 교차하는 이 지역은 고대인들에게 '만남과 교류의 공간'이자 '전략적 거점'으로 기능했습니다.

특히 강화도의 북부 지역에 밀집해 있는 고인돌 유적은 그 지리적 특성과 사회적 배경이 복합적으로 작용한 결과입니다.

1. 지리적 요충지로서의 강화도

기원전 1000년경, 한반도 서북부에는 강을 중심으로 농경 공동체가 형성되기 시작했고, 청동기 문화를 이끌던 집단들이 이동하면서 바다와 가까우면서도 산지가 있는 이 강화도를 정착지로 삼았습니다.

강화도는 당시의 교통·통신망으로 기능한 수로가 집중된 곳으로, 강화 북부는 한강 하류와 서해를 잇는 중계 지대였습니다. 이러한 지형은 공동체 간의 교역, 문화 교류, 정보의 흐름을 가능케 했습니다.

그 결과 이곳에는 자연스럽게 정치적·사회적 권력이 집중되었고, 집단 공동체의 위상을 상징하는 거대한 석묘(고인돌) 문화가 정착하게 된 것입니다.

2. 고인돌의 구조와 유형, 강화도의 특이성

고인돌은 크게 북방식(탁자형), 남방식(바둑판형), 중간형 등으로 구분됩니다. 강화도 부근리와 삼거리 일대에 분포한 고인돌은 대부분 탁자형으로, 위에 덮여 있는 상석의 무게는 수십 톤에 달하는 것도 있습니다. 이러한 고인돌을 만들기 위해선 단순히 인력과 기술력뿐 아니라, 구성원 간의 협력과 의례 의식이 선행되어야 했습니다.

특히 강화도의 고인돌은 단일 유적이 아니라, 일종의 '고인돌 군'(Dolmen Cluster)을 형성하고 있다는 점에서 단순 묘지가 아니라 '정치적 공간'이자 '신성한 장소'였음을 보여줍니다. 고인돌이 위치한 곳은 대부분 강과 가까우면서도 평탄한 대지 위에 자리잡고 있으며, 그 배열과 방향에서도 일정한 규칙성과 상징성을 엿볼 수 있습니다.

3. 선사인의 사회 구조와 의례 문화

강화도에 고인돌이 집중되었다는 사실은, 이 지역이 단순히 자연환경이 좋았다는 것 이상의 의미를 가집니다. 그것은 이 지역이 청동기 시대 공동체 사회의 중심이었다는 방증입니다.

- 거석 문화를 통해 권력자나 제사장의 존재가 드러났고
- 공동체는 고인돌을 통해 사회적 위계를 시각화하였으며
- 제사를 지내고 조상을 기리는 공간으로 기능하였습니다

즉, 강화도의 고인돌은 '죽음을 기념하는 무덤'인 동시에 '삶을 조직하고 기억하는 제의의 공간'이자 '공동체의 기억을 시각화한 상징물'이었던 것입니다.

4. 왜 지금, 강화도의 고인돌에 주목해야 하는가

지금까지 우리는 고인돌을 지나치게 '선사시대의 유물'로만 보아왔습니다. 하지만 지금 이 시점에서 우리는 다시금 이 고요한 돌무더기를 '3천 년 전 사람들의 삶과 감정이 담긴

문화적 문장'으로 읽어내야 할 필요가 있습니다. 그리고 그것은 더 이상 고고학자의 논문이나 박물관의 유리창 뒤가 아닌, 현장에서 직접, 살아있는 해설로 만나야 할 것입니다.

1-3. '입간판 설명'의 한계를 넘어서

강화도 고인돌 유적지를 직접 찾아간 관람객이 처음 마주하는 정보는 단출한 입간판 하나입니다. 그 입간판에는 "고인돌(支石墓)은 청동기 시대의 무덤으로, 무거운 덮개돌(상석)을 올려 만든 구조물이다. 이곳 부근리는 세계문화유산으로 등재된 지역 중 하나이다." 정도의 설명이 적혀 있습니다.

하지만 과연 이 짧은 문장만으로, 수천 년을 건너온 고대인의 마음과 그들이 남긴 흔적을 이해할 수 있을까요?

1. 입간판은 너무 적고, 너무 빠르다

관람객의 관점에서 보면, 입간판은 몇 가지 한계를 지니고 있습니다.

- 글자 수의 제한: 해설은 단 몇 줄에 불과하고, 학술 용어나 추상적 표현이 많습니다.
- 언어의 제한: 대부분 한국어 위주이며, 영어 번역조차 없는 경우도 많습니다.
- 상호작용 없음: 질문이 생겨도 답해줄 사람은 없고, 다음 공간으로 이동할 뿐입니다.
- 감성 전달 부족: 아무리 훌륭한 글이라도, 음성과 음악, 표정과 감정이 없는 텍스트는 생생함을 주기 어렵습니다.

실제로 한 설문조사에 따르면, 고인돌을 방문한 외국인 관람객 중 "돌의 구조는 봤지만, 의미는 이해하지 못했다"는 응답이 70% 이상을 차지했습니다. 또한 청소년 단체관람의 경우, 해설자 없이 입간판만으로 답사하는 경우가 많아 학생들은 "돌무더기야 뭐", "의미는 모르겠고 그냥 사진만 찍자"는 반응을 보이기도 합니다.

2. 간단한 텍스트는 지식만 전달하고, 감동은 전달하지 못한다

문화유산 해설은 단지 사실을 전달하는 것을 넘어, 그 공간에 담긴 '사람의 이야기', '공동체의 정서', '시대의 감정'을 전해야 합니다. 그러기 위해서는 '이야기하는 목소리'가 필요합니다. 그런데 입간판에는 목소리가 없습니다.

- 입간판은 말해주지 않습니다.
- 입간판은 질문을 받지 않습니다.
- 입간판은 감정을 건네지 않습니다.
- 입간판은 다국어를 알지 못합니다.
- 입간판은 어린이에게 친절하지 않습니다.

따라서 우리는 입간판이라는 한계를 극복하고, 새로운 해설의 형식을 도입할 필요가 있습니다. 그것이 바로 AI도슨트와 AI융합문화솔루션입니다.

3. 새로운 감상 인터페이스의 필요성

현대의 관람객은 디지털 네이티브 세대입니다. 그들은 손에 스마트폰을 들고 있고, 문장을 읽는 것보다 영상을 보고, 목소리를 듣고, 음악을 느끼며 감상합니다.

입간판은 이 세대의 감상 습관과 맞지 않습니다. 또한 외국인 관람객에게도, 고령자에게도 더 이상 텍스트 중심의 설명은 효과적인 방식이 아닙니다.

그래서 우리는 이제 질문합니다.

- "입간판을 넘어선 감상 방법은 무엇일까?"
- "기술은 감상을 어떻게 바꿀 수 있을까?"
- "고인돌은 스스로 이야기할 수 있을까?"

이러한 질문에 대한 대답이 바로 다음 절부터 소개될 AI도슨트, AI뮤직, AI톡허브, 그리고 다국어 해설 시스템입니다.

1-4. AI도슨트가 들려주는 3천 년의 이야기

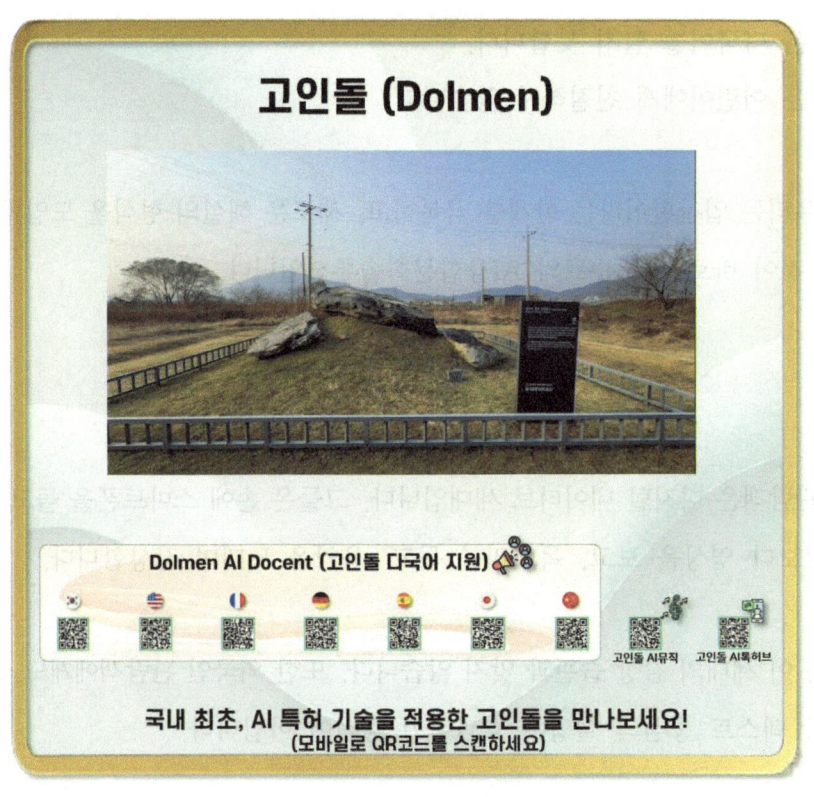

AI융합문화솔루션 기술이 적용된 고인돌 안내판 사례입니다.

"지금 여러분이 서 있는 이곳은, 기원전 1000년경. 청동기 사람들이 마을의 지도자에게 경의를 표하던 신성한 장소입니다."

강화도 부근리 고인돌 유적지에 들어서면, AI도슨트가 이러한 말로 관람객을 맞이합니다. 이 목소리는 단순한 음성 파일이 아닙니다. 3000년 전 이 땅에 살았던 사람들의 시간, 기억, 감정이 담긴 해설이자, 기술로 구현된 스토리텔링의 목소리입니다.

1. AI도슨트의 등장은 새로운 시대의 '해설자'

AI도슨트는 문화유산 현장에서 방문객에게 '말을 거는' 존재입니다. 입간판처럼 정적인 정보 제공이 아니라, 사용자의 위치, 언어, 감정, 관심에 따라 '이야기'를 해주는 인공지능 기반 디지털 안내자입니다.

예전의 오디오 가이드는 그저 녹음된 음성 파일을 '재생'했지만, AI도슨트는 다음과 같은 점에서 혁신적입니다.

- 위치 인식 기반으로 현재 관람객이 보고 있는 대상에 맞춰 해설
- 사용자의 질문을 실시간으로 인식하고 대답 가능
- 연령·언어·관심사에 따라 해설 콘텐츠가 달라짐
- 감정을 반영한 목소리 톤 조절 기능 탑재
- 관련 영상, 이미지, 음악과 함께 제공되는 멀티모달 해설

2. AI도슨트와 고인돌 - 어떻게 구현되었는가?

강화도 고인돌 유적지에 적용된 AI도슨트 시스템은 다음과 같은 단계로 구현되었습니다.

① 콘텐츠 시나리오 구성
  고인돌과 관련된 문화사적 내용, 인물 스토리, 건축 지식, 상징성 등을 각 연령층과 외국인을 고려하여 이야기 중심으로 재구성
② AI음성합성(TTS)
  제작 감정 표현이 가능한 인공지능 음성엔진을 활용해 각 시나리오에 어울리는 목소리 선택
  예: 여성 성우의 따뜻한 목소리, 청소년용 밝은 목소리, 영어 해설 전용 중립적 발음
③ 현장 위치 기반 콘텐츠 매핑
  고인돌 주요 지점에 QR코드 및 GPS기반 트리거 설정(옵션) → 관람객이 QR을 찍거나 지정 지점에 도달하면 자동 해설 시작
④ 사용자 인터페이스 설계
  모바일 웹 또는 앱을 통해 AI도슨트를 구동 시작 화면에서 언어 선택, 연령대 선택, 흥미 주제(건축, 제사, 고고학 등) 선택 가능

3. 실제 해설 예시 - 해설 시나리오 일부

AI도슨트는 아래와 같은 방식으로 해설을 진행합니다.(이하는 실제 제공되는 콘텐츠의 축약 버전입니다.)

"이곳 부근리 고인돌은 무게 80톤이 넘는 돌이 세 개의 받침돌 위에 놓여 있는 구조입니다. 지금으로부터 약 3천 년 전, 이 지역에서 가장 영향력이 있었던 족장이 잠들어 있는 곳으로 알려져 있습니다.

당시 사람들은 나무와 진흙으로 만든 썰매와 롤러를 이용해 이 돌을 옮겼다고 전해집니다. 이 돌 하나를 옮기는 데 수십 명의 사람들이 함께 했고, 그 과정은 단순한 노동이 아니라 일종의 제사와 축제의 형태였지요."

"이 고인돌 아래에서 유물은 많이 발견되지 않았습니다. 왜일까요? 고인돌은 단지 시신을 묻는 공간이 아니라, 조상에 대한 존경과 집단의 정체성을 표현하는 상징물이었기 때문입니다."

4. 해설 스타일 - 감정, 배려, 몰입

AI도슨트는 단순히 정보만 전달하지 않습니다. '이야기하는 방식'이 다릅니다. 예를 들어, 어린이 해설의 경우 다음과 같이 말합니다.

"이 돌은 3000살이에요! 정말 오래됐죠? 옛날 사람들은 이 무덤을 만들 때, 큰 나무를 잘라서 기름칠을 하고, 그 위에 돌을 굴려서 옮겼어요. 돌을 옮기는 날은 마을 축제처럼 신나는 날이었다고 해요!"

외국인 관람객에게는 감정적 공감이 가는 표현으로 설명합니다.

고인돌에 대한 다국어 AI도슨트입니다. 원하는 언어에 해당되는 QR코드로 스캔하여 접속하면 됩니다.

"This dolmen is more than just a grave. It is a silent story of the ancient people's love and honor. They gathered here, not only to bury the dead, but to remember their shared life and spirit."

고인돌 AI뮤직

고인돌 AI톡허브

모바일로 고인돌 AI톡허브 QR코드를 스캔하면 아래와 같은 화면으로 연결됩니다.

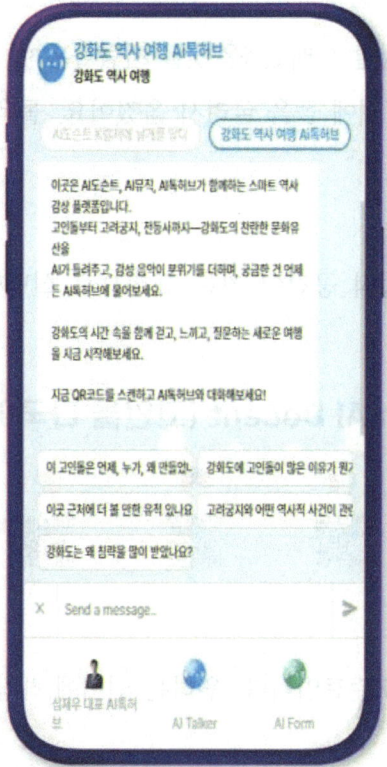

AI톡허브 사용법은 아래 그림을 참고하면 됩니다.

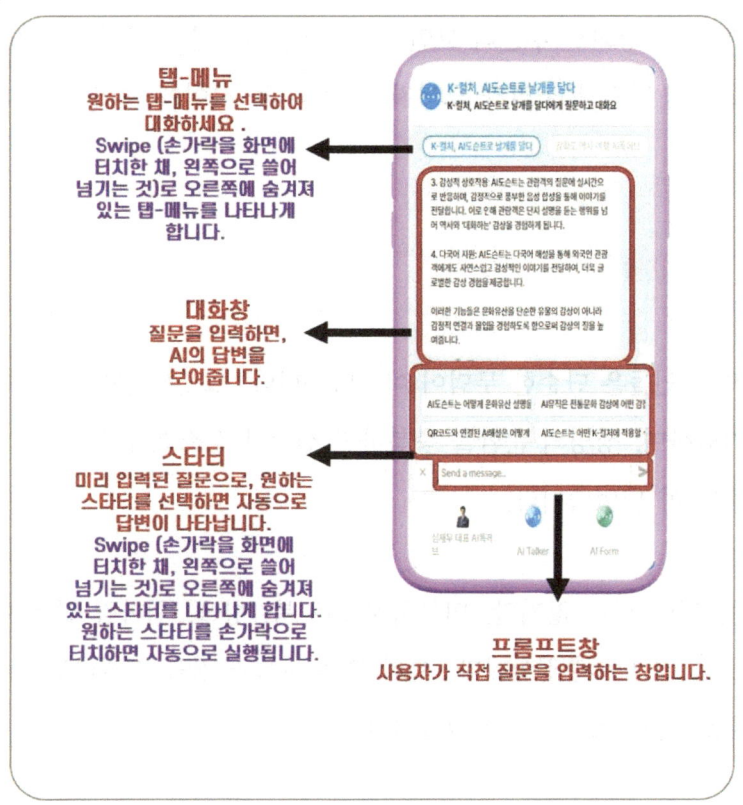

5. 해설을 들은 후의 변화

해설을 들은 관람객은 이전과 전혀 다른 감상을 하게 됩니다. 그들은 이제 단지 '돌을 본 것'이 아니라, '사람을 만난 것', '시대를 체험한 것', '이야기를 들은 것'처럼 느끼게 됩니다.

아이들은 "돌이 말했어요!"라고 말하고, 청소년은 "이제야 이게 왜 중요한지 알겠어요"라고 반응하며, 외국인은 "내 나라에도 이런 식의 문화 해설이 있었으면 좋겠다"고 감탄합니다.

1-5. AI뮤직이 소환하는 제의의 북소리

고요한 바람이 부는 강화도 부근리 고인돌 유적지. 여기에 AI뮤직이 켜지는 순간, 공간은 바뀝니다. 들리지 않던 북소리가 느껴지고, 돌과 돌 사이에 숨어 있던 의식의 기운이 되살아납니다.

1. 선사시대의 제의(祭儀), 그리고 음악

청동기 시대의 고인돌은 단순한 무덤이 아니었습니다. 그곳은 공동체가 모여 죽음을 기리고, 조상을 기념하며, 생명의 순환을 축복하던 신성한 장소였습니다. 그 의식의 중심에는 소리, 곧 '음악'이 있었습니다.

당시의 악기는 남아 있지 않지만, 인류학자들은 북, 방울, 휘파람 같은 단순한 악기가 제의에 활용되었을 것으로 추정합니다. 특히 북은 하늘과 땅을 연결하고, 살아 있는 이와 죽은 이의 세계를 잇는 소리로 여겨졌습니다.

2. AI뮤직, 잃어버린 리듬을 복원하다

AI뮤직은 이런 고대의 음악적 정신을 현대 기술로 재해석합니다. 고인돌 유적지에 적용된 AI뮤직은 세 가지 방향으로 설계되었습니다.

① 의례의 울림을 표현하는 리듬
  - 저주파 북소리와 드론 음향으로 공간의 웅장함을 강조
  - 박자 없는 흐름으로 '시대 이전의 소리'를 형상화
② 자연과의 융합
  - 바람 소리, 새 소리, 땅 속 진동 등 현장의 사운드를 믹싱

- 음악이라기보다 '자연과 합쳐진 공간감'으로 인식되도록 구성

③ 감성 몰입 유도
- 해설 전에는 고요한 긴장감을, 해설 중간에는 분위기 전환을, 해설 후에는 잔잔한 여운을 주는 구조
- 관람객의 감정 흐름에 따라 자동 조절 (예: 오전에는 명상적, 오후에는 경쾌하게)

3. 음악과 해설의 시너지 - 몰입적 감상 설계

AI뮤직은 AI도슨트의 해설과 동기화되어 작동합니다. 예를 들어, 도슨트가 "이곳은 사람들이 북을 치며 고인을 기리던 장소였습니다."라고 말하는 순간, 배경에서 북소리가 점점 커지고, 주변의 사운드는 멈추며 그 장면을 재현합니다.

또 다른 장면에서는, "돌을 옮기는 날은 축제처럼 흥겨운 날이었습니다."라는 설명과 함께, 간단한 리듬 타악과 흥겨운 박수 소리가 공간에 퍼집니다.

이는 관람객에게 감각적 몰입을 제공하여, '보고 듣는 해설'이 아니라 '현장을 살아보는 감상'으로 이어집니다.

4. 사용자 반응 - 음악이 바꾼 감상의 깊이

다음은 실제 관람객 반응을 바탕으로 정리된 내용입니다.

- "음악이 깔리니까 마치 영화 속 장면 같았어요."
- "도슨트가 설명할 때마다 배경이 바뀌어서 더 집중됐어요."
- "애들이 돌만 보면 지루해했는데, 음악 나오니까 더 오래 머물더라고요."
- "한국말 잘 못하지만 음악 들으니까 무슨 느낌인지 알겠어요."

5. 음악은 언어를 넘는 감상의 매개

특히 외국인 관람객과 청소년에게 AI뮤직은 더 큰 효과를 보입니다. 말이 잘 통하지 않아도, 고요한 북소리와 공간의 울림은 그들에게 '이곳이 특별한 장소'라는 느낌을 전달합니다.

또한, 청소년들은 소리를 통해 역사와 연결됩니다. 책이나 교과서 속 설명이 아닌, '귀로 느끼는 역사'는 그들의 기억에 오래 남습니다.

1-6. AI톡허브로 질문하고 대화하는 감상

관람객이 문화유산 앞에 섰을 때, 가장 자연스럽게 떠오르는 행동은 '질문'입니다. "이건 뭐지?", "왜 이렇게 생겼을까?", "누가 만들었을까?", "다른 곳에도 있을까?" 이러한 궁금증은 감상의 출발점이며, 동시에 기억을 남기는 지점이기도 합니다.

하지만 기존의 문화유산 감상 구조에서는 이 질문이 살아 움직일 수 없었습니다. 관람객의 질문은 입술을 맴돌다 곧 사라지고, 설명은 이미 짜인 문장 안에서만 흘러갑니다.

이제는 다릅니다. AI톡허브는 관람객의 질문을 받아들이고, 응답하고, 확장해주는 '디지털 대화 창구'입니다. 강화도 고인돌 유적지에서도, 이 기술은 관람객의 감상을 '정적'에서 '동적'으로 변화시킵니다.

1. 고인돌 앞에서 던져지는 질문들

강화도 고인돌을 방문한 관람객은 다음과 같은 질문을 자주 합니다.

- "이건 누구의 무덤인가요?"
- "이 큰 돌을 어떻게 옮겼어요?"
- "왜 강화도에만 이렇게 많아요?"
- "여기 말고 다른 고인돌도 있나요?"
- "당시 사람들은 무슨 생각으로 이런 걸 만들었을까요?"

AI톡허브는 이런 질문을 텍스트든 음성이든 실시간으로 인식하고, 각각의 질문에 맞는 답변을 제공합니다. 그리고 단순히 '사실만' 말하지 않습니다. 질문자의 연령, 언어, 감정 상태, 관심 분야를 파악하여 '이야기하듯 설명하는 감성형 응답'을 생성합니다.

2. 질문과 응답의 흐름 - 실제 예시

질문 ①: "이 무덤엔 왜 유물이 없어요?"
응답: "좋은 질문이에요. 대부분의 고인돌에서 유물이 거의 발견되지 않는 이유는, 고인돌이 무덤이자 동시에 기념비였기 때문입니다. 당시 사람들은 눈에 보이는 물건보다 '의미'와 '기억'을 남기는 데 집중했지요."

질문 ②: "아이들도 이런 걸 만들었을까요?"
응답: "물론이에요. 어린이도 돌을 나르고, 제사에 참여했어요. 마을 전체가 함께 준비하고, 고인을 기리며 기억을 공유했답니다."

질문 ③: "이 돌 얼마나 무거워요?"
응답: "이 상석은 무게가 약 80톤 이상으로 추정돼요. 지금 기준으로 대형 버스 10대 정도의 무게랍니다. 놀랍죠? 당시엔 나무 롤러와 진흙, 인력만으로 옮겼다고 해요."

이런 방식으로 AI는 질문을 단순히 처리하는 것이 아니라, '관람객과 함께 감상을 만들어가는 대화자' 역할을 수행합니다.

3. 질문은 또 다른 감상의 문을 연다

AI톡허브의 핵심은 '후속 질문' 기능입니다. 한 질문에 대한 답이 끝나면, AI는 자연스럽게 다음 질문을 유도합니다.

예:
관람객: "다른 고인돌도 있어요?"
AI톡허브: "네, 강화도에는 120기 이상의 고인돌이 있어요. 가까운 삼거리 유적도 보실래요" → 지도와 함께 다른 위치 소개

또는,
관람객: "이걸 만든 사람은 누구예요?"
AI: "이 시대 사람들은 이름을 기록하지 않았어요. 하지만 이 돌은 마을 사람들이 함께 만든 공동체의 유산이에요. 혹시 이 돌을 만든 날, 사람들은 어떤 노래를 불렀을지 상상해 보시겠어요."

이러한 대화는 관람객이 생각하지 못한 방향으로 감상을 확장시킵니다. 그리고 감상은 '정보의 습득'에서 '질문과 상상의 여정'으로 바뀝니다.

4. 언어 장벽 없는 대화 - 다국어 대응

AI톡허브는 5개 국어 이상(한국어, 영어, 중국어, 일본어, 프랑스어 등)을 지원하며, 각 언어에 맞는 감성 표현과 문화적 배경을 고려하여 대답합니다.
예를 들어,

영어 사용자: "Is this like the Egyptian pyramids?" AI: "That's an interesting comparison. Both are tombs, but Korean dolmens were built with communal effort, and symbolize harmony and memory rather than grandeur."

일본어 사용자: "この石の下に何がありますか？"
AI: "このドルメンの下には、村の指導者が埋葬されたと考えられています。これは人々の尊敬の印であり、祭祀の場でもありました。"

→ 관람객은 '정보'보다 '공감'으로 고인돌을 이해하게 됩니다.

5. 감상의 주체로 거듭난 관람객

무언가를 '물어본다'는 행위는 무언가를 '알고 싶어 한다'는 의지의 표현입니다. 그리고 그 질문에 친절하고 감성적으로 응답해주는 기술은 관람객을 '지켜보는 이'에서 '참여하는 이'로 바꾸어 줍니다.

강화도 고인돌 앞에서, 이제 관람객은 해설을 기다리지 않습니다. 그들은 질문을 던지고, 대화를 이어가고, 자신만의 감상을 찾아가는 주체가 됩니다.

1-7. 다국어 해설, 세계인을 위한 이야기

강화도 고인돌 유적지를 찾는 방문객은 한국인만이 아닙니다. 지금 이 순간에도 세계 곳곳에서 온 관광객들이, 유네스코 세계유산으로 지정된 이 유적 앞에 서서, 이 거대한 돌 구조물이 품고 있는 시간의 의미를 읽어내려 노력하고 있습니다.

하지만 그들에게 제공되는 정보는 여전히 부족합니다. 대부분의 안내문은 한글과 간단한 영어 번역에 그치고, 관람객이 느끼는 궁금증과 감동을 해소해 줄 언어적, 정서적 소통 창구는 여전히 미비합니다.

AI융합문화솔루션은 이 언어 장벽을 넘어, 모든 사람이 이해하고 공감할 수 있는 문화 해설의 가능성을 열어갑니다.

1. 언어는 정보가 아니라 감동의 통로다

단순한 정보 전달을 위한 번역은 시대에 뒤떨어진 방식입니다. 오늘날 관광객은 '어떤 언어로 해설하느냐'보다, '그 언어로 어떤 감정을 주느냐'에 더 집중합니다.

예를 들어 "이 고인돌은 기원전 1000년에 세워진 무덤이다."라는 문장은 정보는 줄 수 있어도, 감동은 줄 수 없습니다.

하지만 같은 내용을 다음과 같이 표현하면 어떨까요?

- 영어: "Beneath this ancient stone rests a village leader who lived over 3,000 years ago. This is more than a tomb – it is a message from the past."
- 중국어: "这块石头不仅是坟墓, 更是祖先对生命和团结的礼赞。"
- 프랑스어: "Sous cette pierre sacré dort l'esprit d'une communauté d'il y a trois milléaires. Ce lieu est une méoire vivante."

이처럼 AI도슨트와 AI톡허브는 단순한 번역이 아니라, 언어마다 그 문화권의 정서와 문맥을 반영하여 해설을 '다시 쓰고', '다시 말하고', '다시 느끼게' 만듭니다.

2. 다국어 해설의 구성 – AI가 만드는 글로벌 콘텐츠

강화도 고인돌 AI 해설 시스템은 다음과 같은 방식으로 다국어 콘텐츠를 제공합니다.

① 언어 선택 및 자동 적용
  관람객이 QR코드를 스캔하거나 앱에 접속하면 기기 설정 언어나 직접 선택한 언어에 따라 해설이 자동 출력됩니다.
② AI TTS 음성 + 자막 동시 제공
  각 언어별로 감정 표현이 가능한 음성을 제공하며, 시각 장애인을 위한 음성 중심 UI, 청각 장애인을 위한 텍스트 중심 UI도 병행 개발되었습니다.
③ 감성 언어 기반 콘텐츠 설계
  기계 번역이 아닌, 언어학자·문화전문가·작가·해설가가 협업하여 각 언어 사용자에게 맞는 문화 코드와 표현 방식을 적용합니다.
④ 언어 간 정서 차이 반영
  예를 들어 한국어에서는 '정', '혼', '공동체'가 강조되지만, 영어에서는 '기억', '정체성', '사회적 가치'로 해석되는 식입니다. AI는 이 차이를 학습하고, 보다 자연스러운 감정 번역을 수행합니다.

3. 외국인 관람객의 실제 반응

실제 강화도 고인돌 현장에서 다국어 해설을 경험한 관람객들의 반응은 다음과 같습니다.

- 미국 관광객: "I've visited many historical sites, but this was the first time I felt the stones were speaking to me."
- 일본 관광객: "説明の言葉に優しさがあって、昔の人々の暮らしが見えてきました。"

- 프랑스 관광객: "Mêe si je ne connais pas l'histoire corénne, j'ai compris le respect et la beautéde cette culture."

그들은 단지 '내용을 알게 된 것'이 아니라, '문화에 감정적으로 닿았다'는 경험을 말했습니다. 이것이 바로 다국어 해설이 추구해야 할 방향입니다.

4. '문화의 국경'을 허물다

AI융합문화솔루션의 다국어 해설 시스템은 단지 외국인 방문객을 위한 편의 기능이 아닙니다. 그것은 곧 한국문화의 글로벌 확장 전략이자, K-컬처의 감동을 국경 없이 나누는 연결 고리입니다.

강화도 고인돌에 AI다국어 해설이 도입되면, 세계 어디서 온 누구라도 그 돌 아래 잠든 선사인의 이야기를 이해할 수 있고, 그 정신과 철학을 공감할 수 있습니다.

강화도 관광안내 지도에 해당 유물이나 명소에 대한 AI도슨트, AI뮤직, AI톡허브 QR코드를 추가하여 관광객들이 방문 전이나 방문하면서 해당 유적지에 대한 이해도를 높여주어 관광 활성화에 기여합니다.

1-8. 현장 관람객 체험 인터뷰 사례

"이 돌이 이렇게 이야기하는 줄은 몰랐어요."

강화도 고인돌 유적지에 AI도슨트와 AI뮤직, AI톡허브가 적용된 이후, 현장에서는 이전과는 전혀 다른 관람 경험이 보고되고 있습니다. 이 절에서는 다양한 연령대, 국적, 관심 분야를 가진 관람객들이 직접 AI융합문화솔루션을 체험한 실제 반응과 그 변화 과정을 정리합니다.

1. 초등학생: "돌이랑 친구가 된 기분이에요."

김서윤(10세) 양은 가족과 함께 강화도 부근리 고인돌을 찾았습니다. 엄마의 스마트폰으로 QR코드를 스캔하자, 밝고 또렷한 여성 목소리의 AI도슨트가 시작되었습니다.

"이 돌은 무려 3,000살이 넘었어요! 옛날 사람들은 이 무덤을 만들기 위해 다 함께 돌을 밀고 굴렸답니다!"

서윤이는 처음엔 멀뚱히 듣기만 했지만, AI뮤직이 배경에서 북소리를 깔자 집중하기 시작했습니다. 그리고 AI톡허브에 "왜 이렇게 커요?"라고 직접 타이핑해 보았습니다. AI는 "당시 사람들은 커다란 돌로 마을의 힘을 보여주기도 했어요."라고 응답했습니다.

그날 저녁, 서윤이는 일기장에 이렇게 썼습니다.
"오늘은 3천 살 먹은 돌이랑 대화했어요. 무덤이 아니라 왕국 같았어요."

2. 청소년: "책보다 강의보다 실감났어요."

중학교 역사 동아리 학생 12명이 현장 체험학습으로 고인돌을 방문했습니다. 사전 과제는 '고인돌에 대한 질문 1개씩 준비해오기'였고, 현장에서 AI톡허브를 통해 직접 해답을 찾는 형식이었습니다.

한 학생은 "왜 여긴 유네스코에 등록됐어요?"라고 물었고, AI는 "강화도 고인돌은 선사시대의 거석문화 유산으로, 당시 공동체 구조와 장례 문화를 보여주는 상징적 장소입니다"라고 답했습니다. 또 다른 학생은 "이걸 만드는 데 얼마나 걸렸을까요?"라는 질문에, "수십 명이 협력하여 1~2개월간 진행된 대공사였으며, 의식과 축제의 형태로 함께 완성한 프로젝트였습니다."라는 설명을 들었습니다.

학생들은 감상문에 이렇게 남겼습니다.

- "역사 수업보다 더 기억에 남아요."
- "해설이 너무 똑똑해서 계속 질문하게 돼요."
- "처음으로 선사시대를 사람들의 입장에서 느낀 것 같아요."

3. 외국인 관광객: "문화의 언어는 감정이라는 걸 알았어요."

프랑스에서 온 여행객 줄리안(36세)은 우연히 강화도 고인돌을 방문했다가 입구에 적힌 '다국어 AI도슨트 이용 가능'이라는 문구에 이끌려 QR코드를 스캔했습니다. 자동으로 프랑스어로 설정된 AI음성이 말했습니다.

"Sous cette pierre repose un chef de village d'il y a 3 000 ans…"
"3천 년 전 마을의 족장이 이 돌 아래 잠들어 있습니다."

줄리안은 그 음성과 해설이 무척 정중하고 시적이며 감성적이라며 놀라워했습니다.

그는 질문도 해보았습니다. "이 돌은 왜 평평한가요?" AI는 "돌 위에 제사용 제물을 올려놓기 위한 용도로, 넓고 안정적인 상석이 만들어졌습니다."라고 프랑스어로 설명했습니다.

줄리안은 "한국 문화가 이렇게 따뜻하고 철학적일 줄은 몰랐다. 단순한 설명을 넘어서, 감정으로 기억되는 역사였다."고 인터뷰에서 말했습니다.

4. 시니어 관람객: "옛 정서가 떠오릅니다"

박정순(68세) 어르신은 강화도 고인돌이 있는 마을에서 나고 자랐지만 정작 고인돌이 어떤 의미인지 정확히 들은 적은 없었다고 합니다.

이번에 AI도슨트를 접하고는 눈물을 훔치며 이렇게 말했습니다.

"그냥 큰 돌인 줄만 알았는데, 조상들이 이걸 만들었다는 얘기를 듣고 나니 어릴 때 아버지와 함께 멧돌을 굴리던 기억이 떠올랐어요."

AI도슨트는 고령자용 해설 톤으로 천천히, 정감 있게 설명해주었고, 그 목소리와 북소리의 여운은 그에게 깊은 감동을 주었습니다.

이처럼 관람객들의 체험은 연령, 국적, 관심과 상관없이 모두 '기억에 남는 감상'을 경험하게 해주었습니다.

그 이유는 하나입니다. 기술이 사람의 언어로 말했고, 사람의 질문에 대답했고, 감정으로 역사를 이어주었기 때문입니다.

1-9. 기술 적용 구성 및 시스템 아키텍처

AI도슨트, AI뮤직, AI톡허브, 다국어 해설 시스템이 강화도 고인돌 유적지에 적용되기까지는 단순한 앱 하나를 설치하는 수준을 넘어서는 기술적 설계와 융합적 아키텍처가 필요했습니다. 이 절에서는 실제 현장에 설치된 AI융합문화솔루션이 어떤 구성요소로 이루어졌으며, 각 요소가 어떻게 연결되어 문화 감상의 새로운 생태계를 만들어내는지 기술적으로 설명합니다.

1. 전체 시스템 개요

AI융합문화솔루션은 크게 다음 다섯 가지 기술 요소로 구성됩니다.

① AI도슨트 엔진 (Narrative AI & TTS)
② AI뮤직 생성 및 큐레이션 모듈
③ AI톡허브 대화형 인터페이스
④ 다국어 해설 DB 및 번역 알고리즘
⑤ 사용자 접근 인터페이스 (모바일 웹/앱, QR 연동)

각 구성 요소는 통합 서버 환경에서 작동하며, GPS 또는 QR코드 인식 기반의 트리거로 자동 실행됩니다. 시스템은 관람객의 위치, 언어, 관심 주제 등을 고려하여 맞춤형 감상 경험을 제공하도록 설계되어 있습니다.

2. AI도슨트 구성

AI도슨트는 음성합성 기술(TTS, Text-to-Speech) 기반의 해설 시스템으로, 각 고인돌 포인트마다 준비된 스토리텔링 콘텐츠를 해당 언어와 감정 표현에 맞춰 음성으로 재생합니다.

- 스토리 스크립트는 전문가 집필진이 작성
- 음성은 감정형 음성합성 모델 사용(예: 따뜻한 여성 목소리, 해설가 톤 등)
- 관람객 선택에 따라 연령별·언어별 해설 버전 자동 적용
- AI음성은 현장 노이즈에 강한 명료도 기준으로 최적화됨

3. AI뮤직 큐레이션 시스템

AI뮤직은 감상의 몰입을 돕기 위해 해설과 동기화되는 배경 음악을 제공합니다. 음악은 두 가지 방식으로 구현됩니다.

- 사전 제작된 테마별 음악 큐레이션(예: 제의적 분위기, 명상, 자연)
- AI작곡 알고리즘을 통한 현장 기반 실시간 생성(실험적 적용)

기술적으로는 위치 기반 API 또는 QR 스캔 시점에 음악과 해설을 동기화하여 로딩 지연 없이 재생되도록 설계하였으며, 장면 전환 시 감정 곡선(Emotion Curve)에 따라 음악의 강약, 속도, 음색을 조절합니다.

4. AI톡허브 대화형 설계

AI톡허브는 OpenAI 기반 GPT 모델과 다국어 자연어처리(NLP) 엔진이 탑재된 실시간

대화형 솔루션입니다.

- 사용자는 음성 또는 텍스트로 자유롭게 질문 입력 가능
- 질문은 전처리(Pre-processing)를 거쳐 주제 분석 및 답변 범위 결정
- 핵심 키워드 기반으로 문화콘텐츠 DB 검색 → AI가 문장 구성
- 감정 분석을 통해 공감형 응답 설계 가능(예: "좋은 질문이에요" → 긍정 강화)
- 후속 질문 유도 구조 탑재 → 대화의 흐름 지속 가능

AI톡허브는 음성 인식 STT(Speech-to-Text) 기술과 다국어 TTS가 함께 작동하여 고령자 및 외국인도 원활하게 대화에 참여할 수 있도록 설계되어 있습니다.

5. 다국어 해설 아키텍처

다국어 해설은 단순 기계번역이 아닌, 인간 해설가와 언어전문가가 공동 작성한 스크립트를 바탕으로 AI음성 출력과 연결됩니다.

- 번역은 DeepL API, PaLM2 API, GPT 기반 다중 모델로 교차 검증
- 감성 번역 표현을 위한 문화 맞춤형 표현집 구축
- 언어 선택 UI는 자동 감지 + 수동 선택 혼합 방식
- 언어별 해설 콘텐츠는 버전 관리 시스템을 통해 지속 업데이트 가능

6. 사용자 인터페이스 및 현장 설계

관람객은 강화도 고인돌 유적지에 설치된 안내 입간판 혹은 고인돌 앞 표지석에 부착된 QR코드를 스마트폰으로 스캔하여, 모바일 웹 혹은 앱에 접속하게 됩니다.

- QR코드마다 고유 링크 연결 → 각 고인돌별 해설 구분
- GPS 연동 시 자동 콘텐츠 추천(다음 고인돌, 관련 전시 등)
- 접근성 설계: 고령자용 고대비 화면, 음성 조절 기능, 다크모드 등 지원
- 데이터 경량화: 오프라인 모드 지원을 위한 콘텐츠 캐싱 기능 포함

7. 시스템 유지·보수 및 확장

- 중앙 서버에서 모든 트래픽, 접속 기록, 언어 선택 통계 등을 실시간 모니터링
- 클라우드 기반 CDN 사용으로 트래픽 분산 및 로딩 속도 최적화
- 교육청·관공서 등과 연계한 사용자 피드백 기반 콘텐츠 업데이트 프로세스 구축
- 향후 NFC 태그, AR 안내, 위치기반 스토리게임 도입 등 확장 가능성 고려

이처럼 강화도 고인돌에 적용된 AI융합문화솔루션은 단순한 정보 기술을 넘어, '문화유산의 감동을 설계하는 기술'로 정교하게 구축되었습니다.

1-10. 요약 및 확장 제안: 고인돌에서 시작하는 한국 고대사 감상

강화도 고인돌 유적지는 단지 돌이 놓인 장소가 아닙니다. 그것은 한국 선사문화의 정수를 간직한 살아 있는 역사이며, 문화 감상의 새로운 기준점을 제시하는 실험장이기도 합니다. 여기서는 지금까지 살펴본 내용을 요약하고, 강화도 고인돌에서 출발한 AI융합문화솔루션이 어떻게 한국 고대사 감상의 기준으로 확장될 수 있는지를 제안합니다.

1. 요약 – 기술이 역사를 말하게 하다

강화도 고인돌 유적지에 AI도슨트, AI뮤직, AI톡허브, 다국어 해설 시스템을 적용한

결과 기존의 단순 관람 방식은 다음과 같이 변화했습니다.

- 입간판 중심 → 대화형 감상 중심
- 단일 언어 → 다국어 감정 해설
- 정보 중심 → 감성 몰입형 경험
- 일방향 설명 → 쌍방향 상호작용
- 정적인 방문 → 능동적인 감상 참여

관람객은 더 오래 머물고, 더 많이 질문하며, 기억에 남는 감상을 통해 역사와 연결됩니다.

2. 문화 감상에서 '고대사'는 왜 중요한가?

고대사는 먼 과거지만, 그 뿌리는 지금 우리의 정체성과 맞닿아 있습니다. 고인돌은 단지 무덤이 아니라, 우리 민족이 어떻게 공동체를 이루고, 어떤 방식으로 죽음을 기리고, 삶을 해석했는지를 보여주는 '문화의 최초 기록'입니다.

따라서 고인돌을 시작으로 한 고대사 감상은 단순한 유물 관람이 아닌, 문화 정체성과 철학을 이해하는 여정이 됩니다.

3. 고인돌 중심 감상의 확장 가능성

① 고고학적 확장: 고인돌 해설과 연결된 콘텐츠로, 강화도 일대의 선사시대 유적(예: 연미정 선사유적, 강화 역사박물관)과 연계한 AI 콘텐츠 확장
② 교육적 확장: 청소년 역사 교육 프로그램에 AI도슨트와 AI뮤직 포함 → "스토리텔링으로 만나는 선사시대" 교과 연계 체험
③ 지역 관광 확장: 강화도 고인돌 관광 루트 + 전통시장, 숙박, 음식점 AI안내 연계

→ 지역경제 활성화 기반 콘텐츠로 발전 가능

④ 글로벌 확장: 세계 다른 고인돌 유적지(예: 프랑스 브리타뉴, 스페인 갈리시아 지역)
와의 비교 콘텐츠 제공 → "돌이 연결한 세계 선사문화" 시리즈 제작

4. 제안 - '선사 테마 콘텐츠 벨트' 구축

강화도를 중심으로 다음과 같은 AI융합문화 콘텐츠 벨트를 제안합니다.

- 부근리 고인돌 → AI도슨트 해설존
- 삼거리 고인돌 → AI뮤직 제의 체험존
- 강화역사박물관 → AI톡허브 기반 인터랙티브 학습존
- 지역 카페/체험관 → AI뮤직 기반 선사 테마 음악 연주
- 연계 프로그램 → 어린이 가족 대상 "고인돌의 하루" AI오디오북 제공

이처럼 고인돌은 단지 '유산'이 아니라, '기술로 되살릴 수 있는 시간의 콘텐츠'입니다.

제2장 삼국지의 영웅들을 만나다 – 강화도 도원결의 카페

■ 복숭아꽃 피는 들판, 그곳에서 삼국지를 만나다

강화도 삼산면. 바닷바람에 실린 짠내와 함께 고요히 흐르는 이 들판 한가운데, 마치 복숭아꽃이 흩날릴 것만 같은 한적한 공간이 있습니다. 이곳에서는 시간이 조금 다르게 흘러갑니다. 과거와 현재가 교차하고, 고전과 첨단 기술이 서로 대화하듯 연결되며, 수천 년 전의 인물들이 조용히 우리에게 말을 걸어오는 듯한 감각을 느낄 수 있습니다.

삼국지 도원결의 카페의 멋진 야경입니다.

그 장소가 바로 '도원결의 카페'입니다.

처음 이곳을 지나치시는 분들은 단순한 컨셉 카페쯤으로 생각하실 수도 있습니다. 그러나 삼국지를 가슴에 품고 살아오신 수많은 애호가들에게 이곳은 단순한 장소가 아닌, 반드시 한 번은 방문해야 할 '삼국지의 성지'로 여겨지고 있습니다.

이곳은 단순히 전시물을 감상하는 공간이 아닙니다. 책 속에 머물던 삼국지의 세계를 직접 걷고, 만지고, 입고, 질문하고, 몸으로 체험하는 몰입형 역사 공간입니다. 고전의 이야기가 현재의 감각 속으로 스며들고, 방문하시는 분 한 분 한 분이 삼국지 속의 한 장면 주인공이 되어보는 특별한 경험을 선사하는 곳입니다.

삼국지 도원결의 카페 앞마당에 전시된 삼국지 영웅들의 동상입니다.

□ 아빠와 아들이 함께 걷는 이야기의 시간

어느 토요일 아침, 대전에서 온 아버지와 아들이 도원결의 카페 앞에 도착하셨습니다. 아버지이신 박민수 님(52세)은 초등학생 시절부터 삼국지를 손에서 놓지 않으셨다고 합니다. 세월이 흘러 직장인이 되신 지금도 출퇴근길마다 삼국지 오디오북을 들으시고, 주말에는 삼국지 관련 유튜브 채널을 즐겨 시청하신다고 하셨습니다.

그는 아들에게 이렇게 말씀하십니다. "삼국지는 내 인생의 나침반 같은 거야. 관우의 충직함, 유비의 따뜻한 인의 정신, 장비의 거침없는 결단력. 지금도 삶의 중요한 기로에

설 때면, 그들이 했던 말을 되새겨보곤 해."

중학교 2학년인 아들은 조용히 고개를 끄덕이며, 장비의 갑옷을 대여해 착용해 봅니다. 거울 앞에서 장난스럽게 포즈를 취해보지만, 어느새 눈빛은 진지하게 변해 있습니다. 한편 아버지는 제갈량의 전략 지도 앞에 앉아, 조조와의 관도대전 배치도를 오래도록 유심히 살펴봅니다.

이 부자는 단순히 전시를 관람하는 것이 아니라, 세대를 넘고 시대를 넘어, 한 이야기를 함께 공감하며 살아내는 깊은 감상의 시간을 보낸 것입니다.

■ 김갑용 대표 - 한 사람의 집념이 만든 '삼국지의 성지'

도원결의 카페 옆 건물에 있는 삼국지 문화체험 전시장에 수만 점의 유물들이 전시되어 방문객들에게 공개 중입니다.

이 특별한 공간을 만든 사람은 김갑용 대표입니다. 김 대표는 무려 30년 넘게 삼국지와 함께 살아왔습니다. 아무도 주목하지 않던 시간 동안, 그는 묵묵히 자신의 사비를 들여 국내외를 다니며 삼국지 관련 유물과 소품, 복식, 도검, 고서, 그림, 조각, 피규어 등을 한 점 한 점 모아왔습니다. 외부의 지원은 단 한 푼도 없었습니다. 오직 개인의 열정과 신념이 있었습니다.

그렇게 수집된 수만 점의 컬렉션은 지금 도원결의 카페의 전시관 안과 외부 공간 곳곳에 배치되어 있습니다. 이곳에서 관람객은 단순히 유물을 '보는 것'에 그치지 않습니다. 입어보고, 만져보고, 휘둘러보며 감각으로 역사와 대화합니다. 삼국지는 더 이상 책 속의 기록이 아니라, 손끝과 감정 속에서 다시 살아나는 이야기입니다.

김 대표는 이 공간을 단순한 테마 전시관이 아니라 '삼국지 인문감성 체험관'이라 부릅니다. 그는 말합니다.

"삼국지를 진짜 이해하려면 감정과 오감을 통해 느껴야 합니다. 그래서 저는 이곳을 단지 보여주는 공간이 아니라, 스스로 삼국지를 자기 삶에 비춰 해석하고 체험할 수 있는 인문 공간으로 만들고자 했습니다."

☐ 100명의 맹세, 도원결의가 다시 살아나다

2024년 봄, 도원결의 카페에서는 특별한 행사가 열렸습니다. '100인의 도원결의 맹세식'이라는 이름으로 열린 이 행사는, 유비·관우·장비의 복장을 한 참가자 100명이 야외에 마련된 복숭아꽃 장식 아래에 모여 각자의 맹세를 나누는 자리였습니다.

행사 주최 측은 참가자들에게 질문을 던졌습니다.
"나는 왜 도원결의에 참여했는가?"
누군가는 "나 자신에게 부끄럽지 않기 위해서",
또 다른 누군가는 "가족을 지키기 위해서",
또 어떤 이는 "지금의 나를 바꾸고 싶어서"라고 말했습니다.

그날의 맹세는 조용하지만 강하게 울려 퍼졌습니다.

"우리는 의를 다하고, 함께 가며, 세상의 뜻을 품는다."
"어려움 앞에 서로 등을 돌리지 않겠다." "말보다 행동으로, 명분보다 실천으로 살아가 겠다."

참가자들은 눈시울을 붉혔고, 그날의 장면은 사진보다 더 깊이 마음에 새겨졌습니다. 행사 영상은 SNS와 블로그를 통해 전국으로 퍼졌고, 지금도 도원결의 카페를 찾는 방문객 중 상당수가 "그 영상 한 편을 보고 마음이 움직였다."고 말합니다.

김 대표는 2025년에 이 행사를 더욱 확대하여, '삼국지 문화축제'로 발전시킬 계획을 세우고 있습니다. 전국의 삼국지 동호회, 역사 연구자, 교사, 가족 단위 참가자들이 함께 모여 삼국지 리더십 포럼, 인물 재연극, AI 스토리 체험관, 삼국지 퀴즈 배틀 등 보고, 듣고, 느끼고, 대화하는 종합 문화 축제로 이어질 예정입니다.

□ "정말 고맙습니다" - 관람객이 남기는 말

도원결의 카페를 떠나며 많은 관람객이 남기는 한마디가 있습니다.
"이런 공간을 만들어주셔서 정말 감사합니다."

이 말 속에는 단지 전시 공간에 대한 감사만이 담겨 있는 것이 아닙니다. 잊고 있던 감동을 다시 만난 기쁨, 삼국지를 통해 가족과 함께한 대화의 시간, 그리고 스스로를 돌아보게 만든 삶의 질문이 함께 담겨 있습니다.

한 중년 관람객은 방명록에 이렇게 적었습니다.

"20년 전에 읽었던 삼국지가 오늘 처음으로 눈물을 흘리게 했습니다."

"김 대표님의 열정이 삼국지보다 더 감동입니다."
"여기서 저는 다시 인생을 배우고 갑니다."

도원결의 카페는 고전을 감상하는 공간을 넘어, 사람이 자신을 되돌아보고, 관계를 생각하며, 삶의 방향을 다시 묻는 시간을 선물하는 감성의 장소입니다.

□ AI와 삼국지의 만남 - 시대를 초월한 감상의 혁신

카페 앞에 설치된 세 개의 QR코드는 삼국지 감상을 새롭게 만들어주는 열쇠입니다.

1. AI도슨트 – 유비, 관우, 장비의 목소리로 해설을 제공
   → "나는 의로 시작한 자다. 그리고 끝까지 그 길을 걸었다." (유비 음성)

2. AI뮤직 - 각 인물과 장면의 정서를 표현한 몰입형 BGM
   → 전투 장면은 북소리, 도원결의 장면은 현악과 피리, 관우 최후는 첼로
3. AI톡허브 - 관람객이 묻는다: "왜 관우는 조조의 은혜를 받아줬을까요"
   → AI는 답한다: "의리를 저버리지 않기 위해 떠났고, 은혜를 잊지 않기 위해 머물렀습니다."

강화도에 자리한 삼국지 도원결의 카페를 방문한 천하장사 이만기, 도원결의 김갑용 대표가 촬영한 기념사진(왼쪽). 지브리 스타일로 만든 웹툰(오른쪽)

도원결의 카페는 방문객들이 삼국지 유물을 배경으로 하거나 옷을 직접 입고 사진을 찍으면 즉석에서 일본 애니메이션인 지브리 스타일 웹툰으로 만들어 서비스하여 방문객의 만족도를 높이고 있습니다.

기념사진 판넬에는 도원결의에 대한 AI도슨트, AI뮤직, AI톡허브로 연결되는 QR코드도 인쇄되어 있어 카페를 방문하고 돌아가는 길에 차 안에서 삼국지에 대한 설명, 뮤직, 톡허브를 즐길 수 있어 그 날의 추억을 되살려주고, 재방문을 유도하는 효과를 제공합니다.

이 AI 기능은 단순한 정보 전달을 넘어, 관람객의 질문을 중심으로 감상과 대화를 확장하는 '감성형 역사 체험'을 만들어냅니다.

도원결의 AI도슨트

도원결의 AI뮤직

도원결의 AI톡허브

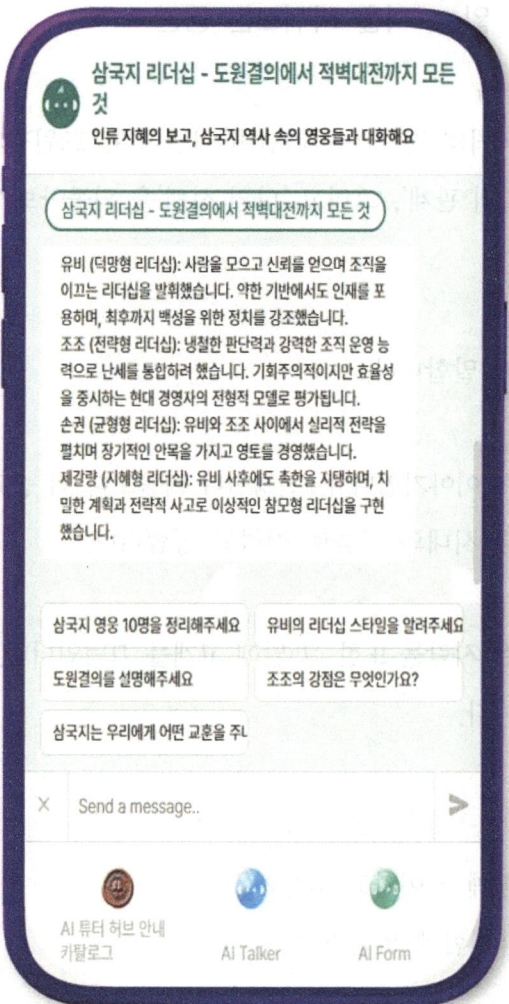

외국인 관람객에게는 다국어 해설이 자동으로 제공됩니다. 일본어, 영어, 중국어, 프랑스어로 제공되는 AI도슨트는 각 문화권의 감정 언어를 반영해 표현됩니다. 미국 관람객은 말합니다.

"This isn't just a history tour. This is a journey into the heart of human values."

☐ 삼국지를 감정으로 읽고, 나를 비춰보는 공간

'삼국지'는 더 이상 과거의 전쟁 이야기만이 아닙니다. 도원결의 카페에서는 삼국지가 '내 안의 리더십', '내 곁의 관계', 그리고 '나의 선택'을 되돌아보게 하는 거울이자 동반자로 다가옵니다.

김갑용 대표는 이렇게 말합니다.

"삼국지는 결국 사람의 이야기입니다. 전쟁이나 싸움보다 더 중요한 건 사람의 마음이에요. 그 마음을 지금 시대의 기술로 전하고 싶습니다."

이 공간을 찾는 수많은 사람들 또한 그 말에 고개를 끄덕입니다. 그리고 조용히, 그러나 깊게 스스로에게 묻습니다.

"나는 어떤 리더인가?"
"나는 지금 누구와 함께 걸어가고 있는가?"
"지금 내 선택은, 의와 함께 있는가?"

삼국지는 이곳에서, 고전이 아니라 지금의 삶을 비추는 감성의 언어로 다시 살아납니다.
그리고 마지막 질문
복숭아꽃 피던 날, 유비는 관우와 장비에게 묻습니다.

"이 세상, 어떻게 해야 바르게 세울 수 있겠는가?"

2025년의 어느 날, 도원결의 카페를 나온 당신에게도 그 질문은 남습니다.

"당신은 어떤 리더의 길을 선택하시겠습니까?"

□ 유비, 관우, 제갈공명의 초대글

삼국지 도원결의 카페를 방문하면 방문객들이 생각하지 못했던 삼국지와 관련된 보물들을 만날 수 있습니다. 카페 옆 건물에 있는 삼국지 도원결의 카페 융합문화체험관에서는 아래 사진처럼 수 천 점의 유물, 도서, 굿즈 등이 전시되어 있어 방문객들은 입구에 들어서자마자 입을 벌리며 감탄사를 연발하게 됩니다.

특히, 삼국지 영웅들의 옷을 직접 입어보고, 영웅들이 사용했던 무기도 손에 들고 멋진 기념사진(다음 사진의 왼쪽)을 찍을 수 있습니다. 기념사진은 일본 애니메이션 전문회사인 지브리 스타일(다음 사진의 오른쪽)로 변환하면 더욱 멋진 기념품이 됩니다.

유비의 초대글 - "함께의 가치를 느끼는 시간"

형제와의 의리를 지켜온 나는,
늘 '사람과 사람의 마음'을 가장 먼저 생각해왔소.
이번에 형님 관우, 공명과 함께 새로운 공간을 열게 되었소.
그 이름은 "삼국지 도원결의 카페 융합문화체험관".
여긴 과거와 현재가 손을 맞잡는 곳이오.
전통 의상을 입어보고,
삼국지의 정신을 직접 체험하며,
가족과 친구와의 정을 느낄 수 있소.
무엇보다 중요한 건 사람과의 만남.
부디 오셔서, 당신만의 도원결의를 맺어보시오.
나 유현덕이, 두 팔 벌려 기다리고 있겠소.

관우의 초대글 – "무(武)와 의(義)의 혼을 깨우다"

나는 관우, 자는 운장.
세상엔 강한 자가 많지만, 정의롭고 올곧은 자는 드물다 하였소.
이번에 의형 유비, 지략가 공명과 함께
'삼국지 도원결의 카페 융합문화체험관'을 열게 되었소.
여긴 단순한 전시가 아니오.
진짜 '체험'이오. 갑옷을 입고, 창을 쥐고, 역사의 한가운데에 서보시오.
어린이라도 좋소. 어른이라도 좋소.
누구나 영웅이 될 수 있는 공간,
나 관운장이 직접, 문을 열어드릴 것이오.
무는 몸에서 나오고, 의는 가슴에서 나옵니다.
그 마음, 여기서 다시 되살려보시오.

제갈공명의 초대글 ."지(智)의 바람으로 시대를 걷다"

하늘의 별을 읽고, 바람의 방향을 헤아렸던 나, 제갈공명이라 하오.
그러나 이번에는 하늘이 아닌 사람의 마음을 향한 바람을 만들고자 하오.
형 유비, 형님 관우와 함께 지혜와 예술, 전통과 기술이 어우러진
'삼국지 도원결의 카페 융합문화체험관'을 엽니다.
이곳에선 나와 함께 깃발을 만들고,
나무패를 새기고, 손에 부채를 들어 천 년의 지혜를 체험할 수 있소.
또한 AI도슨트, 감성 AI뮤직, AI톡허브와 함께
고전을 새롭게 만나는 '지식의 놀이터'이기도 하지요.
혼돈의 시대일수록, 지혜는 따뜻해야 합니다.
지금 이곳, 도원결의 지붕 아래
나 공명이 당신을 기다리고 있소.

■ 도원결의 카페가 강화도 관광문화에 주는 영향과 가치

삼국지 도원결의 카페 입구에 설치된 입간판에 보이는 QR코드를 스캔하면 삼국지AI도슨트, AI뮤직, AI톡허브로 연결되어 특별한 경험을 할 수 있습니다.

1. 강화도 관광의 콘텐츠 다양성 확대

- 기존 강화도 관광은 고인돌, 전등사, 광성보, 고려궁지 등 역사유적 중심의 정적 감상에 치우쳐 있었습니다.
- 도원결의 카페는 여기에 '몰입형 체험 문화', 즉 참여형·체험형 문화관광 콘텐츠를 도입하며 차별화된 관광 동선을 제공합니다.
- 특히 삼국지라는 글로벌한 IP를 활용함으로써, 남성층, 가족 단위, 청소년, 청년 팬층 등 신규 유입층 확보에 기여하고 있습니다.

2. 로컬 경제 활성화 기여

- 도원결의 카페는 연간 수천 명의 삼국지 마니아 및 가족 관광객을 유치하며, 인근 음식점, 숙박업, 체험형 농촌마을 등과 연계 소비를 촉진하고 있습니다.
- 특히 삼국지 코스튬 대여, 사진 인화, 소품 구매, 기념품 제작 등 문화 소비 기반의 부가 수익 창출이 이루어지고 있습니다.
- 향후 '삼국지 문화축제' 확장 시 지역 일자리 창출과 청년 창업형 관광 생태계(예: 삼국지 체험 카페, 리더십 캠프)로의 확장이 가능합니다.

3. 지역 기반 역사·인문 교육 플랫폼으로의 확장

- 도원결의 카페는 삼국지를 단순히 '읽는 고전'이 아닌 '체험하고 이해하는 리더십 교육 콘텐츠'로 전환시켰습니다.
- 관우의 의리, 유비의 리더십, 제갈량의 지혜를 인성교육·토론수업·AI질문활동으로 구성하면, 지역 청소년 인문소양 교육장으로 활용 가능합니다.
- 도서관, 학교, 역사교육기관과 연계한 리더십·인성 교육 프로그램 운영 시 강화도 지역은 "삼국지 교육의 본거지"로 자리매김할 수 있습니다.

4. 글로벌 관광객에게 K-문화의 연결고리 역할

- 삼국지는 한국·중국·일본을 포함한 아시아 전역은 물론, 유럽과 미국에서도 인지도가 높은 세계적 고전입니다.
- 도원결의 카페는 삼국지 콘텐츠에 다국어 AI도슨트·AI톡허브·AI뮤직을 적용해, 외국인도 감정적으로 이해할 수 있는 관람 환경을 제공합니다.
- 이는 단순한 텍스트 해설을 넘어선 '문화적 감정 공유'를 실현하며, K-리더십의 정서적 공감 기반 홍보 채널로 발전 가능합니다.

5. AI기반 융합 문화기술 실증 모델

- 강화도 고인돌에 이어 도원결의 카페는 AI도슨트, AI뮤직, AI톡허브를 동시에 적용한 국내 유일의 'AI-고전융합 감상 공간'입니다.
- 이를 통해 강화도는 '과거와 미래가 연결되는 문화기술의 실증지'로 주목받을 수 있으며, AI+인문 콘텐츠 연구센터 유치 명분이 생깁니다.
- AI관광시스템, 스마트관광플랫폼 등과의 연계 가능성도 매우 큽니다.

6. 지역 스토리텔링 문화산업으로의 확장 가능성

- 삼국지 인물을 중심으로 한 다양한 콘텐츠 창작(예: 웹툰, 애니메이션, 오디오북, XR 체험 콘텐츠)을 도원결의 카페 기반으로 확장하면, '강화도 삼국지 문화콘텐츠 허브'로의 육성이 가능합니다.
- 예
  - 『관우와 강화도 여행하기』 어린이 체험책
  - 『삼국지 리더십 워크북』 청소년용 교재
  - 『삼국지의 결의와 감성』 체험 다큐 시리즈
  - 『삼국지 AI대화 챗봇』 앱 개발 등

도원결의 카페는 강화도의 기존 관광 흐름을 근본적으로 바꾸는 전환점이 되고 있습니다. 기존의 정적이고 유산 중심의 관광 방식에서 벗어나, 관람객이 직접 참여하고 몰입하는 체험형 문화 관광의 새로운 모델을 제시하고 있습니다.

또한 삼국지를 테마로 한 스토리텔링 기반 공간 구성과 다양한 소품 체험은 관광객의 머무는 시간을 늘리고, 인근 상권과 숙박, 지역 농촌 체험지와의 연계를 통해 지역경제 활성화에도 긍정적인 영향을 미치고 있습니다.

이와 더불어 도원결의 카페는 단순한 테마 공간을 넘어, 청소년 인문 교육과 역사 리더십 교육을 현장에서 실현할 수 있는 문화 기반 교육 플랫폼으로서의 가능성도 열고 있습니다. 삼국지 인물들의 의리와 리더십, 전략과 지혜는 학생들에게 인성교육과 진로교육으로도 활용될 수 있으며, 학교 및 도서관 연계 프로그램으로 발전 가능성이 큽니다.

외국인 관람객에게는 AI도슨트와 다국어 해설 기능을 통해 언어 장벽을 넘은 감성적 감상 경험을 제공하며, 한국의 K-정서와 리더십 철학을 세계인이 공감할 수 있는 방식으로 전달하는 데 기여하고 있습니다.

더 나아가 도원결의 카페는 AI도슨트, AI뮤직, AI톡허브를 동시에 적용한 국내 최초의 실증 모델로, AI와 고전이 융합된 문화기술 플랫폼으로서의 가치를 갖습니다. 이는 향후 강화도를 'AI 기반 문화관광 선도 도시'로 발전시키는 데 중요한 역할을 할 수 있습니다.

마지막으로, 이 공간은 삼국지 스토리텔링을 기반으로 한 콘텐츠 창작, 관광 상품 개발, 청년 창업과 연계한 문화 산업 생태계의 중심지로 확장될 가능성이 있습니다. 강화도는 단순한 역사 여행지가 아니라, 삼국지와 기술, 감성이 융합된 새로운 K-컬처 발신지로 주목받고 있습니다.

◼ [AI융합문화솔루션 적용 방안] - 스토리로 강화도를 걷다

강화도를 걷다
– AI가 전해주는 시간의 이야기

AI도슨트(고인돌 목소리):
"나는 3천 년 전, 별을 보며 죽은 이를 기리던 돌이었어요.
지금도 사람의 기억을 품고 있지요."

엄마: "우리 아이가 역사와 처음 대화한 날이야."

AI도슨트: "이 궁궐은 항몽의 기억을 간직한 곳입니다. 우리가 지켜낸 마지막 불꽃을 기억하세요."

청소년 관람객: "왜인지 마음이 숙연해져요. 예전 선조들의 마음이 들리는 것 같아요."

AI도슨트(차분한 음성)
"기도는 반드시 말로 하는 것이 아닙니다.
그저 자신에게 다정한 순간, 그것이 수행입니다."

관람객
"괜찮다는 말이 고요하게 들리는 것 같아요…"

도원결의 카페 AI문화전시장 관람객
"관우는 왜 조조를 떠났어요?"

AI톡허브(관우 캐릭터)
"의로 맺은 형제, 충과 의리를 지키기 위해서지요.
그게 나, 관우입니다."

"이제 강화도는 걷는 곳이 아니라, 이야기를 듣고 감정을 느끼는 섬이 되었습니다."

"AI가 이야기하고, 음악이 감정을 전하며, 당신이 질문하고 대화하는 감성 여행."

강화도는 단지 많은 유산을 보유한 지역이 아니라, 한국의 시간을 품은 섬입니다. 선사시대의 고인돌부터 조선의 전등사, 고려궁지, 그리고 현대적 감성공간인 도원결의 카페까지, 이 모든 장소들은 시간의 스토리라인 위에 놓여 있으며, 이들을 하나의 이야기로 엮는 방식이 필요합니다.

이제는 각 공간을 개별적으로 소비하는 기존 관광에서 벗어나, 스토리 기반 이동 동선 + AI융합기술을 접목하여, 감정과 의미로 감상하는 강화도 문화여행을 제안드립니다.

- 현재 강화도 관광의 문제점
    - 유적지 중심, 단편적 감상
    - 관람객 중심 이동 동선 미흡
    - 감정·상호작용 없는 해설 방식(입간판 중심)
    - 외국인 및 청소년 관람객의 몰입 어려움
    - 각 명소 간 연결성 부족

- 해결방안: 강화도를 '스토리로 연결된 감성관광지'로 재설계
    대표님의 제안처럼, 경복궁 모델처럼 '경로형 해설 + AI 콘텐츠'를 강화도 전역에 도입하면, 다음과 같은 구조가 가능합니다.

① 시간 흐름 중심의 이동 동선 제안

시간대	장소	이야기 중심 테마
선사	부근리·삼거리 고인돌	'돌이 말을 걸다' - 3천 년 전의 기억
고대~고려	고려궁지·연미정	'왕국의 흔적을 걷다' - 고려의 그림자
조선	전등사	'명상의 시간' - 침묵과 수행의 공간
근대	광성보·초지진	'지켜낸 사람들' - 강화도의 저항과 방어
현대	도원결의 카페	'의(義)와 리더십' - 삼국지의 정신을 만나다

※ 각 장소마다 AI도슨트, AI뮤직, AI톡허브, 다국어 해설을 제공하여 감동과 상호작용을 강화합니다.

☐ 도원결의 카페 - 강화도의 인문 콘텐츠 자산으로 제안합니다

   도원결의 카페는 단순한 테마카페가 아닙니다. 삼국지를 기반으로 한 리더십, 감정, 관계, 선택의 메시지를 경험하는 몰입형 감성 역사공간입니다.

1. 강화도 관광의 감성 스토리 확장 역할
   - 삼국지를 '강화도의 서사' 안에 편입시켜, 고인돌 → 고려궁지 → 도원결의 카페로 이어지는 시간 흐름 속 스토리텔링 노선의 결절점 역할을 할 수 있습니다.
   - 도원결의 카페는 선사·조선의 유산이 주는 정적 감상의 흐름에 '인물 중심 몰입 콘텐츠'를 더해, 관광 감정의 폭을 넓혀줍니다.

2. AI융합형 문화기술 실증지로서의 가치
   - AI도슨트: 유비·관우·장비의 목소리로 감정 해설
   - AI뮤직: BGM으로 장면별 감정 몰입(의형제 맹세, 전투, 최후 등)
   - AI톡허브: 관람객의 질문에 스토리로 응답("왜 관우는 조조를 떠났나요?")
   - 지브리 스타일 캐릭터화 + 웹툰 사진 생성 서비스: SNS 공유 확산 효과
   → AI기술 기반 고전 콘텐츠의 국내 유일 실증 공간입니다.

3. 글로벌 K-컬처 감성 콘텐츠의 연결 허브
   - 삼국지는 한중일은 물론, 서양에서도 인지도가 높은 고전입니다.
   - 도원결의 카페는 다국어 감정형 해설로 외국인에게 'K-리더십'과 'K-정서'를 이해시키는 문화 교류 거점 역할을 할 수 있습니다.

☐ 기대 효과 및 차별성

1. 관람객 중심의 강화도 관광 전환

→ AI 기반 해설 + 스토리 동선으로 단순한 '구경'이 아닌 '참여형 감상' 제공
2. 도원결의 카페를 거점화한 강화도 문화 콘텐츠 루트 구축
→ 삼국지 팬, 가족 단위, 청소년에게 특화된 관광 콘텐츠 제공
3. 지역 경제 활성화 및 체류 시간 증대
→ 코스튬, 기념사진, 리더십 교육 프로그램, 굿즈 판매 연계 가능
4. 강화도의 브랜드 이미지 상승
→ "스토리로 걷는 섬, 감성으로 만나는 강화도" 슬로건 실현
5. 국내 최초 'AI + 고전 인문 콘텐츠 융합형 관광지' 구현
→ AI관광기술, 스마트 관광 플랫폼 유치 가능성 확보

□ 결론

도원결의 카페는 강화도의 감성 콘텐츠 자산으로서, 고인돌이나 전등사와는 다른 결을 가진 스토리텔링 중심 명소입니다. 이를 중심으로 강화도 전체를 감성적이고 기술융합적인 관광 루트로 재설계할 수 있습니다.

강화도는 단지 유산이 많은 섬이 아니라, 시간이 흐르고 이야기가 연결되는 감동의 섬입니다. AI가 이야기하고, 음악이 감정을 전하고, 관람객이 질문하며 감상에 참여하는 강화도는, 단순한 관광지를 넘어 미래 문화감상의 기준이 될 수 있습니다.

제3장 궁궐을 깨우다 - 경복궁의 AI도슨트 혁신

경복궁 경회루

경복궁은 그 자체로 조선 왕조의 정수이며, 왕실의 삶, 정치, 의례, 예술이 집약된 살아 있는 건축 유산입니다. 그러나 수많은 전각과 공간 속에 담긴 이야기들은 짧은 입간판 설명으로는 온전히 전달되기 어려웠습니다.

이런 한계를 극복하기 위해, 경복궁에 6위1체 AI융합문화솔루션이 적용되었습니다. 그 결과, 전각들은 다시 이야기를 시작했고, 궁궐 전체가 관람객과 대화하는 살아 있는 공간으로 거듭났습니다.

1. 전각별 스토리 중심 AI도슨트 적용

경복궁에는 수십 개 이상의 전각과 구조물이 존재합니다. AI도슨트는 이 중 주요 전각(근정전, 경회루, 강녕전, 교태전, 자경전 등)에 대해 건축적 특징, 역사적 사건, 왕과 왕

제3부_All AI K-컬쳐 솔루션 적용 사례 | 143

비의 삶, 의례와 정치의 공간성을 중심으로 전각별 개별 해설 콘텐츠를 제작하였습니다.

관람객은 각 전각 앞 QR코드를 스캔하면 그 전각의 '주인공'이 되어 이야기를 들을 수 있도록 구성되었습니다.

예: 근정전 – "조선의 국왕이 백관과 마주하던 공간입니다. 이곳에서 어떤 왕이 어떤 결정을 내렸을까요?"
경회루 – "연못 위의 누각, 잔치와 외교의 무대. 고요한 수면에 비친 왕실의 예술 감각을 느껴보세요."

해설은 연령별 버전(청소년용, 일반 관람용), 언어별 버전(5개 국어)으로 제공되어, 개인의 이해도에 맞춘 맞춤형 감상을 가능하게 했습니다.

2. 공간별 감성에 맞춘 AI뮤직 구성

전통 궁궐의 공간은 그 자체로 감정의 레이어를 가집니다. 정전은 장엄하고, 침전은 고요하며, 정원은 서정적입니다.

이러한 감정을 AI뮤직은 음향으로 해석하여 각 전각의 성격에 따라 별도의 배경 음악을 제공하였습니다.

예:
- 근정전: 웅장한 현악 위주의 장중한 테마, 국왕의 위엄을 상징
- 경회루: 해금과 가야금이 어우러진 은은한 수변 사운드
- 자경전: 단아하고 정제된 정악풍 선율, 왕대비의 삶과 내면 반영
- 아미산 정원: 새소리, 물소리, 바람소리 기반의 명상형 AI사운드

이러한 AI뮤직은 도슨트 해설의 흐름과 자연스럽게 연결되어 해설 내용에 따라 분위기를 강화하거나, 감상의 여운을 남기는 방식으로 구성되었습니다.

3. AI톡허브로 이어지는 역사적 질문과 대화

관람객은 AI도슨트 해설을 듣고 난 후, 궁금한 내용을 AI톡허브에 질문할 수 있습니다. 현장에서 가장 많이 받은 질문은 다음과 같습니다.

- "근정전과 경회루의 차이는 뭔가요?"
- "왕비는 어디에서 생활했나요?"
- "왜 경복궁은 중간에 훼손되었다가 복원되었나요?"
- "건물 색이 다른 이유는 무엇인가요?"
- "왕은 하루를 어떻게 보냈을까요?"

AI는 이러한 질문에 대화형으로 응답하며, 관련 역사적 사실과 인물, 배경까지 함께 설명합니다. 또한 질문자가 다음 장소로 이동하면, "이제 강녕전에 가보시겠어요? 왕의 침전입니다."라고 유도하며 감상의 흐름을 끊지 않도록 설계되어 있습니다.

4. 몰입형 궁궐 감상의 재창조

기존의 경복궁 관람은 넓은 공간을 걷고 사진만 찍는 '풍경 감상'에 머무는 경우가 많았습니다. 하지만 AI융합문화솔루션이 도입된 후 관람객들은 궁궐의 건축물 하나하나에 담긴 스토리, 사람, 의례, 감정을 '듣고, 느끼고, 대화하며' 감상하게 되었습니다.

특히 외국인 관람객은 다국어 해설을 통해 조선 궁궐의 건축미와 철학, 왕실 문화의 정제된 가치에 대해 이해와 공감을 동시에 표현하는 사례가 늘고 있습니다.

■ 경복궁 관람 방식, 이제는 스토리 기반 AI 감상으로 전환할 때입니다

오늘날 경복궁을 방문하는 많은 관람객들은 어디서부터 관람을 시작해야 할지, 어떤 순서로 이동해야 의미 있는 관람이 될지에 대한 안내를 거의 받지 못하고 있습니다. 각 건물 앞에 설치된 입간판은 그저 간단한 이름과 기능만을 설명하고 있을 뿐이며, 이로 인해 궁 전체가 하나의 스토리로 연결되지 않고 단편적인 건물 구경으로 끝나버리는 경우가 많습니다. 특히 외국인 관광객에게는 언어 장벽까지 더해져 관람의 깊이가 현저히 떨어지는 현실입니다.

이러한 문제는 관람객의 만족도를 떨어뜨릴 뿐 아니라, 경복궁이라는 고유한 역사적·문화적 공간이 지닌 감동과 의미가 충분히 전달되지 못하는 안타까운 결과로 이어지고 있습니다.

이에 따라 이제는 경복궁을 '정보 중심의 공간'에서 '이야기 중심의 공간'으로 재구성할 필요가 있습니다. 이를 가능하게 하는 가장 현실적이고 효과적인 방법은 바로 스토리 기반의 이동 경로 설계와 AI도슨트 기술의 결합입니다.

우선, 경복궁 내 각 건물의 기능과 역사적 맥락을 기준으로 이동 경로를 설계하면 좋겠습니다. 예를 들어, 근정문에서 시작해 근정전, 사정전, 강녕전, 교태전, 자경전 등으로 이어지는 흐름은 '왕의 하루'를 테마로 삼을 수 있고, 이어지는 후원과 정원은 '왕실의 사생활과 자연 감성'을 테마로 확장할 수 있습니다. 이처럼 건물 하나하나가 고립되지 않고, 전체를 하나의 큰 서사로 엮어 관람 동선을 구성하면 관람객은 경복궁을 시간의 흐름 속에서 체험하게 됩니다.

이러한 흐름 위에 AI도슨트 시스템을 적용한다면 관람의 질은 획기적으로 향상될 수 있습니다. 건물마다 설치된 QR코드를 스캔하면, 관람객은 AI가 들려주는 스토리 해설을 들을 수 있으며, 특정 장면에서는 분위기에 맞는 음악이 함께 제공되어 감성적 몰입감까지 더할 수 있습니다. 관람객은 더 이상 입간판의 딱딱한 정보를 읽는 것이 아니라, 마치 조선 시대의 인물과 함께 그 공간을 걷는 듯한 감정을 느끼게 됩니다.

또한 AI톡허브 기능을 도입하면 관람객이 직접 질문을 던지고, 이에 대해 AI가 친절하고 감성적인 방식으로 응답해주는 쌍방향 감상이 가능해집니다. 예를 들어, "왜 교태전은 동쪽을 바라보고 있나요?"라는 질문에 AI가 역사적 맥락과 풍수적 의미, 왕실 의례에 대해 설명해주는 식입니다. 이러한 대화형 감상은 특히 청소년들에게 역사와 공간을 더 깊이 이해하게 만드는 교육 효과를 줄 수 있습니다.

무엇보다 이 방식은 외국인 관광객에게도 효과적입니다. 다국어 해설이 기본적으로 제공되기 때문에, 한국의 고궁 문화를 언어 장벽 없이 체험할 수 있으며, 이는 곧 외국인의 만족도 제고와 재방문 유도, 글로벌 K-문화 확산으로 이어질 수 있습니다.

AI도슨트 기반 경복궁 감상법은 기존의 정보 중심 관람 방식과 비교해 분명한 차별점을 가지고 있습니다. 기존 방식이 단순한 정보 전달에 머물렀다면, 이 방식은 감정과 기억을 남기는 몰입형 감상으로의 전환입니다. 관람객이 '눈으로 보는 것'에서 '가슴으로 느끼는 것'으로 넘어가는 경험을 할 수 있는 것입니다.

또한 이 모델은 경복궁에만 국한되지 않고, 향후 창덕궁, 창경궁, 덕수궁 등 다른 궁궐은 물론이고, 전국의 고택, 유적지, 문화 마을, 역사 박물관에도 맞춤형으로 확장 적용이 가능합니다. 단지 안내 기능이 아닌, 문화 감상의 혁신적 도구로서의 AI 역할을 제안드리는 이유이기도 합니다.

결론적으로, 경복궁은 이제 단순한 관광지가 아닌, 기술과 감성, 역사와 스토리가 만나는 미래형 문화유산 감상 공간으로 거듭날 수 있습니다. 경복궁을 관리하시는 관계자분들께서도 이 제안을 통해 새로운 문화 감상 모델을 고민해 주시고, 궁 전체가 하나의 이야기로 흐를 수 있는 감성적 시스템을 마련해 주신다면, 이는 곧 경복궁이 'K-문화유산 감상의 미래'를 선도하는 상징적인 사례로 자리매김하게 될 것입니다.

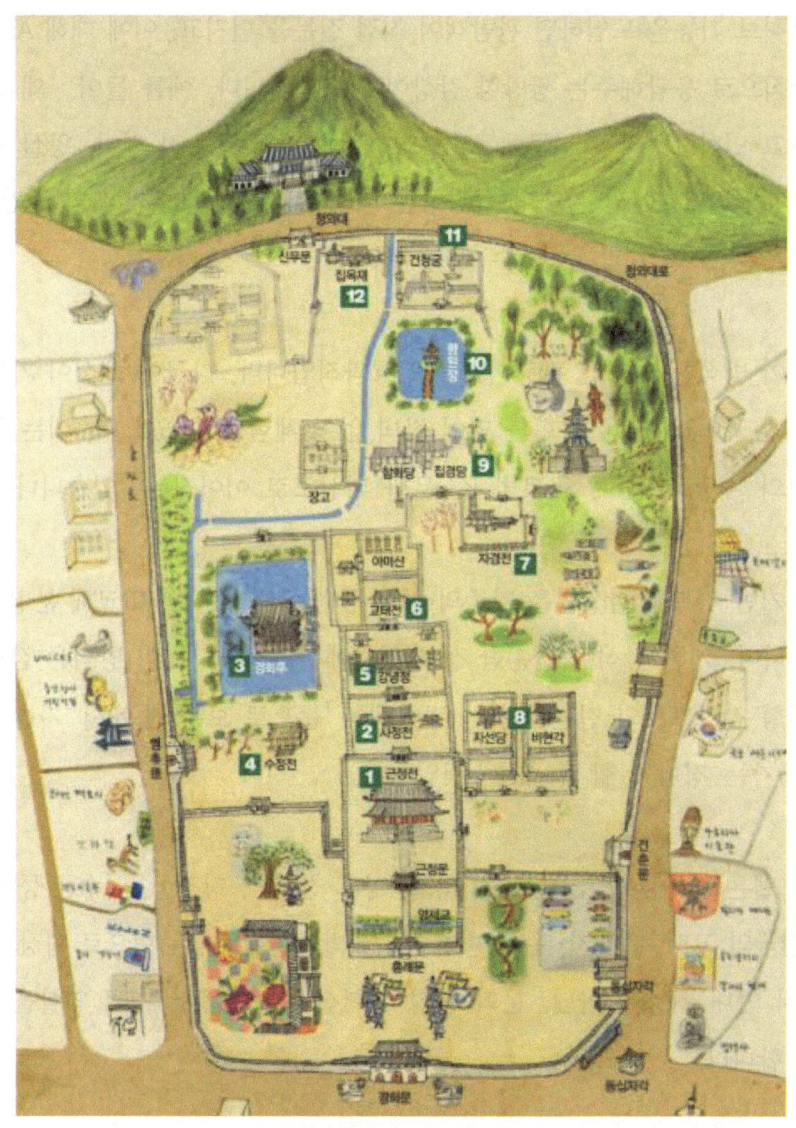

기존의 경복궁 안내지도

기존의 경복궁 안내지도는 다음처럼 새로운 감상지도로 활용할 수 있습니다.

◼ [AI융합문화솔루션 적용 방안] - 경복궁 권역 전통문화 감상 지도

근정전 앞 – 왕의 집무가 시작된 자리

"기와 위로 햇살이 번지면, 조선의 하루가 시작됩니다. 지금, 가족이 그 순간을 AI로 다시 깨웁니다."

강녕전 – 왕의 사적인 시간

"그늘 아래 흐르는 가야금 소리. 왕도 이렇게 조용히 쉬었을까요? 고요 속에 숨은 대답이 들려옵니다."

수정전 앞 – 궁중 여성의 지혜와 일상

"한 아이와 엄마가 함께 묻습니다. '여긴 누가 살았을까?' 해금 선율 속, 지혜의 이야기가 피어납니다."

향원정 – 고요한 연못의 사색

"질문은 잠시 멈추고, 마음이 조용히 듣습니다. 물 위로 흐르는 정자, 연꽃, 그리고 생각들."

1. 근정전(왕의 집무 공간)

   • AI도슨트: "이곳은 조선의 국정이 시작되던 자리입니다. 이 단상 위에선 백성과 하늘을 연결하는 목소리가 울렸습니다."

- AI뮤직: 궁중 의례 음악 + 장엄한 정악(수제천, 영산회상) 테마
- AI톡허브: "왕은 하루에 몇 시간 일했나요?" "조선의 회의 방식은 어땠나요?"

2. 사정전(정치 회의 장소)
- AI도슨트: "정승들이 임금과 정책을 논하던 공간입니다. 조용하지만 치열한 정무의 현장이었죠."
- AI뮤직: 거문고 중심의 정적인 곡
- AI톡허브: "조선시대 정승의 역할은 무엇이었나요?"

3. 강녕전(왕의 침전)
- AI도슨트: "강녕전은 '몸과 마음이 편안하라'는 뜻입니다. 이곳은 왕의 사적인 공간이자 회복의 장소였습니다."
- AI뮤직: 밤하늘 소리 + 가야금 솔로
- AI톡허브: "왕의 하루 일과는 어떻게 구성됐나요?"

4. 수정전(왕비의 생활공간)
- AI도슨트: "왕비의 지혜와 품격이 담긴 공간. 궁중 여성의 일상과 예절이 살아 있는 곳입니다."
- AI뮤직: 정갈한 해금 선율
- AI톡허브: "궁중 여성은 어떤 역할을 했나요?"

5. 경춘전·강녕전 연결구간 . 궁궐 산책로
- AI도슨트: 걷는 명상 음성: "지금은 아무 말도 하지 않아도 좋습니다. 바람과 함께 이 길을 걸어보세요."
- AI뮤직: 자연음 + 물소리 + 새소리
- AI톡허브: '나만의 궁궐 걷기 다짐' 기록 기능

6. 고위직 공부 공간(이익선, 교태전 등)
- AI도슨트: "조선의 여성들이 교육을 받던 공간입니다. 지혜와 아름다움이 함께하던 자리를 기억하세요."
- AI뮤직: 단아한 현악기 + 서정적 피아노
- AI톡허브: "조선시대 여성 교육은 어떤 모습이었나요?"

7. 자경전 - 왕실 정원
- AI도슨트: "이 정원은 왕과 왕비가 사색과 대화를 나누던 곳입니다."
- AI뮤직: 대나무숲 + 바람소리 + 잔잔한 가야금
- AI톡허브: "조선의 정원은 어떤 철학이 담겨있나요?"

8. 자선당 · 비현각 - 교육과 회의 공간
- AI도슨트: "여기선 왕의 가족 교육이 이뤄졌습니다. 가르침은 조용했지만 깊었습니다."
- AI뮤직: 서정적 피아노 + 유교적 분위기의 국악기
- AI톡허브: "조선의 왕자는 어떻게 교육받았나요?"

9. 함녕당 · 침정당 - 왕의 생활 공간
- AI도슨트: "이곳은 왕의 일상과 내면의 고요가 담긴 공간입니다."
- AI뮤직: '내면 성찰' 테마의 명상 사운드
- AI톡허브: "왕도 외로웠을까요?" → 감정 기반 응답

10. 향원정 - 연못과 정자
- AI도슨트: "연못은 조선의 자연 철학을 담은 공간입니다. 물은 흐르되 고요하게, 정자는 쉼과 사색의 자리였습니다."
- AI뮤직: 물결 소리 + 단소 선율 + 연꽃 개화 효과음
- AI톡허브: "향원정이 가진 상징은 무엇인가요?"

11. 청와대 외벽길(숲길)

- AI도슨트: "이 길은 역사와 현재, 궁궐과 청와대 사이의 연결선입니다."
- AI뮤직: 자연음 기반 ASMR 스타일 산책음
- AI톡허브: '오늘 감정기록 남기기' 기능

12. 집무실 . 대통령 집무 공간

- AI도슨트: "이곳은 대한민국 현대 정치의 중심이었습니다. 왕의 근정전과 연결되는 의미가 있는 공간이죠."
- AI뮤직: 현대적 음향 + 궁중 정악 퓨전
- AI톡허브: "과거의 왕과 현재 대통령의 차이는 무엇인가요?"

추가 아이디어: "감정형 QR 감상 지도"

- 관람객 입장 시, "오늘의 감정(희망/치유/성찰/호기심 등)"을 선택
  → AI도슨트 · AI뮤직 · AI톡허브가 해당 감정에 맞춘 콘텐츠로 안내

요약

구역	적용 콘텐츠	주요 테마
궁궐 중심	AI도슨트 + 해설	역사, 철학, 일상
정원 · 연못	AI뮤직 + 자연 사운드	명상, 감정 몰입
건물 내부	AI톡허브	대화, 감성 연결
청와대 외부	QR 산책모드	시대 연결, 내면 기록

이 지도 전체를 AI융합문화솔루션 중심으로 다시 제작해 "걷는 감상, 듣는 철학, 질문하는 역사"라는 테마로 운영하면 외국인과 어린이, MZ세대 모두에게 사랑받는 K-컬처 현장 콘텐츠가 될 것입니다.

제4장 애국의 감정을 불러내다 - 독립기념관의 AI 적용

천안에 위치한 독립기념관은 대한민국 독립운동의 역사와 민족의 자주정신을 총체적으로 담아낸 공간입니다. 광복절, 현충일 등 국가기념일에 많은 관람객이 방문하지만, 기념관의 방대한 자료와 규모, 그리고 감정의 무게는 때로 관람객에게 거리감과 피로감을 안겨주기도 합니다.

이를 보완하기 위해 6위1체 AI융합문화솔루션이 독립기념관에 도입되었고, 그 결과, '관람' 중심의 구조가 '기억과 감정의 공유'로 재편되었습니다.

1. 전시관별 주제 중심 AI도슨트 해설 구성

독립기념관은 총 7개의 상설 전시관과 야외 조형물로 구성되어 있습니다. AI도슨트는 전시관별 핵심 주제에 맞춰 스토리텔링 중심의 해설을 제공합니다.

- 제1관: 겨레의 뿌리 – "우리는 오천 년을 함께 걸어왔습니다. 문화는 끊기지 않았고, 정신은 꺾이지 않았습니다."
- 제4관: 일제의 침략과 항거 – "1932년 윤봉길 의사의 수통은 상하이 홍커우 공원에서 울려 퍼졌습니다. 그 소리는 곧 세계를 울린 독립의 외침이었습니다."
- 제7관: 대한민국의 오늘과 내일 – "광복의 기쁨은 잠깐이었습니다. 우리는 분단의 아픔 속에서도 민주주의와 자주독립을 지켜내야 했습니다."

관람객은 QR코드를 통해 각 전시관 입구에서 해당 해설을 듣거나, 전시물 앞에서 세부 해설을 이어서 감상할 수 있습니다.

2. 감정선과 동기부여를 고려한 AI뮤직 구성

각 전시관의 분위기와 메시지에 따라 AI뮤직은 감정 곡선을 조율하는 방식으로 설계되었습니다.

- 독립선언문, 애국지사들의 육필 유서 앞: 피아노와 첼로 중심의 장엄한 선율
- 3.1운동 체험관: 북소리와 군중의 함성 효과를 활용한 극적 연출
- 대한민국 수립과 헌법 공포 장면: 밝고 희망적인 국악 기반 합주

이를 통해 관람객은 단순히 정보를 얻는 것이 아니라, '공감'하고 '자기화'할 수 있는 감정을 따라가며 전시를 체험하게 됩니다.

3. AI톡허브로 연결되는 기억과 질문

독립기념관에서 관람객이 AI톡허브에 가장 자주 던지는 질문은 다음과 같습니다.

- "유관순 열사는 몇 살에 순국했나요?"
- "3.1운동은 어떤 의미인가요?"
- "독립운동가들은 어떤 삶을 살았나요?"
- "지금 우리가 무엇을 해야 할까요?"

AI는 단순히 숫자나 연도를 말해주지 않고, "그들은 가족을 잃고도 조국을 택했습니다. 지금 우리는 그 자유를 지키는 책임이 있습니다."와 같이 질문에 '가치'와 '감정'을 담아 응답합니다. 또한 질문 이후 다음 관람 장소를 안내하거나, AI뮤직과 함께 전시물과 연계된 오디오북 형식 콘텐츠를 추천해줍니다.

4. 청소년 중심 교육 콘텐츠 확장

특히 독립기념관은 수학여행과 청소년 체험학습의 필수 코스로 활용되므로, 6위1체 솔루션은 청소년 버전의 콘텐츠를 별도 구성했습니다.

- 용어 설명을 쉬운 말로 정리
- "퀴즈형 질문 – AI응답 – 다음으로 이동" 구조
- '나의 독립운동가 편지쓰기', 'AI와 함께 백범일지 듣기' 등 참여형 콘텐츠 연계

이를 통해 중·고등학생들은 수동적인 청취자가 아니라 질문하고 생각하며 역사와 연결되는 주체적 관람자가 됩니다.

5. 다국어 해설과 외국인 대상 민족 서사 전달

외국인을 위한 다국어 해설은 독립운동의 세계사적 의의와 인류 보편 가치 중심으로 재구성되어 있습니다.

예:
- 영어: "The Korean independence movement was not only for the nation, but for the dignity of oppressed people everywhere."
- 일본어: "過去の過ちを見つめ直し、共に未．を築く記憶の場所です。"
- 중국어: "韓國人的獨立，是對殖民與壓迫的不屈呼喊。"

이를 통해 외국인 관람객은 한국의 독립운동을 단지 민족 중심의 사건이 아닌, 인류 보편적 정의와 평화의 이야기로 이해할 수 있습니다.

■ [AI융합문화솔루션 적용 방안] - 독립기념관의 AI 적용

　천안에 위치한 독립기념관은 대한민국 독립운동의 역사와 민족의 자주정신을 집대성한 공간입니다. 광복절이나 현충일 같은 국가기념일에는 많은 관람객이 이곳을 찾지만, 전시 규모가 방대하고, 전해지는 감정의 밀도는 때로는 관람객에게 거리감과 피로감을 안겨주기도 합니다.

바로 이 점에서, 감동과 몰입을 확장하는 새로운 기술적 해석이 필요했습니다. 이에 따라 6위1체 AI융합문화솔루션이 독립기념관에 시범 도입되었고, 그 결과, 이 공간은 단순한 '관람의 장소'에서 '기억을 공유하고 감정을 일으키는 장'으로 변화하고 있습니다.

1. 전시관별 이야기 중심의 AI도슨트 해설

독립기념관은 총 7개의 상설 전시관과 야외 조형물로 구성되어 있습니다. 기존의 패널 중심 정보 전달에서 벗어나, AI도슨트는 전시관별 주제에 따라 각기 다른 내러티브를 중심으로 해설을 제공합니다.

- 제1관 「겨레의 뿌리」에서는 "우리는 오천 년을 함께 걸어왔습니다. 문화는 끊이지 않았고, 정신은 꺾이지 않았습니다."라는 말로 민족사의 흐름을 감성적으로 안내합니다.
- 제4관 「일제의 침략과 항거」에서는 "1932년 윤봉길 의사의 수통은 상하이 홍커우 공원에서 울려 퍼졌습니다. 그 소리는 곧 세계를 울린 독립의 외침이었습니다."라고 말하며 관람객의 마음을 붙잡습니다.
- 제7관 「대한민국의 오늘과 내일」에서는 분단과 민주화의 역사를 조망하며, 현재 우리에게 남겨진 책임을 환기합니다.

AI도슨트는 각 전시관 입구와 주요 전시물 앞에서 QR코드로 제공되며, 관람객이 걸음을 멈춘 자리에서 바로 '이야기'를 들을 수 있게 구성되어 있습니다.

2. 감정을 곡선처럼 흐르게 하는 AI뮤직

AI뮤직은 전시의 감정선을 따라 구성되었습니다. 단순히 배경 음악을 흐르게 하는 것이 아니라, 전시 내용과 전시물의 상징성을 감정의 흐름으로 치환해 관람객의 몰입을 유도합니다.

- 독립선언서나 애국지사들의 유서 앞에서는 피아노와 첼로 중심의 장중하고 깊은 선율이 공간을 감쌉니다.
- 3.1운동 체험관에서는 군중의 함성과 북소리가 어우러져 당시의 절박함을 극적으로 전달합니다.
- 대한민국 헌법 제정 장면에서는 국악기 기반의 밝고 희망적인 합주가 미래지향적 감정을 부각시킵니다.

이처럼 AI뮤직은 해설과 맞물려 관람객의 감정 여정을 자연스럽게 유도하고, 기억에 남는 감상의 리듬을 설계합니다.

3. AI톡허브, 질문을 통해 이어지는 감정의 공유

독립기념관에서는 관람객의 '질문'이 감상의 시작점이 됩니다. AI톡허브를 통해 자주 던져지는 질문은 다음과 같습니다.

- "유관순 열사는 몇 살에 순국했나요?"
- "3.1운동은 왜 중요한가요?"
- "독립운동가들은 어떤 삶을 살았나요?"
- "지금 우리가 해야 할 일은 무엇일까요?"

이 질문에 AI는 단순한 연대기적 정보만을 제공하지 않습니다. 감정과 가치, 책임의 의미를 담아 이렇게 답변합니다.

"그들은 가족을 잃고도 조국을 택했습니다. 지금 우리는 그 자유를 지켜내야 할 책임이 있습니다."

또한 AI는 질문을 이어가는 방식으로 감상을 확장합니다. 예를 들어, "유관순 열사는 어떤 삶을 살았나요?"라는 질문 이후, AI는 "그녀의 마지막 편지를 읽어보시겠습니까?"라고 제안하고, 음성으로 편지를 낭독하거나 오디오북 형태로 들려줍니다. 감상은 이렇게 '정보'에서 '공감'으로 이동합니다.

4. 청소년 체험학습을 위한 감성형 역사 콘텐츠

독립기념관은 청소년 수학여행의 필수 코스입니다. 6위1체 AI융합문화솔루션은 이를 고려하여 중·고등학생 대상의 맞춤형 콘텐츠를 설계하였습니다.

- 주요 개념과 인물 설명은 청소년의 언어로 쉽게 재구성되며,
- "AI퀴즈 . 해설 . 다음 장소 안내" 형식으로 자연스러운 학습 동선을 유도합니다.
- 예: "3.1운동 당시 사람들이 태극기를 어떻게 만들었을까요?"라는 퀴즈를 통해 호기심을 유발한 뒤, 실제 태극기 사진과 함께 AI도슨트가 이야기하듯 설명합니다.

또한, '나의 독립운동가에게 보내는 편지쓰기', 'AI와 함께 백범일지 듣기', '윤동주 시인의 시 해석하기' 등의 활동형 콘텐츠도 제공되어, 학생들이 감정적으로 몰입하고 기억에 남는 체험을 할 수 있도록 돕습니다.

5. 세계인을 위한 감동의 다국어 해설

독립기념관은 외국인 관광객에게도 매우 중요한 장소입니다. 단지 한국의 역사를 소개하는 차원을 넘어, 인류 보편의 가치인 자유·평화·정의를 함께 나누는 공간이기 때문입니다.

AI도슨트와 AI톡허브는 다음과 같이 각 언어권 문화에 맞는 표현으로 재구성된 해설을 제공합니다.

- 영어: "The Korean independence movement was not only for the nation, but for the dignity of oppressed people everywhere."
- 일본어: "過去の過ちを見つめ直し、共に未.を築く記憶の場所です。"
- 중국어: "韓國人的獨立，是對殖民與壓迫的不屈呼喊。"

이처럼 감정을 담은 다국어 해설은 단순한 정보 번역을 넘어서, 한국의 독립운동이 세계인에게도 의미 있는 역사로 다가갈 수 있도록 설계되어 있습니다.

결론: 독립기념관이 감정을 전하는 공간으로 바뀌다

6위1체 AI융합문화솔루션이 도입된 독립기념관은 이제, 단지 유물을 전시하고 설명하는 공간이 아닙니다. 이곳은 과거의 시간과 감정이 살아 움직이며, 관람객이 자신의 언어로 질문하고, 공감으로 답을 얻고, 감정으로 기억하는 공간으로 거듭나고 있습니다.

AI기술은 단지 관람을 편리하게 해주는 도구가 아니라, 감정을 연결하는 새로운 도슨트이며, 기억을 공유하는 동반자입니다.

독립기념관은 앞으로도 이 기술을 통해 더 많은 세대와 국경을 넘어선 관람객에게, 감동과 책임의 메시지를 전하게 될 것입니다.

제5장 명상의 공간 - 전등사의 명상 안내 AI적용

전등사는 강화도 정족산 자락에 자리한 천년고찰로, 신라 시대 이래로 수도자들의 숨결과 역사의 물결이 깃든 명상과 치유의 공간입니다. 많은 방문객들이 전등사에서 마음의 평온을 얻고자 하지만, 그 깊은 정신성과 공간의 상징을 이해하기에는 안내 정보가 제한적이었습니다.

이에 따라 6위1체 AI융합문화솔루션은 전등사의 '명상'이라는 주제에 맞춰, 기술의 속도와 감각이 아닌 '느림과 고요, 내면의 대화'를 중심으로 설계되었습니다.

1. 마음을 울리는 AI도슨트 - 전등사가 전하는 치유의 목소리

전등사의 AI도슨트는 일반 사찰 안내와는 다른 방향으로 구성되었습니다. 단순히 법당의 역사나 불상의 명칭을 나열하기보다, 그 공간에서 '어떤 마음을 지니고 머물러야 하는가'를 중심에 두었습니다.

예:
- 대웅보전 앞
  "이곳에선 부처님께 무언가를 요청하지 않아도 좋습니다. 그저 나 자신에게 다정해지면, 그것이 기도가 됩니다."
- 명부전 앞
  "죽음과 생명을 가르는 공간이지만, 두려워 마세요. 여기선 모든 생이 소중한 순환으로 받아들여집니다."
- 은행나무 쉼터
  "천 년을 살아낸 이 나무처럼, 그대의 오늘도 쉼 없이 고요를 받아들일 수 있기를 바랍니다."

AI도슨트는 정적인 음성과 낮은 속도의 말투를 적용하여, 명상의 리듬을 방해하지 않도록 설계되었습니다. 불교 용어는 쉽게 풀어 설명되며, '듣는 해설'을 넘어 '마음을 고요히 하는 목소리'가 되도록 기획되었습니다.

2. AI뮤직 - 명상에 흐르는 사운드의 결

전등사에는 AI뮤직이 본격적으로 '명상 사운드' 형태로 설계 적용되었습니다. 가야금, 해금, 목탁, 물소리, 바람소리, 은은한 불경음이 어우러져 각 공간에 어울리는 조용한 배경음을 구성하였습니다.

예:
- 대웅보전 – 한음 중심의 가야금 솔로 연주 + 바람소리
- 범종각 – 목탁 리듬 위에 얹힌 동종의 잔향음
- 뒷산 산책로 – 새소리, 나뭇잎 흔들림, 잔잔한 물방울 효과
- 쉼터 구간 – AI가 자동 생성하는 명상용 대기음(5분~10분)

이러한 AI뮤직은 도슨트 해설이 끝난 후에도 잔향처럼 남아 관람객이 잠시 멈추어 서서 '머무는 감상'을 가능하게 합니다.

3. AI톡허브 - 내면의 질문에 귀 기울이다

사찰을 찾는 이들은 '정보'를 얻고자 하기보다 '질문'과 '위로'를 원합니다. 전등사의 AI톡허브는 이러한 심리적 니즈에 맞춰 운영됩니다.

예:
- "마음이 자꾸 불안해요. 어떻게 해야 할까요?"

→ "마음이 흔들리는 건 자연스러운 일입니다. 이 공간에서는 잠시만, 그 흔들림 마저 받아들여 보세요."
- "절에선 꼭 기도해야 하나요?"
  → "기도는 정해진 형식이 아닙니다. 그대가 자신에게 집중하는 그 순간이 이미 기도입니다."

AI는 전등사에 맞는 정서적 응답 방식을 학습하고, 위로, 공감, 안내, 사찰문화 해설을 동시에 수행합니다.

또한 실내 공간에서는 자율 모드로 조용한 응답 텍스트만 제공하여 다른 참배객이나 명상객의 집중을 방해하지 않도록 설계되었습니다.

4. 사찰 체험 연계 프로그램 - AI와 함께 걷는 템플 명상

전등사에서는 체험형 콘텐츠로서 AI도슨트 + AI뮤직 + AI톡허브가 함께하는 '템플 명상길'을 개발하여 운영 중입니다.

관람객은 입구에서 명상길 QR을 스캔하면, AI도슨트의 '걷기 명상 안내' 음성과 함께 산책길을 따라 천천히 걸으며 각 구간별 설명과 사운드를 들을 수 있습니다.

중간중간 "지금, 호흡에 집중해보세요", "발바닥의 감각을 느껴보세요"와 같은 마음챙김 안내가 포함되어 있으며, AI톡허브를 통해 '나만의 다짐 남기기', '느낀 점 기록하기' 기능도 제공합니다.

■ [AI융합문화솔루션 적용 방안] - 전등사 사찰과 명상의 공간

전등사, 사찰과 명상의 공간을 AI로 만나다

"천 년의 고요를 향해 걷는 첫걸음, 오늘의 우리는 침묵 안에서 나를 만납니다."

"이곳에선 무언가를 이루기 위한 기도가 아닌, 자신을 위한 다정한 침묵이 흐릅니다."

"명상은 고요한 음악처럼, 아무것도 하지 않아도 채워지는 시간입니다."

"AI는 말을 많이 하지 않습니다. 그저, 내 안의 질문에 조용히 머물러줍니다."

전등사는 강화도 정족산 자락에 깊숙이 자리 잡은 천년고찰로, 신라 시대 이래 수도자들의 발걸음과 민중의 기도가 오랜 세월동안 켜켜이 쌓여 있는 영적 공간입니다. 이곳을 찾는 많은 방문객은 마음의 평온과 내면의 위로를 얻고자 사찰을 찾지만, 정작 전등사가

지닌 깊은 정신성과 공간의 의미를 충분히 이해하고 체험하는 데에는 다소 어려움이 있었습니다.

이러한 상황에서 6위1체 AI융합문화솔루션은 전등사의 핵심 주제인 '명상'을 중심으로 공간의 리듬에 어울리도록 설계되었고, 기술이 속도와 자극이 아닌 고요함과 내면의 흐름을 따라가는 방식으로 구현되었습니다.

1. 마음을 울리는 AI도슨트 - 전등사가 전하는 치유의 목소리

전등사의 AI도슨트는 일반적인 사찰 해설과는 전혀 다른 방향을 지향합니다. 단순히 불상의 명칭이나 역사적 사실을 전달하는 것이 아니라, '이 공간에서 어떤 마음으로 머물러야 하는가'라는 질문에 귀 기울입니다.

- 대웅보전 앞
  "이곳에선 부처님께 무언가를 요청하지 않아도 좋습니다. 그저 나 자신에게 다정해지면, 그것이 기도가 됩니다."
- 명부전 앞
  "죽음과 생명을 가르는 공간이지만, 두려워 마세요. 여기선 모든 생이 소중한 순환으로 받아들여집니다."
- 은행나무 쉼터
  "천 년을 살아낸 이 나무처럼, 그대의 오늘도 쉼 없이 고요를 받아들일 수 있기를 바랍니다."

도슨트의 목소리는 낮은 톤, 느린 말속도, 명상에 방해되지 않는 정적인 스타일로 설정되었으며, 불교 용어 역시 일반인도 쉽게 이해할 수 있도록 풀어 설명됩니다. 해설은 '듣는 정보'가 아닌, '마음을 가라앉히는 울림'이 되어 관람객의 내면을 다독입니다.

2. AI뮤직 - 명상에 흐르는 사운드의 결

전등사의 AI뮤직은 일반적인 배경음이 아니라, '명상 사운드' 자체로 설계되었습니다. 고즈넉한 공간의 감정선에 맞춰 가야금, 해금, 물소리, 바람소리, 목탁 소리, 은은한 염불음 등을 AI가 융합하여 공간별 배경을 구성하였습니다.

- 대웅보전: 한음 중심의 가야금 솔로 연주와 바람소리가 함께 흐르며, 기도의 고요함을 유도합니다.
- 범종각: 목탁 리듬과 동종의 잔향음이 겹쳐져, 정신 집중을 돕는 사운드 공간이 형성됩니다.
- 뒷산 산책로: 잔잔한 물방울 소리, 새소리, 나뭇잎의 흔들림 등 자연의 청각 정보가 AI를 통해 조화롭게 조율됩니다.
- 쉼터 구간: AI가 자동 생성한 명상용 대기음이 5~10분 단위로 제공되어, 잠시 앉아 쉬는 동안에도 감상의 흐름이 이어지도록 설계됩니다.

이러한 AI뮤직은 도슨트 해설이 끝난 후에도 잔향처럼 남아, 관람객이 '머무는 감상'을 경험할 수 있도록 도와줍니다.

3. AI톡허브 - 내면의 질문에 귀 기울이다

사찰을 방문하는 이들은 종종 역사적 정보보다, 마음의 질문과 위로를 더 간절히 찾습니다. 전등사의 AI톡허브는 바로 그 감정에 응답하는 기능을 중심으로 작동합니다.

- 질문: "마음이 자꾸 불안해요. 어떻게 해야 할까요?"
  - → AI응답: "마음이 흔들리는 건 자연스러운 일입니다. 이 공간에서는 잠시만, 그 흔들림마저 받아들여 보세요."

- 질문: "절에 오면 꼭 기도를 해야 하나요?"
  → AI응답: "기도는 정해진 형식이 아닙니다. 그대가 자신에게 집중하는 그 순간이 이미 기도입니다."

AI는 전등사의 전통성과 정서에 맞는 언어와 어투로 응답하며, 단순한 해설을 넘어 치유와 공감의 AI 스승처럼 기능합니다. 특히 내부 법당에서는 음성 대신 텍스트 모드로만 운영되어, 다른 참배객이나 명상객의 집중을 방해하지 않도록 배려하였습니다.

4. 사찰 체험 연계 프로그램 - AI와 함께 걷는 템플 명상길

전등사는 AI도슨트와 AI뮤직, AI톡허브를 결합한 템플 명상길 체험을 운영 중입니다. 관람객은 입구에서 '명상길 QR'을 스캔한 뒤, AI도슨트가 안내하는 음성을 들으며 천천히 걷는 산책 명상을 체험할 수 있습니다.

- "지금, 호흡에 집중해보세요."
- "발바닥의 감각을 느껴보세요."
- "지나간 생각은 그냥 흘려보내고, 지금 이 순간에 머물러보세요."

이와 같은 마음챙김 문구가 걷기 중간마다 제공되며, 각 지점에서 자연음과 명상 해설이 함께 어우러져 '걷는 명상'이 자연스럽게 이어집니다.

또한 AI톡허브는 '나만의 다짐 남기기', '명상 후 느낀 점 기록하기' 등 참여형 기능도 제공합니다. 이 기능을 통해 방문객은 단순한 참배객이 아니라, 자기 자신과의 대화를 이어가는 주체적 감상자로 자리하게 됩니다.

결론: 명상의 공간이 AI로 더욱 고요해지다

전등사는 단지 유서 깊은 사찰이 아닌, 현대인에게 내면의 위로와 평온을 제공하는 살아 있는 명상 공간입니다. 6위1체 AI융합문화솔루션은 이 공간의 정신성을 훼손하지 않고, 오히려 그 의미를 더 깊고 조용하게 확장시켜 줍니다.

AI는 이곳에서 정보를 전달하기보다는, 질문에 귀 기울이고, 마음을 안정시키며, 걷는 감상을 유도하는 동반자 역할을 합니다. 기술은 결코 방해자가 아니라, 이 고요한 공간에서 가장 낮은 자세로 머무는 안내자가 되었습니다.

전등사는 이제, 기억과 사유, 그리고 감정의 공간으로 새롭게 해석되며, 많은 이들에게 명상과 회복의 여정을 선물하고 있습니다.

제6장 전통을 살아 있게 - 한국민속촌, 전주한옥마을, 하회마을

전통은 시간이 지나면 박제되기 쉽습니다. 하지만 전통이 진짜 감동을 줄 수 있으려면, 그 공간에서 살아 숨 쉬는 사람들의 삶과 감정이 함께 느껴져야 합니다.

한국민속촌, 전주한옥마을, 하회마을은 각기 다른 형태의 전통 마을이지만, 공통적으로 '살아 있는 전통'을 관람객에게 전달해야 하는 과제를 안고 있습니다. 이에 따라 6위1체 AI융합문화솔루션이 세 마을에 맞춤형으로 적용되었고, 그 결과, 전통은 박물관 너머로 나와 현재와 호흡하게 되었습니다.

1. 마을별 고유성에 기반한 AI도슨트 구성

세 공간 모두 전통마을이지만 구성 방식이 전혀 다릅니다. AI도슨트는 각 공간의 구조와 콘텐츠, 방문객 흐름에 맞춰 별도로 설계되었습니다.

- 한국민속촌: 전통 생활 체험형 콘텐츠 중심
  - → 초가집, 서당, 주막, 관아 등 공간별 직업과 역할에 따른 스토리텔링 구성
  - → "이 집은 19세기 경상도 양반 가옥입니다. 부엌을 중심으로 여성의 삶이 이어졌지요."
- 전주한옥마을: 도시 속 문화생활형 전통마을
  - → AI도슨트가 건축, 음식, 예절, 예술 콘텐츠를 중심으로 해설
  - → "이곳은 조선 후기 상류층이 사랑방에서 시를 읊고, 사랑채에서 손님을 맞이하던 구조입니다."
- 하회마을: 자연과 공동체 중심의 유네스코 전통마을
  - → 인물 중심 + 제의문화 + 자연의 배경 스토리를 강조
  - → "류성룡 선생의 종택입니다. 겸손과 절제의 유학 정신이 이 건축에 깃들어 있습니다."

각 마을에 설치된 QR코드를 통해 관람객은 공간을 거닐며 인물과 일상, 제의와 문화, 정신과 삶의 이야기를 들을 수 있습니다.

2. AI뮤직 - 전통 공간에 감정의 선율을 입히다

AI뮤직은 각 마을의 분위기와 시기에 따라 달리 적용되었습니다.

- 한국민속촌: 계절별 축제와 연동되는 민속 음악 (풍물, 민요, 장단 기반)
  → 추석에는 강강술래 테마, 겨울엔 정월대보름 장단 기반 음악 제공
- 전주한옥마을: 정갈하고 세련된 국악 크로스오버 테마 (해금, 피아노, 첼로 조화)
  → 한옥 카페 거리에는 젊은층을 위한 전통 기반 감성 음악
- 하회마을: 자연음 + 국악선율의 명상형 AI사운드 (물소리, 새소리, 가야금)
  → 탈춤무대에서는 전통 탈춤 장단을 AI편곡으로 제공

이처럼 AI뮤직은 단순히 배경음이 아니라, 해설의 정서와 공간의 리듬을 동기화하여 감상의 깊이를 확장합니다.

3. AI톡허브 - 전통문화에 대한 질문을 연결하다

관람객은 전통마을에서 단순히 건물을 보고 지나치기보다 그 문화와 맥락을 이해하고 싶어합니다.

AI톡허브는 다음과 같은 질문에 응답합니다.

- "초가집과 기와집의 차이는 무엇인가요?"
- "하회마을 탈춤은 언제부터 전해졌나요?"

- "한옥에서는 왜 마루를 중요하게 생각하나요?"
- "전통 예절은 지금과 어떻게 다른가요?"

특히 외국인 관람객을 위해 각 나라 문화와 비교하는 설명도 제공합니다.
예: "기와집은 동양 전통의 목조 주택 중 하나로, 일본의 '마치야'와는 달리 마루가 넓고 열려 있습니다."

4. 지역 콘텐츠와 연결된 확장 활용

이 AI융합문화솔루션은 마을 전체를 대상으로 할 뿐만 아니라, 다음과 같은 지역 콘텐츠와도 연결됩니다.

- 전통 공예 체험 공간: "이곳에서는 전주한지 부채 만들기를 체험하실 수 있습니다."
- 전통음식점 연계: "하회마을 인근에서 전통 안동찜닭을 드셔보세요. 원래는 제사음식이었답니다."
- 전통 공연 연계: "오후 3시, 탈춤 공연이 시작됩니다. 좌석은 마을회관 앞입니다."

이처럼 관람객의 흥미와 동선을 고려하여 AI가 실시간 안내를 제공하며 문화 감상을 지역경제와도 자연스럽게 연계합니다.

■ [AI융합문화솔루션 적용 방안] - 대한민국의 전통을 살아 있게 만들자

전통은 때로 지나간 과거로만 인식되기 쉽습니다. 시간이 흐르면 박물관 속에 정지된 채 전시되는 것으로 그 의미가 축소되곤 합니다. 그러나 전통이 진짜 감동을 주려면, 그 안에서 사람의 삶과 감정이 함께 호흡해야 합니다.

한국민속촌, 전주한옥마을, 하회마을은 각기 다른 배경과 성격을 가진 전통 공간이지만, 모두 '살아 있는 전통'을 전달한다는 공통 과제를 안고 있습니다. 이에 따라 6위1체 AI융합 문화솔루션이 각 마을에 맞춤형으로 적용되었고, 전통은 더 이상 '보는 것'이 아니라 '느끼는 것', 그리고 '참여하는 것'으로 재탄생하게 되었습니다.

1. 마을별 고유성에 기반한 AI도슨트 구성

세 마을은 모두 전통마을이지만, 그 공간 구조와 역사, 경험 방식이 전혀 다릅니다. 따라서 AI도슨트 역시 개별 설계로 접근하였습니다.

- 한국민속촌
  전통 생활 체험형 콘텐츠 중심의 테마공원형 마을로, AI도슨트는 직업별 역할 중심의 스토리텔링으로 구성됩니다.

"이 집은 19세기 경상도 양반 가옥입니다. 부엌을 중심으로 여성의 삶이 이어졌지요."

초가집, 서당, 주막, 관아, 장터 등을 돌며 관람객은 마치 한 시대 속으로 들어간 듯한 몰입을 경험합니다.

- 전주한옥마을
  도시 속에 융화된 생활형 전통마을로, 건축.예절.예술 중심의 문화 해설이 중심입니다.

"이 사랑채는 조선 후기 상류층이 손님을 맞이하고, 시를 읊던 공간입니다."

한옥의 구조, 전통 음식의 유래, 전주한지와 공예 이야기 등이 유기적으로 연결됩니다.

- 하회마을
  자연과 공동체 중심의 유네스코 세계유산 마을로, 인물 중심 + 제의문화 + 자연환경의 조화가 핵심입니다.

  "이곳은 류성룡 선생의 종택입니다. 겸손과 절제의 유학 정신이 이 건축에 깃들어 있습니다."

  제사문화, 탈춤, 유교 정신, 자연환경과의 관계까지 전통이 살아 있는 맥락 속에서 안내됩니다.

2. AI뮤직 - 전통 공간에 감정의 선율을 입히다

AI뮤직은 각 마을의 계절, 공간, 콘텐츠 특성에 맞춰 전통 감성 사운드를 입힙니다.

- 한국민속촌
  계절별 축제와 연동하여 풍물놀이, 민요, 장단 기반 음악을 자동 생성 및 제공
  ◦ 추석 – 강강술래 테마
  ◦ 정월대보름 – 풍장 굿 장단 기반 AI편곡

- 전주한옥마을
  젊은 관람객을 고려한 국악+현대음악 크로스오버 테마
  ◦ 해금, 피아노, 첼로를 융합한 세련된 전통 감성
  ◦ 한옥 카페 거리에서는 감성 국악 재즈 풍

- 하회마을
  자연음과 전통음악이 결합된 명상형 사운드

- 물소리, 새소리, 바람소리 위에 가야금 또는 대금 선율
- 탈춤마당에서는 전통 장단을 AI편곡하여 역동성 부여

AI뮤직은 단순 배경음이 아닌, AI도슨트 해설과 동기화된 감정의 흐름을 만들어냅니다. 감상을 단순한 이해에서 공감과 몰입으로 확장시키는 중요한 매개가 됩니다.

3. AI톡허브 - 전통문화에 대한 질문을 연결하다

전통마을을 걷는 방문객은 단순히 건축 양식을 보기보다, 그 문화의 맥락과 의미를 알고 싶어합니다. AI톡허브는 이러한 질문에 맥락 있는 방식으로 응답합니다.

- "초가집과 기와집의 차이는 무엇인가요?"
- "하회마을 탈춤은 어떤 기원에서 시작됐나요?"
- "한옥에서는 왜 마루를 중요하게 여겼나요?"
- "전통 예절과 현대 예절은 어떻게 다른가요?"

또한 외국인을 위한 문화 비교형 응답도 제공합니다.

"기와집은 한국 전통의 목조 구조로, 일본의 '마치야'와는 달리 마루가 넓고 개방성이 강조된 생활공간입니다."

AI는 단답형이 아닌, 문화적 의미와 연결된 해석을 제시하여 관람객의 지식과 감정의 깊이를 함께 채워줍니다.

4. 지역 콘텐츠와 연결된 확장 활용

6위1체 AI융합문화솔루션은 단지 마을 내부 콘텐츠에 머물지 않고, 지역 경제와 문화 활동으로 자연스럽게 확장됩니다.

- 전통 공예 체험 연계
"이곳에서는 전주한지로 나만의 부채를 만들어보는 체험을 하실 수 있습니다."
- 전통 음식 안내
"하회마을 인근에서는 안동찜닭을 드셔보세요. 원래 이 음식은 조상 제사에 올리던 고유한 제사 음식이었답니다."
- 전통 공연 연계
"오후 3시, 하회마을 탈춤 공연이 시작됩니다. 마을회관 앞 야외무대에서 관람하실 수 있어요."

AI는 관람객의 위치와 관심사, 시간대를 고려해 실시간으로 콘텐츠를 연결하며, 전통 감상이 단절되지 않고 일상의 연장선으로 이어지게 합니다.

결론: 전통은 살아 있어야 감동을 준다

전통은 과거의 이야기가 아닙니다. 그것은 오늘의 삶 속에서 느껴지고 실천되어야 감동을 줍니다. 한국민속촌, 전주한옥마을, 하회마을은 AI 기술을 통해 '보는 전통'을 넘어 '살아 있는 전통'으로 다시 태어났습니다.

6위1체 AI융합문화솔루션은 공간의 고유성을 존중하며, 정보, 감정, 체험을 연결합니다. 그 결과, 전통마을은 단지 과거의 재현이 아니라, 현재와 미래를 살아가는 감성 문화 공간으로 재해석되고 있습니다.

제7장 애국열사와의 재회 - 안중근기념관, 김구기념관

독립운동가의 삶은 단지 과거의 기록이 아니라, 오늘을 살아가는 우리에게 질문을 던지는 '살아 있는 역사'입니다. 그러나 이러한 위대한 인물들의 정신과 철학이 담긴 기념관조차, 긴 텍스트와 정적인 전시 구성으로 인해 청소년과 외국인 관람객에게 충분히 다가가지 못하는 한계가 존재해 왔습니다.

이에 6위1체 AI융합문화솔루션이 적용된 안중근기념관과 김구기념관은 단순한 정보 전달에서 벗어나, 관람객이 독립운동가와 '대화하고 공감하는 감상 체험'으로 변화된 대표 사례입니다.

1. 스토리텔링 중심의 AI도슨트 - 인물이 직접 이야기하다

AI도슨트는 두 기념관에서 각각 '안중근 의사', '김구 선생'이 자신의 목소리로 삶을 회상하고 철학을 들려주는 서사형 해설로 구성되었습니다.

예:
- 안중근기념관 – "1909년 10월 26일, 나는 하얼빈역에서 이토 히로부미를 향해 방아쇠를 당겼습니다. 그러나 총알보다 강한 것은, 내가 바란 조국의 자주였습니다."
- 김구기념관 – "나는 한 번도 무기를 들어본 적 없는 이에게 총을 들지 않았습니다. 내 싸움은 오직 조국의 독립을 위한 정신의 투쟁이었습니다."

이러한 스토리텔링 해설은 청취자가 마치 인물의 목소리를 듣는 듯한 몰입감을 주며, 건조한 연표 중심 설명보다 훨씬 강한 인지적, 정서적 기억을 남깁니다.

2. AI뮤직 . 감정 곡선을 따라 흐르는 음악

전시물 별로 배경음악을 설계하여, 공간의 감정 흐름을 안내합니다.

안중근기념관에서는 이토 히로부미 저격 장면에서는 낮은 타악기와 긴장감 있는 현악이 깔리고, 옥중에서 쓴 '동양평화론'을 소개하는 장면에서는 잔잔하고 평화로운 선율이 흐릅니다.

김구기념관에서는 백범일지를 낭독하는 공간에 은은한 피아노와 가야금이 어우러진 선율을 배치하여, 관람객이 김구 선생의 내면세계와 철학에 몰입할 수 있도록 설계했습니다.

3. AI톡허브 - 질문으로 이어지는 감정의 대화

관람객은 AI도슨트 해설을 듣고 난 후, 궁금한 내용을 바로 AI톡허브에 질문할 수 있습니다.

예:
- "안중근 의사는 왜 손도장을 찍었나요?"
  → "그는 '대한 독립' 네 글자와 손도장을 유언처럼 남겼습니다. 자신이 남긴 행동을 역사로 증명하고 싶었던 것이지요."
- "김구 선생은 폭력적인 인물이었나요?"
  → "아닙니다. 그는 생애 후반 내내 비폭력, 평화, 통일을 외쳤고, '나는 백성의 마음 속에 남는 나라를 만들고 싶다'고 말했습니다."

이러한 대화형 구성은 관람객이 인물에 대한 선입견을 해소하고, 자신의 관점에서 역사와 감정을 연결하도록 도와줍니다.

4. 다국어 해설 – 세계인을 위한 공감형 전달

두 기념관 모두 5개 국어로 해설이 제공되며, '애국', '희생', '정의'와 같은 추상적 가치도 문화권별로 공감할 수 있는 언어로 재구성됩니다.

예:
- 영어 – "He believed that peace in East Asia could only be achieved through justice and freedom."
- 일본어 – "彼は武力よりも理念を信じた。正義が未.を導くと考えた。"
- 중국어 – "他主.和平.一, 但不妥.于.迫。"

이를 통해 외국인 관람객도 '역사적 사실'뿐만 아니라 '가치와 철학'에 접근할 수 있게 되었습니다.

5. 관람객 반응 – "눈물이 났어요", "이젠 기억할 수 있어요"

기념관 방문 후 AI솔루션을 체험한 관람객들의 반응은 매우 뜨거웠습니다.

- "해설을 들으며 실제 그분이 말하는 것처럼 느껴졌습니다. 눈물이 났어요."
- "아이들과 함께 들었는데, 아이들이 처음으로 '왜 독립이 중요했는지'를 스스로 이야기했어요."
- "영어 해설이 너무 감동적이었어요. 독립운동이 단지 전쟁이 아니라 가치의 투쟁이었다는 걸 알았어요."

■ [AI융합문화솔루션 적용 방안] – 애국열사와의 재회

"역사는 기억하는 것이 아니라, 만나는 것입니다.
우리는 지금, 한 사람의 마음 속으로 들어갑니다."

"총알보다 강한 것은, 내가 바란 조국의
자주였습니다."
"음악은 말보다 오래 남고, 감정을 따라 흐릅니다.
이 공간은 싸움보다 '뜻'을 기억합니다."

"기념관은 박제가 아닙니다.
AI는 그들의 철학과 사랑을 오늘의 우리에게
전합니다."

 독립운동가의 삶은 단지 교과서에 실린 과거의 기록이 아닙니다. 그것은 오늘을 살아가는 우리에게 질문을 던지고, 가치의 선택을 요구하는 '살아 있는 역사'입니다. 그러나 이러

한 위대한 인물들의 정신과 철학이 담긴 기념관조차, 오랫동안 정적인 전시 구성과 긴 텍스트 중심 해설로 인해 청소년과 외국인 관람객에게 충분히 다가가지 못하는 한계를 안고 있었습니다.

이러한 문제를 해결하기 위해, 6위1체 AI융합문화솔루션이 적용된 안중근기념관과 김구기념관은 단순한 정보 전달을 넘어, 관람객이 인물과 대화하고 공감하는 '체험형 감상 공간'으로 거듭났습니다.

1. 스토리텔링 중심의 AI도슨트 - 인물이 직접 이야기하다

두 기념관의 AI도슨트는 각각 '안중근 의사', '김구 선생'이 자신의 목소리로 삶을 회상하고 철학을 들려주는 서사형 내레이션으로 설계되었습니다. 단순히 연표나 사건을 나열하는 방식이 아니라, 관람객이 마치 그 인물의 자서전을 직접 듣는 듯한 몰입을 유도합니다.

예시:
- 안중근기념관
  "1909년 10월 26일, 나는 하얼빈역에서 이토 히로부미를 향해 방아쇠를 당겼습니다. 그러나 총알보다 강한 것은, 내가 바란 조국의 자주였습니다."
- 김구기념관
  "나는 한 번도 무기를 들어본 적 없는 이에게 총을 들지 않았습니다. 내 싸움은 오직 조국의 독립을 위한 정신의 투쟁이었습니다."

이러한 1인칭 시점의 해설 구성은 청소년과 외국인 관람객에게 인물의 인간적인 면모를 부각시키며, 정서적 기억에 오래 남는 감상의 전환을 이끌어냅니다.

2. AI뮤직 - 감정 곡선을 따라 흐르는 음악

전시물마다 AI뮤직이 감정의 흐름을 유도합니다. 단순한 배경음이 아닌, 인물의 삶과 메시지에 맞춘 정서적 리듬을 설계함으로써 관람객이 사건을 '이해'하는 것을 넘어 '공감'하도록 합니다.

- 안중근기념관
  - 하얼빈 저격 장면: 긴장감 있는 현악과 저음 타악기
  - '동양평화론' 소개 구간: 잔잔한 피아노와 대금 선율로 평화적 철학 강조
- 김구기념관
  - 백범일지 낭독 공간: 은은한 가야금과 피아노가 교차되며 내면의 울림 전달
  - 대한민국 임시정부 활동 구간: 힘 있는 북소리와 함께 의지의 리듬 연출

이처럼 AI뮤직은 AI도슨트 해설과 감정적으로 연계되어, 관람객이 전시를 감정선으로 따라가며 몰입하게 합니다.

3. AI톡허브 - 질문으로 이어지는 감정의 대화

AI도슨트를 통해 인물의 삶을 들은 관람객은 자연스럽게 질문하고 싶어지는 감정 상태에 도달합니다. 이때 AI톡허브는 지식 기반 응답을 넘어서 가치 기반 감성 응답을 제공합니다.

예시 질문과 응답:
- "안중근 의사는 왜 손도장을 찍었나요?"
  → "그는 '대한 독립'이라는 글씨와 손도장을 유언처럼 남겼습니다. 스스로의 결의를 역사에 새기고자 했던 것이지요."

- "김구 선생은 폭력적인 인물이었나요?"
  → "아닙니다. 그는 평생 비폭력과 통일을 외쳤고, '나는 백성의 마음 속에 남는 나라를 만들고 싶다'고 말했습니다."

이러한 가치 중심의 응답 방식은 관람객으로 하여금 단순히 지식으로 인물을 기억하는 것이 아니라, 그 인물의 삶에서 자신의 삶을 비추어보게 만듭니다.

4. 다국어 해설 - 세계인을 위한 공감형 전달

두 기념관 모두 5개 국어로 AI도슨트와 AI톡허브가 작동하며, '희생', '평화', '정의' 등 보편적 가치를 담은 서사로 재구성되어 외국인 관람객에게 깊은 공감을 선사합니다.

예시:
- 영어: "He believed that peace in East Asia could only be achieved through justice and freedom."
- 일본어: "彼は武力よりも理念を信じた。正義が未. を導くと考えた。"
- 중국어: "他主.和平.一, 但不妥.于.迫。"

외국인은 이를 통해 한국의 독립운동을 단순한 민족의 투쟁이 아닌 인류의 보편적 가치 실현 과정으로 인식하게 됩니다.

5. 관람객 반응 - "눈물이 났어요", "이젠 기억할 수 있어요"

AI융합문화솔루션 적용 이후 관람객들의 반응은 뜨거웠습니다.

- "해설을 들으며 마치 실제 그분이 말하는 것처럼 느껴졌습니다. 눈물이 났어요."

- "아이들과 함께 들었는데, 아이들이 '왜 독립이 중요한지'를 처음으로 스스로 이야기했어요."
- "영어 해설이 감동적이었어요. 독립운동이 단지 전쟁이 아니라 가치의 투쟁이라는 걸 알게 되었어요."

이처럼 AI는 기억에 남는 역사, 감동을 주는 철학, 공감하는 감상 경험을 제공하며, 기념관의 존재 이유를 '기억의 보존'에서 '감정의 전승'으로 확장시켰습니다.

제8장 도심 속 문화유산 - 거리조형물, 근대문화유산 AI적용

도시는 과거와 현재가 겹쳐진 공간입니다. 특히 서울, 군산, 인천, 대구, 목포 등 도시 곳곳에 숨겨진 근대문화유산과 거리 조형물은 그 자체로 귀중한 역사적 의미를 지니고 있지만, 많은 시민들과 관광객에게는 무심히 지나치기 쉬운 '배경물'로 여겨지기 일쑤였습니다.

그 이유는 분명합니다. 해설이 없고, 맥락이 부족하며, 무엇보다 '왜 중요한가'를 말해주는 이가 없기 때문입니다.

이에 따라 6위1체 AI융합문화솔루션은 이런 거리형 문화유산에 QR 기반 AI도슨트, AI뮤직, AI톡허브를 적용함으로써, 도심 속 공간이 살아 있는 역사 현장으로 재탄생하도록 기획되었습니다.

1. 조형물과 건축물에 QR 기반 AI도슨트 적용

AI도슨트는 도심 속 조형물, 동상, 표지석, 근대 건축물 등을 대상으로 건물 앞, 거리 벽면, 표지판 하단 등에 QR코드를 부착하여 작동되도록 구성하였습니다.

예시:
- 서울 종로3가 – 박종철 열사 추모 조형물
    → "이곳은 한 젊은이의 죽음이 시대를 바꾼 상징입니다. 그의 외침은 민주주의라는 단어 속에 여전히 숨 쉬고 있습니다."
- 군산 – 근대 건축 거리(조선은행 군산지점, 일본식 적산가옥 등)
    → "이 건물은 일제강점기 조선의 자본을 통제하기 위해 세워졌습니다. 지금은 그 기억을 지워버리지 않기 위해 남겨두었습니다."

- 목포 – 일본 영사관, 정명여관 등 등록문화재
  → "여기서 수많은 이들이 항일운동을 꿈꿨고, 또 탄압을 받았습니다. 벽돌 하나 하나가 이야기를 품고 있습니다."

관람객은 도시 산책 중 QR을 스캔하면 도슨트의 음성과 함께 짧고도 깊은 스토리를 듣게 되며, 이는 공간과 역사, 사람의 연결을 자연스럽게 이끌어냅니다.

2. 도심 환경에 맞춘 AI뮤직의 감정 연출

도시는 소음이 많은 공간입니다. 따라서 AI뮤직은 이어폰 또는 모바일 앱 기반으로 도슨트 해설과 연결되며 '감정을 흐르게 하는 사운드 배경'을 담당합니다.

- 동상, 추모 조형물: 피아노 솔로, 첼로 기반 저음 배경
- 근대 건축물: 바람 소리 + 현악 기반 서정적 사운드
- 거리 공간: 리듬감 있는 타악 + 국악풍 크로스오버

예:
- 인천 자유공원 . 맥아더 동상
  → 한미 수교와 한국전쟁의 역사적 의미를 담은 장중한 테마
  → 도슨트 해설 중, 바다를 바라보며 흐르는 가야금과 드럼의 혼합 사운드로 감정 유도

3. AI톡허브 - 도심 속 질문에 응답하다

AI톡허브는 시민과 관람객의 다양한 질문에 응답합니다. 특히 시민 교육과 도시문화 체험의 관점에서 자주 사용됩니다.

질문 예:
- "이 조형물은 왜 여기에 세워졌나요?"
- "이 건물은 언제 지어졌고, 지금은 어떤 용도로 쓰이나요?"
- "일제강점기 근대 건축물은 왜 보존해야 하나요?"
- "이 거리의 이름은 어떤 유래인가요?"

AI는 역사와 도시 정책, 건축의 의미, 사회적 배경 등을 포함하여 단순한 정보 제공을 넘어 '공공 공간과 나의 관계'를 되새기게 만드는 해설을 제공합니다.

4. 관광과 시민참여 콘텐츠로 확장

이 기술은 단지 관광객만을 위한 것이 아니라, 지역 시민의 교육 및 정체성 인식 프로그램으로도 활용됩니다.

- 도시 탐방 프로그램 QR 맵 배포
- 초·중등 교육용 "우리 동네 문화유산 AI체험 워크북" 연계
- 시민 기념일 행사 시, AI도슨트와 대화하는 시민 스탠드 설치
- 시민이 만든 해설 스크립트를 AI에 반영하는 '공감 도슨트 제작 캠페인'

결과적으로 AI도슨트는 도심 속 문화유산을 '누구나 이해할 수 있는 공공 콘텐츠'로 변화시키며, 거리 공간이 학습, 추억, 질문, 대화의 장소로 재탄생하게 됩니다.

■ [AI융합문화솔루션 적용 방안] - 도심 속 문화유산을 살리자

 도시는 과거와 현재가 겹쳐진 공간입니다. 특히 서울, 군산, 인천, 대구, 목포 등 도시 곳곳에 남겨진 근대문화유산과 거리 조형물은 우리 근현대사를 지탱해온 귀중한 유산이지

만, 해설도 맥락도 없는 채 '배경물'로 지나쳐버리는 경우가 많습니다.

6위1체 AI융합문화솔루션은 이 무심히 스쳐가는 거리의 유산들에 생명과 서사를 불어넣었습니다. 도심 공간은 이제 살아 있는 역사 교실, 공감의 거리로 재편되고 있습니다.

1. 조형물과 건축물에 QR 기반 AI도슨트 적용

AI도슨트는 도심 속 조형물, 동상, 표지석, 근대 건축물 등에 QR코드를 부착해 관람객이 직접 모바일로 해설을 듣고 감상할 수 있도록 구성하였습니다.

- 서울 종로3가 – 박종철 열사 추모 조형물
 "이곳은 한 젊은이의 죽음이 시대를 바꾼 상징입니다. 그의 외침은 민주주의라는 단어 속에 여전히 숨 쉬고 있습니다."
- 군산 – 근대 건축 거리(조선은행 군산지점, 일본식 적산가옥 등)
 "이 건물은 일제강점기 조선의 자본을 통제하기 위해 세워졌습니다. 지금은 그 기억을 지워버리지 않기 위해 남겨두었습니다."
- 목포 – 일본 영사관, 정명여관 등 등록문화재
 "여기서 수많은 이들이 항일운동을 꿈꿨고, 또 탄압을 받았습니다. 벽돌 하나하나가 이야기를 품고 있습니다."

이처럼 관람객은 도시를 산책하며 QR코드를 스캔하고, 단 몇 분 안에 깊은 사연과 역사적 의미를 현장성 있는 음성 해설로 체험하게 됩니다.

2. 도심 환경에 맞춘 AI뮤직의 감정 연출

도시의 거리에는 차 소리, 사람 소리, 안내방송 등 다양한 소음이 혼재합니다. 이에 AI뮤직은 이어폰 기반의 사운드 감상을 통해 도슨트 해설과 함께 감정을 흐르게 하는 역할을 합니다.

- 동상, 추모 조형물: – 피아노 솔로, 첼로 기반 저음 중심
- 근대 건축물: – 바람소리 + 현악 기반 서정적 음향
- 거리 공간: – 타악기 리듬 + 국악풍 크로스오버

예:
- 인천 자유공원 – 맥아더 동상
  한미 수교와 한국전쟁의 역사적 의미를 담은 장중한 테마 음악 바다를 바라보는 자리에서 가야금과 드럼이 어우러져 감정의 몰입도를 높임

이처럼 AI뮤직은 단순한 BGM이 아닌, 해설의 정서적 깊이와 도시 공간의 리듬을 연결하는 매개체로 작동합니다.

3. AI톡허브 – 도심 속 질문에 응답하다

도심의 거리 조형물 앞에서 사람들은 다양한 질문을 떠올립니다. AI톡허브는 도시와 시민의 관계를 회복하는 질문 응답 플랫폼으로 기능합니다.

자주 묻는 질문 예시:
- "이 조형물은 왜 여기에 세워졌나요?"
- "이 건물은 언제 지어졌고, 지금은 어떤 용도로 쓰이나요?"
- "일제강점기 근대 건축물은 왜 보존해야 하나요?"
- "이 거리의 이름은 어떤 유래인가요?"

AI는 해당 유산의 역사, 건축 양식, 사회문화적 맥락은 물론, 현재 이 공간이 갖는 의미까지 연결해 해석함으로써 시민 각자가 이 도시의 일부임을 자각하게 하는 설명을 제공합니다.

4. 관광과 시민참여 콘텐츠로 확장

AI융합문화솔루션은 관광객뿐 아니라 지역 주민의 정체성 인식과 교육 콘텐츠로도 활용됩니다.

- 도시 탐방 QR 맵 배포
- 초·중등 대상 '우리 동네 문화유산 AI체험 워크북' 제작
- 시민 기념일 행사 시 'AI도슨트 대화 스탠드' 설치
- 시민 참여형 '공감 도슨트 스크립트 작성 캠페인' 운영

결과적으로 도심 속 AI도슨트는 거리 자체를 대화의 장, 학습의 장, 기억의 장으로 바꾸고 있으며, 무심히 지나치던 공간이 누구나 이해할 수 있는 공공문화 콘텐츠로 재탄생하고 있습니다.

제9장 어린이를 위한 해설 - 어린이박물관, 교육기관 전시

문화 감상은 어릴수록 더 강하게 남습니다. 하지만 어린이 관람객은 텍스트 중심의 해설이나 성인 위주의 설명으로 인해 전시 공간에서 쉽게 지루해지고, 의미를 놓치기 쉽습니다. 어린이에게 적합한 감상 체험은 '배움'이 아니라 '놀이'와 '호기심'을 중심으로 구성되어야 합니다.

6위1체 AI융합문화솔루션은 어린이박물관, 키즈뮤지엄, 학교 내 교육 전시 공간에 맞춰 '아이의 눈높이'에서 문화를 안내하는 특별한 구조로 개발되었고, 이를 통해 어린이 감상객의 참여도와 몰입도가 비약적으로 향상되었습니다.

1. 캐릭터 기반 AI도슨트 - "친구처럼 이야기하는 해설자"

어린이 공간에서 AI도슨트는 '선생님'이 아니라 '친구'로 말합니다. 설명은 짧고 간결하며, 상상력을 자극하는 방식으로 설계되어 이야기 중심의 말투로 전시물을 소개합니다.

예:
- "얘들아, 이건 옛날 사람들이 쓰던 부엌 도구야! 근데 불이 없었대. 그럼 어떻게 밥을 지었을까?"
- "이 종이는 나무에서 왔어! 그런데 어떻게 하얗게 만들었을까? 우리 같이 알아보자!"

도슨트의 목소리는 아동용으로 튜닝된 AI음성이며, 10세 이하 어린이에게는 캐릭터형 해설(예: 토끼 캐릭터, 로봇 친구)이 사용됩니다.

또한 초등학교 고학년 수준에는 사회/역사 연계 설명을 제공하여 수업과의 연결성을 높이고 '학습형 감상'으로 확장됩니다.

2. 놀이처럼 구성된 AI뮤직 - 리듬과 반복을 활용한 청각 몰입

어린이의 청각 감상은 반복성과 리듬성에 민감하기 때문에 AI뮤직은 단조롭지 않도록 설계됩니다.

- 전시실 입장: 환영 노래 → "어서와, 친구야! 신나는 문화여행 시작!"
- 체험존: 오르골, 리듬악기, 효과음으로 구성된 상호작용 사운드
- 전시물 이동 간 간격 구간: 반복적 리듬 패턴 삽입
- 앉아서 듣는 공간: 동요 형식의 감성 음악 삽입

이런 사운드는 전시 공간에 활력을 주고 어린이들의 집중력을 향상시킵니다.

3. AI톡허브 - "질문하고 싶은 친구가 생겼어요"

어린이는 본능적으로 '왜요?'라고 묻는 존재입니다. AI톡허브는 그 질문에 최대한 쉽고 따뜻하게 응답합니다.

예:
- "왜 이 인형은 눈이 없어요?"
  → "그건 옛날에 솜이 귀해서, 이렇게 만든 거래요. 그 대신 마음이 아주 따뜻한 인형이었대!"
- "이건 진짜예요, 가짜예요?"
  → "좋은 질문이야! 이건 진짜 모형이지만, 실제랑 똑같이 생겨서 사람들이 공부할 수 있게 만든 거야!"

또한 '질문 추천 카드'를 화면으로 제시하여 질문하기 어려운 어린이에게도 유도형 탐색을 제공하며, '다음 공간으로 가는 퀴즈' 기능도 탑재되어 이동의 흐름을 만들어줍니다.

4. 교육기관 전시 공간에 적용된 사례

서울시내 몇몇 초등학교, 유치원, 과학체험관에서는 6위1체 기술을 기반으로 구성된 'AI 학교 역사관'이나 '전통문화 교실'이 운영되고 있습니다.

- 졸업생 명단 앞: "이 졸업생 중에 네 엄마 이름도 있을까?"
- 급식실 벽화 앞: "우리나라 김치 종류가 몇 개인지 알아볼래?"
- 운동장 옆 기념비 앞: "이 학교를 만든 사람은 어떤 꿈을 꿨을까?"

이처럼 생활 속 공간을 이야기의 장소로 전환하고, 놀이 기반 감상–탐색–대화를 유도하는 시스템으로 구성됩니다.

■ **[AI융합문화솔루션 적용 방안] – 어린이를 위한 AI문화 공간 만들기**

문화 감상은 어릴수록 더 깊이 기억되고, 오래 남습니다. 그러나 대부분의 전시 공간은 성인 중심의 정보 해설로 구성되어 있어 어린이 관람객은 쉽게 지루해지고 전시물과 정서적으로 연결되지 못하는 경우가 많습니다. 이에 따라 6위1체 AI융합문화솔루션은 '아이의 눈높이에서 해설하고, 놀이처럼 구성된 감상 체험'을 중심으로 개발되어, 어린이 감상객의 참여도, 이해력, 감정 몰입을 획기적으로 향상시켰습니다.

1. 캐릭터 기반 AI도슨트 - "친구처럼 이야기하는 해설자"

어린이 공간에서의 AI도슨트는 '선생님'이 아닌 '또래 친구' 또는 캐릭터처럼 말합니다. 설명은 짧고, 단어는 쉽고, 표현은 이야기처럼 구성되어 아이들의 상상력을 자극하고 몰입을 이끌어냅니다.

예시:
- "애들아, 이건 옛날 사람들이 쓰던 부엌 도구야! 근데 불이 없었대. 그럼 어떻게 밥을 지었을까?"
- "이 종이는 나무에서 왔어! 그런데 어떻게 하얗게 만들었을까? 우리 같이 알아보자!"
- 10세 이하 어린이에게는
  - 귀여운 캐릭터형 도슨트(토끼, 로봇, 공룡 등)가 AI음성으로 해설
- 초등 고학년에게는
  - 사회·역사 교과 연계형 스토리텔링 제공(예: 조선시대의 학교와 지금의 학교 비교)

2. 놀이처럼 구성된 AI뮤직 - 리듬과 반복으로 유도되는 청각 몰입

어린이의 청각은 반복성과 리듬성에 강하게 반응합니다. 따라서 AI뮤직은 단순한 배경음이 아닌, '놀이의 일부'로 설계됩니다.

- 전시실 입장 시: "어서와, 친구야! 신나는 문화여행 시작~" → 환영 노래

- 체험존: 오르골 사운드, 징글벨 효과, 리듬악기 터치 사운드 등과 연동
- 이동 구간: 간단한 리듬 반복으로 집중 유지("따다다~ 따단~ 딴!" 같은 패턴)
- 정지 구간: 편안한 동요 분위기의 감성 음악 삽입 → 마음 진정 및 감상 유도

이러한 음악 요소는 전시실을 놀이공간처럼 느끼게 하여, 자연스럽게 몰입하게 합니다.

3. AI톡허브 – "질문하고 싶은 친구가 생겼어요"

어린이는 본능적으로 질문을 많이 합니다. AI톡허브는 이를 친구처럼 받아주며 따뜻하고 쉬운 언어로 응답합니다.

- "왜 이 인형은 눈이 없어요?"
  - → "옛날엔 솜이 귀했대. 대신 마음을 담아서 만든 인형이야!"
- "이건 진짜예요, 가짜예요?"
  - → "좋은 질문이야! 진짜는 너무 귀해서 보관 중이고, 이건 똑같이 만든 모형이야!"
- 질문 추천 카드 제공
  - "이 장난감은 뭐예요?", "어떻게 만들었어요?" 등 선택 유도
- 이동형 퀴즈 기능
  - "이제 두 번째 방으로 가볼까? 힌트는 '무언가를 굽는 곳!'"

AI는 아이의 질문을 기다리고, 놀면서 배우게 하고, 말 걸게 유도합니다.

4. 교육기관 전시 공간에 적용된 사례

서울시 일부 초등학교와 유치원, 체험관에서는 6위1체 솔루션 기반의 'AI 학교 역사관', 'AI 전통문화 교실', 'AI 과학의 방'이 운영 중입니다.

- 졸업생 명단 앞
  "이 명단에 너희 엄마 이름도 있을까?"
- 급식실 벽화 앞
  "우리나라 김치 종류가 몇 개인지 알아볼래?"
- 운동장 옆 기념비 앞
  "이 학교를 만든 사람은 어떤 꿈을 꿨을까?"

AI는 이처럼 일상적 공간을 이야기 공간으로 전환하고, '이해 → 탐색 → 대화 → 기억'이라는 흐름 속에 어린이의 감상 행동을 유도합니다.

핵심 요약

요소	어린이용 특징
AI도슨트	친구처럼 말하는 캐릭터형 해설
AI뮤직	리듬과 반복, 효과음을 활용한 놀이 사운드
AI톡허브	따뜻하고 쉬운 언어로 질문 유도 및 응답
적용 장소	어린이박물관, 키즈뮤지엄, 학교 교실, 복도, 급식실, 운동장 등

결과적으로, AI융합문화솔루션은 어린이에게 전시를 '공부'가 아닌 '놀이와 모험'으로 전환시키며, 문화 감상을 생활 속 놀이교육으로 연결시키는 플랫폼으로 진화하고 있습니다.

제10장   K-팝도 감상된다 - 공연, 미디어아트 전시의 확장 적용

K-컬처의 핵심 동력 중 하나는 바로 K-팝입니다. 공연장, 미디어아트 전시, 팝업스토어, 체험 전시 등은 단순한 '팬문화'를 넘어서, 새로운 문화 감상 방식의 실험장이 되고 있습니다. 하지만 여전히 무대 뒤의 이야기, 아티스트의 철학, K-팝의 역사성과 맥락은 관람객에게 깊이 있게 전달되기 어렵습니다.

6위1체 AI융합문화솔루션은 K-팝 콘텐츠에 적용되면서 단순한 '구경'을 '경험'으로, '소비'를 '공감'으로 확장시키는 감상의 틀을 제공하였습니다.

1. 공연장 내 공간별 AI도슨트 구성 - 팬과 스토리 사이의 다리 놓기

AI도슨트는 K-팝 공연장, 기획사 전시관, K-팝 팝업 스토어 등에서 공연 전·후 공간, 로비 전시존, 포토존, 굿즈존 등에 설치되어 아티스트의 이야기와 무대의 맥락을 팬들에게 전달합니다.

예:
- 로비: "이 투어는 데뷔 10주년을 기념해 기획되었습니다. 첫 번째 무대는 그들이 처음 연습생 시절에 불렀던 곡으로 열립니다."
- 포토존: "이 포스터 속 포즈는 2019년 뮤직비디오의 오마주입니다. 당시 팬들과의 약속이 담긴 상징이에요."
- 무대 뒤 해설: "이 무대는 팬클럽과 함께 기획된 곡으로, 무대 미술에 팬들의 메시지가 숨겨져 있습니다."

이러한 해설은 팬들이 아티스트와 더 깊은 정서적 연결을 형성하도록 돕습니다.

2. AI뮤직 - 감성 재해석과 감상 리믹싱

공연장과 전시관의 음악은 기존 음원뿐 아니라 AI뮤직을 활용하여 다양한 버전의 감상으로 확장됩니다.

- 악기 재구성 버전: 팬이 좋아하는 곡을 해금, 가야금, 피아노로 리믹스
- '감정별 편곡': 행복, 슬픔, 위로 등 감정 테마에 맞춘 동일 멜로디의 변형
- 사운드 명상: 팬심 회복 공간에 '아티스트의 음성'으로 구성된 명상형 오디오 콘텐츠 제공

예:
- "지금부터 3분간, 내가 여러분에게 하고 싶었던 말을 음악으로 들려줄게요."
  → 팬들에게 위로와 감정 회복의 공간으로 큰 반응

3. AI톡허브 - 팬의 질문에 실시간으로 반응하다

AI톡허브는 공연장, 전시관, 체험존에서 팬들의 다양한 질문에 대응하는 대화형 안내 역할을 합니다.

- "이 노래는 누가 작곡했나요?"
- "이번 투어의 테마가 뭔가요?"
- "굿즈의 디자인 의미는 뭐예요?"
- "아티스트가 제일 좋아하는 무대는 뭔가요?"

특히 팬들이 많이 묻는 질문을 기반으로 '질문 추천 버튼'도 함께 제공되며, '팬레터 작성', '굿즈 추천', '비하인드 스토리 들려주기' 기능도 추가되어 AI와 감성적으로 교류하는

창구로 활용됩니다.

4. 미디어아트 전시의 AI 해설 - 아트와 대중의 접점을 만들다

K-팝을 주제로 한 미디어아트 전시에서는 복합 미디어, 홀로그램, 인터랙티브 영상 등 시각적 자극이 크지만 그 의미와 메시지를 해석해주는 안내가 부족한 경우가 많았습니다.

AI도슨트는 전시 콘텐츠의 제작 의도, 작품 설명, 아티스트와의 연계성, 역사적 배경을 설명하며 '보는 전시'에서 '이해하고 느끼는 전시'로 전환시킵니다.

예:
- "이 작품은 2014년 무대 의상을 3D 데이터로 복원한 것입니다. 팬들의 영상과 댓글이 함께 구성된 공동 창작물이기도 합니다."

또한 다국어 해설로 외국인 팬들에게도 깊이 있는 감상을 제공합니다.

◼ [AI융합문화솔루션 적용 방안] - K-팝도 AI로 감상한다

AI와 함께하는 K-팝 감상 여행

"이 투어는 데뷔 10주년을 기념해 기획되었어요. 첫 무대는, 그들이 연습생 시절 처음 불렀던 곡으로 시작됩니다."

"지금부터 3분, 내 마음을 담은 음악과 이야기를 들어줘요."
"하루의 감정에 맞춰, 음악이 나를 위로해줘요."

"이건 팬클럽의 첫 기념일에 공개된 상징이에요. 함께한 시간의 의미를 담았답니다."

"이 홀로그램은 2014년 무대 의상을 3D로 복원한 것입니다. 팬들의 영상과 댓글이 함께 만들어낸 공동 창작물이죠."

"질문은 지식이 아니라, 감정을 이어주는 다리"

"눈으로만 보던 전시, 이제부터 마음으로 듣게 되다"

K-팝은 단순한 음악을 넘어 '문화 경험의 총체'로 진화하고 있습니다. 공연, 전시, 굿즈, 팝업스토어, 미디어아트 등은 더 이상 '관람'에 그치지 않고 팬의 감정과 이야기를 담아내는 플랫폼이 되어야 합니다.

이에 6위1체 AI융합문화솔루션은 K-팝 콘텐츠에 감정 중심의 문화기술을 접목하여 '경험 중심 감상 → 몰입형 공감 → 관계적 기억'으로 확장시키는 사례를 만들어냈습니다.

1. 공연장 내 AI도슨트 - 팬과 아티스트 사이의 정서적 다리

AI도슨트는 K-팝 공연장, 전시관, 팝업스토어에서 공연 전·후 공간, 로비, 포토존, 굿즈존 등 다양한 장소에서 스토리텔링 해설을 제공합니다.

- 로비
"이 투어는 데뷔 10주년을 기념해 기획되었습니다. 첫 무대는 연습생 시절 처음 불렀던 곡으로 시작됩니다."
- 포토존
"이 포스터는 2019년 뮤직비디오의 오마주입니다. 팬들과의 약속을 담은 특별한 의미가 있습니다."
- 무대 뒷이야기
"이 무대 연출은 팬클럽과 공동 기획한 프로젝트입니다. 배경 미술 곳곳에 팬들의 메시지가 숨어 있답니다."

✔ 팬의 사랑을 기억, 이야기, 공감의 감정 흐름으로 이어주는 해설 구성
✔ 오디오 기반 도슨트 외에 포토존 QR, 무대 영상 링크 등과 연동된 다채로운 콘텐츠 제공

2. AI뮤직 - 감성 리믹싱으로 공감의 폭을 넓히다

AI뮤직은 단순 재생을 넘어서, K-팝 곡을 감정 중심으로 재해석하거나, 몰입 공간에 맞게 변형된 음악 콘텐츠로 제공됩니다.

- 악기 재구성
  - → 인기곡을 해금, 가야금, 피아노 등 전통악기로 편곡
  - → 팬들에게 '새로운 감상'의 감동 제공
- 감정별 편곡
  - → 같은 곡을 행복/위로/추억 등 감정 테마에 맞춰 재해석
  - → "같은 노래지만 오늘은 슬픔의 곡으로 들려요."
- 사운드 명상 콘텐츠
  - → 팬 힐링존에서 아티스트의 음성 메시지를 활용한 명상 콘텐츠

"지금부터 3분, 내 마음을 담은 음악과 이야기를 들어줘요."

✔ 팬들에게 '감정의 동행'으로서의 음악 감상 경험 제공

3. AI톡허브 - 팬의 질문과 감정을 실시간으로 연결하다

K-팝 팬은 궁금한 것도 많고, 표현하고 싶은 것도 많습니다. AI톡허브는 공연장, 전시관, 굿즈존 등에서 팬과 실시간 감정 교류를 가능하게 합니다.

- "이 노래는 누가 작곡했나요?"
- "이번 앨범의 테마는 무엇인가요?"
- "굿즈에 그려진 문양은 무슨 의미죠?"

- "아티스트가 가장 기억에 남는 무대는 뭐예요?"

또한...

✔ 질문 추천 버튼
  → "이 장면의 배경이 궁금해요!", "아티스트가 팬들에게 전하고 싶은 말은?" 등
✔ 감성 기능 탑재
  → 팬레터 작성, AI로부터 '응원 메시지 받기', 굿즈 추천, 팬 영상 큐레이션 등

4. 미디어아트 전시의 AI 해설 . K-팝과 예술의 접점을 설명하다

K-팝 기반 미디어아트 전시는 시각적 자극은 강하지만, 의미 해설이 부족해 관람객의 몰입도가 낮은 경우가 많습니다. AI도슨트는 작품 설명 + 제작 의도 + 아티스트 철학 + 팬스토리 연결을 함께 제공합니다.

예:
- "이 홀로그램은 2014년 무대 의상을 3D로 복원한 것입니다. 팬들이 남긴 댓글과 응원 영상으로 함께 제작된 공동 창작물이기도 합니다."
- "이 영상은 '기다림'을 주제로 한 팬 아트 공모작으로, 팬과 아티스트가 서로를 기다리는 마음을 그렸습니다."

✔ 다국어 해설 제공
  → 영어, 일본어, 중국어 등으로 팬층 확장
  → K-팝의 '글로벌 문화감정'으로의 재해석

핵심 요약

적용 공간	AI솔루션 기능	감성 효과
공연장 로비, 포토존, 굿즈존	AI도슨트	아티스트와의 정서적 연결 강화
팬존, 힐링존	AI뮤직	감정 테마형 음악 감상 제공
체험존, 전시관	AI톡허브	팬의 질문과 감정 교류
미디어아트 전시	의미 중심 해설	시각 콘텐츠 → 정서적 이해로 확장

결론적으로, 6위1체 AI융합문화솔루션은 K-팝의 '시청각 중심 소비'를 넘어 '감정 중심 감상'으로 진화시키며, 팬과 아티스트가 진정으로 연결되는 문화 기술 플랫폼으로 자리 잡고 있습니다.

아래 QR코드를 스캔하여 여러분이 좋아하는 아이돌과 직접 대화해보세요.

제3부_All AI K-컬쳐 솔루션 적용 사례 | 207

제11장 테마파크의 문화 콘텐츠화 – 에버랜드, 김해 가야테마파크

테마파크는 감성, 오락, 스토리, 체험이 결합된 복합 문화 공간입니다. 그러나 대부분의 테마파크는 문화유산이나 전통의 스토리를 '놀이 요소'에 국한하거나, 외국 콘텐츠 중심으로 기획하여 한국 고유의 역사와 문화를 체험할 기회를 제공하지 못하는 경우가 많습니다.

6위1체 AI융합문화솔루션은 이러한 테마파크 내에서 역사·문화 스토리와 놀이·오락 요소를 통합하는 '문화형 감상 시스템'으로 기능하며, 관람객의 즐거움뿐만 아니라 배움과 감동까지 유도하는 데 성공하였습니다.

본 장에서는 에버랜드(전통 테마 존 중심)와 김해 가야테마파크(역사 콘텐츠 중심)의 AI 적용 사례를 중심으로 소개합니다.

1. 테마 존별 문화 스토리 기반 AI도슨트 구성

① 에버랜드 '한국전통문화 체험존'
  에버랜드 내 한옥 마을형 전통 체험 구역에는 한복체험, 다도, 궁중놀이 등을 중심으로 AI도슨트를 설치하였습니다.

예:
- 한복체험관
  "이 옷은 조선 시대 상류층 여성이 입던 한복이에요. 겉옷의 색과 장식에는 신분과 계절이 담겨 있었죠."
- 전통놀이장
  "이 놀이는 '승경도놀이'예요. 조선시대 어린이들이 그림을 보며 배우던 보드게임이랍니다."

QR코드를 통해 각 체험 요소에 스토리텔링 기반 해설이 제공되며, 외국인을 위한 5개 국어 지원으로 관광객 만족도가 크게 높아졌습니다.

② 김해 가야테마파크 – 역사 속 주인공이 된 감상
가야사를 테마로 구성된 이 공간에서는 가야금 연주, 철기 제작 체험, 대가야 왕릉 모형 등을 중심으로 스토리텔링형 AI도슨트가 설치되었습니다.

예:
- 가야 무사 캐릭터가 등장하여 "가야의 전사로서 오늘 하루를 살아보자!"는 미션형 도슨트 제공
- "이 무덤은 대가야 왕족의 것이에요. 무덤 안의 칼은 단순한 무기가 아니라 권위의 상징이었습니다."

2. 음악을 통한 몰입 - 테마 공간 맞춤 AI뮤직 구성

에버랜드와 가야테마파크 모두 공간마다 고유한 분위기를 연출하기 위해 AI뮤직을 별도로 설계하였습니다.

- 전통놀이존: 해금, 대금, 장구 등으로 구성된 활기찬 국악 베이스 사운드
- 다도 체험관: 느린 박자의 가야금 솔로, 새소리와 물소리를 결합한 명상형 음악
- 가야 철기관: 북소리, 타악 중심의 긴장감 있는 음악으로 스토리 몰입 유도
- 야외 퍼레이드 구간: 전통 사운드와 현대 비트를 융합한 K퓨전 트랙

관람객은 해설을 들으면서 음악을 함께 감상함으로써 놀이와 전통이 동시에 느껴지는 문화적 몰입을 경험할 수 있었습니다.

3. AI톡허브 – 아이들의 호기심을 연결하는 대화형 안내

가족 단위 방문객이 많은 테마파크 특성상, AI톡허브는 어린이와 보호자의 대화형 관람을 유도합니다.

예:
- 어린이: "가야는 삼국시대랑 달라요?"
- AI: "아주 좋은 질문이에요! 가야는 따로 독립된 나라였고, 철이 아주 유명했어요. 직접 만들어볼래요?"
- 부모님: "이 옷은 어디서 유래됐나요?"
- AI: "이건 가야시대 무사의 전투복을 복원한 거예요. 실제로 출토된 유물에서 영감을 받았답니다."

질문 이후 다음 체험존으로 연결하는 방식으로 놀이–질문–탐색의 순환 구조를 설계하였고, '가족 간 대화 유도 질문'도 제공되어 자연스럽게 학습과 공감이 발생하는 경험을 창출하였습니다.

4. 테마파크와 지역 연계 확장

특히 김해 가야테마파크의 경우, AI도슨트가 실제 가야유적지(왕릉, 고분, 유물전시관)와 연계되어 지역 문화유산과의 통합 관람 경험을 제공했습니다.

- "이제 1km 떨어진 곳에 진짜 가야 무덤이 있어요. 가보실래요?"
  → QR 연결로 지도 안내, 유물전시관 연동, 스탬프 투어 구성

이처럼 테마파크를 중심으로 지역의 역사·문화 콘텐츠까지 연결함으로써 AI도슨트 솔

루션이 도시 전체의 문화 내비게이터로 확장될 수 있음을 보여주었습니다.

◼ [AI융합문화솔루션 적용 방안] - 테마파크의 문화 콘텐츠화

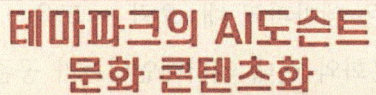

"놀이는 기억을 남기고, 문화는 그 기억을 이야기로 바꿉니다."

"역사는 읽는 것이 아니라, 뛰어드는 것이다. 우리는 지금, 가야의 전사가 된다."

"문화는 소리로도 흐른다. 조용한 차 한 잔에 담긴 시간, 그 속엔 천 년의 감정이 스며 있다."

테마파크는 현대인의 문화·여가 생활의 핵심 플랫폼이자, 감각적 체험이 집중된 공간입니다. 그러나 놀이 중심 기획에 편중되면서, 한국 고유의 역사문화 체험은 종종 부차적인 요소로 다뤄졌습니다.

6위1체 AI융합문화솔루션은 테마파크 내 '오락 + 교육 + 공감'을 결합한 감성 콘텐츠 시스템으로 적용되어, 전통문화와 현대 엔터테인먼트가 공존하는 새로운 감상 환경을 구축했습니다.

1. 테마 존별 스토리 기반 AI도슨트 - 놀이에 문화를 입히다

① 에버랜드 . 한국전통문화 체험존 중심
에버랜드 내 한옥마을형 구역에 한복 체험, 다도, 전통놀이, 궁중 문화 등 테마별 AI도슨트가 탑재되었습니다.

- 한복체험관
"이 옷은 조선 시대 양반 여성이 입던 한복이에요. 겉옷의 색과 문양은 계절과 신분을 나타냈답니다."
- 전통놀이장
"이 놀이는 승경도예요. 그림과 글자를 통해 조선시대 아이들이 놀이로 공부하던 보드게임이죠."

✔ 외국인을 위한 5개 국어 해설
✔ 체험 중심 도슨트로 어린이와 가족의 참여도 강화

② 김해 가야테마파크 – 역사 스토리형 콘텐츠 특화
가야사를 기반으로 구성된 김해 가야테마파크에서는 '체험 + 역할극 + 해설'을 융합

한 몰입형 도슨트가 도입되었습니다.

- 가야 무사 체험존
"오늘 당신은 가야의 전사입니다. 이 갑옷을 입고 철기 제작소를 지켜야 해요!"
- 대가야 왕릉 재현존
"이 왕릉은 권위와 신앙의 상징이었어요. 이 무덤 속 칼은 단지 무기가 아니라 '왕의 힘'을 상징했죠."

✔ 가상 캐릭터 도슨트로 어린이 몰입 유도
✔ 현장 미션형 콘텐츠와 결합한 스토리 진행

2. AI뮤직 - 문화적 감정을 음악으로 채우다

공간과 체험 콘텐츠에 맞춰 국악 기반 AI뮤직이 테마별로 설계되었습니다.

- 전통놀이존
  → 해금, 장구, 대금으로 구성된 리듬감 있는 국악 트랙
- 다도 체험관
  → 느린 가야금 솔로 + 물소리, 새소리 혼합한 명상형 사운드
- 가야 철기 제작존
  → 북소리와 타악기 중심 긴장 음악, 전사 몰입도 증대
- 야외 퍼레이드
  → 전통 사운드 + EDM 비트 융합한 K-퓨전 퍼레이드용 AI트랙

✔ 해설 + 음악의 감정선 일치로 몰입도 극대화
✔ 소리로 문화를 감상하는 경험 제공

3. AI톡허브 - 가족 관람객의 질문을 유도하다

테마파크는 가족 단위 방문객이 많아 AI톡허브가 부모와 아이의 감상 연결고리로 작동합니다.

- 어린이 질문
  "가야는 삼국시대 나라예요?"
- AI 응답
  "정확히는 독립된 연맹체였어요. 철기 기술이 뛰어났답니다! 같이 철기 만들기 체험 해볼래요?"
- 부모 질문
  "이 복장은 어디서 나온 건가요?"
- AI 응답
  "가야 시대 무사의 전투복을 복원한 복식이에요. 실제 유물에서 디자인을 따왔답니다."

✔ 질문 → 체험 → 다음 공간 안내의 감상 흐름 설계
✔ '가족 대화 유도 질문 카드' 제공으로 감정 공감 유도

4. 지역 연계 - 문화 감상에서 도시 내비게이션으로

특히 김해 가야테마파크의 경우, AI도슨트가 인근 유적지 및 문화공간과 연계되어 테마파크 중심 문화 감상이 '지역 탐방'으로 확장됩니다.

- 예시 대화
  "이제 1km 떨어진 곳에 진짜 가야 왕릉이 있어요. 가보실래요?"
   → 지도 연결 + 유물관 연동 + 스탬프 투어 추천

✔ 지역 문화유산과 실시간 연동
✔ 도슨트가 지역 문화의 연결자 역할 수행

핵심 요약

구분	에버랜드	김해 가야테마파크
AI도슨트	한복, 다도, 전통놀이 중심	가야사, 철기, 무사 체험 중심
AI뮤직	국악 기반 환영·놀이음악	타악 중심 역사·몰입음악
AI톡허브	가족 질문 유도형	체험 연결형 응답
확장 효과	전통문화 흥미 유도	역사–현장 연결 내비게이션

대표 메시지

놀이도 문화다. 문화도 놀이다. 6위1체 AI융합문화솔루션은 테마파크를 단순한 즐길 거리에서 배우고 공감하는 '감성형 문화 공간'으로 전환시키고 있습니다.

이제 K-팝 공연장에서 흥분을 느끼고, 테마파크에서 가야의 무사가 되어 전통과 나를 연결하는 여행이 시작됩니다.

제12장 해외로 비상하다 - 프랑스, 미국, 일본 문화원 적용 시나리오

이제 K-컬처는 더 이상 국경 안에 머물지 않습니다. 전 세계의 도시 곳곳에서 한국 문화를 체험할 수 있는 공간들이 꾸려지고 있고, 해외 한국문화원은 K-팝, 한식, 한복, 한글, 전통예술 등을 소개하는 K-컬처 전진기지로서 그 역할을 강화해가고 있습니다. 그러나 현재 해외 문화원들은 여전히 제한된 언어, 전시물 해설의 부족, 현지인의 감성에 맞춘 콘텐츠 설계의 미흡으로 인해 진정한 '몰입형 K-컬처 감상' 전달에는 한계가 있습니다.

6위1체 AI융합문화솔루션은 이러한 한계를 극복할 수 있는 새로운 해법으로 해외 한국문화원에 적용될 수 있는 구체적인 시나리오를 다음과 같이 제안합니다.

1. 현지 언어 + 정서 맞춤형 AI도슨트

기존의 전시 해설은 영어 중심이며, 단순한 직역 수준에 머무르는 경우가 많았습니다. AI도슨트는 다음과 같은 특징을 기반으로, 보다 감성적이고 몰입감 있는 해설을 제공합니다.

- 프랑스 파리 한국문화원: 프랑스어 기반 + 예술 중심 감성 해설
  → "이 붓놀림은 조선 시대 문인의 감정을 담은 움직임입니다. 화폭 너머에 감정을 투영하는 것이 한국의 회화입니다."
- 미국 뉴욕 한국문화원: 영어 기반 + 자유, 다양성, 창의성을 강조한 해설
  → "K-팝은 단지 음악이 아닙니다. 이 무대는 수백 명의 팬들과 예술가의 협업으로 만들어진 문화적 약속입니다."
- 일본 도쿄 한국문화원: 일본어 기반 + 유사 문화 비교, 감성 유도 중심
  → "이 한복의 라인은 일본의 기모노와 닮았지만, 그 안에 담긴 정신은 '조화'와 '정중함'입니다."

2. AI뮤직 - K-컬처의 감성 전파 도구

문화원 내 설치된 AI뮤직은 각 전시 테마, 콘텐츠 성격, 공간 분위기에 맞춰 다국적 관람객이 공감할 수 있는 감성 선율을 생성합니다.

예:
- K-팝 전시존: 기존 K-팝 곡을 국악 버전으로 리믹스한 감성 트랙
- 전통 한복 전시존: 정적이고 세련된 가야금 솔로 + 피아노 편곡
- 한글 서예 체험존: 먹물 번짐과 붓소리를 포함한 명상형 사운드

현지 관람객은 이러한 음악을 들으며 한국 문화의 깊이와 정서를 자연스럽게 체험할 수 있게 됩니다.

3. AI톡허브 - 외국인 관람객과의 인터랙션

외국 관람객들은 낯선 전통문화에 대해 '왜 그런가요?', '어떻게 쓰나요?', '우리 문화와 다른 점은 뭔가요?' 같은 실용적이고 직관적인 질문을 자주 합니다.

AI톡허브는 다음과 같은 질문에 응답합니다.

- "한복은 언제 입는 옷인가요?"
- "한글은 배우기 쉬운가요?"
- "김치가 왜 이렇게 종류가 많죠?"
- "왜 한국에서는 예(禮)가 중요하죠?"

또한 질문 이후 추천 콘텐츠(예: 한식 요리 체험 신청, K-드라마 전시 관람)로 연결하며, 현장에서 자연스럽게 다음 체험으로 유도하는 흐름을 설계합니다.

4. QR 기반 AI시스템 설치 - 공간 연계 감상 경험

해외 한국문화원 내 전시관, 복도, 체험실, 공연장, 도서관 등 모든 공간에는 QR코드를 설치하고, AI도슨트 · AI뮤직 · AI톡허브가 연동되도록 구성합니다.

예:
- 한글 전시존 QR → 한글의 창제 원리 + 훈민정음 음악 감상 + 타자 놀이
- 한식 체험존 QR → 김치 종류 소개 + 조리과정 대화형 설명 + 요리소리 AI뮤직
- 한복 포토존 QR → 전통 한복별 이름 · 용도 해설 + 배경음악 + 나만의 한복 이름 만들기

이 시스템은 단순한 콘텐츠 소비를 넘어 '머물면서 감상하고, 참여하며 해석하는 감상'으로 확장됩니다.

5. 향후 확장 가능성

AI융합문화솔루션은 한국문화원뿐 아니라 다음과 같은 장소로 확대 적용할 수 있습니다.

- 해외 K-팝 콘서트장 로비
- K-푸드 팝업스토어
- 한국 대사관 문화교류행사
- 글로벌 한글학교
- 유네스코 한류 콘텐츠 전시 공간
- 국제박람회 한국관

이처럼 AI도슨트, AI뮤직, AI톡허브, 다국어 해설이 통합된 '6위1체' 기술은 해외에서의

K-컬처 확산을 위한 강력한 커뮤니케이션 플랫폼이자 감성적 연결의 다리 역할을 수행하게 될 것입니다.

■ [AI융합문화솔루션 적용 방안] - K-컬처 해외로 비상하다

K-컬처는 이제 국경을 넘어 세계인의 감성과 만나는 시대에 진입했습니다. 해외의 한국문화원은 K-팝, 한식, 한복, 한글, 전통예술 등을 알리는 전진기지지만, 언어 장벽, 해설 부족, 현지 감성 부재로 인해 감상 몰입의 한계가 존재했습니다. 6위1체 AI융합문화솔루션은 이를 해소할 몰입형 다국어 감상 시스템으로, 각국 문화원에 맞춤형 적용이 가능합니다.

1. 현지 언어 + 감성 맞춤 AI도슨트 - 공감으로 이해를 끌어내다

- 프랑스 파리 한국문화원
  → 프랑스어 + 예술 감성 중심 해설
  "이 붓놀림은 조선 시대 문인의 감정입니다. 한국의 회화는 감정의 흐름을 화폭에 담는 예술입니다."
- 미국 뉴욕 한국문화원
  → 영어 + 다양성과 창의성 강조
  "K-팝은 음악 그 이상입니다. 팬과 아티스트의 협업으로 완성된 문화적 협업 플랫폼이죠."
- 일본 도쿄 한국문화원
  → 일본어 + 유사 문화 비교
  "이 한복은 기모노와 닮았지만, 그 정신은 조화와 정중함에 있습니다."

✔ 문화권별 감정 언어에 맞춘 서사형 해설
✔ 단순 정보 전달에서 감성 공감 중심으로 전환

2. AI뮤직 - 한국의 정서를 세계 감성으로 번역하다

각 전시 콘텐츠에 AI가 자동 생성한 문화음악을 적용하여 관람객의 감정 몰입을 유도합니다.

- K-팝 전시존
  - → K-팝 대표곡을 국악/클래식 스타일로 리믹스
- 한복존
  - → 피아노 + 가야금 + 은은한 타악으로 전통미 연출
- 한글 서예존
  - → 먹물 번짐, 붓소리, 고요한 리듬을 담은 명상 사운드

✔ 전통과 현대가 조화된 다문화 감상 환경 제공
✔ 단순 관람을 넘은 '느끼는 체험' 실현

3. AI톡허브 - 외국 관람객의 질문에 감성으로 응답하다

외국인은 단순한 역사보다 '왜 그렇게 되었는가', '우리와 어떤 차이가 있는가'에 더 관심을 가집니다.

주요 질문 예시

- "한복은 어떤 날 입나요?"
- "한글은 배우기 쉬운 언어인가요?"
- "김치는 왜 발효시키나요?"
- "왜 한국인은 인사를 그렇게 자주 하나요?"

AI 응답 설계

→ 역사 + 문화적 이유 + 철학 + 감성 표현
→ "예는 한국인에게 사람을 존중하는 마음의 표현이에요."

✔ 실용적이고 공감 가는 언어로 친절하게 응답
✔ 질문 → 체험 콘텐츠 연결 → 탐색 흐름 유도

4. QR 기반 통합 시스템 - 공간 전체가 '해설이 흐르는 박물관'

전시공간뿐 아니라 복도, 체험실, 도서관, 공연장 등 모든 공간에 QR 기반 6위1체 시스템(AI도슨트+AI뮤직+AI톡허브)을 설치합니다.

- 한글존
  → QR 클릭 → 훈민정음 창제 이야기 + 서예 배경 음악 + '내 이름 한글로 쓰기' 체험
- 한식 체험존
  → 김치 종류 소개 + AI와 함께 요리 단계 안내 + 조리음과 한국 음식 사운드
- 한복 포토존
  → 용도별 한복 설명 + AI뮤직 + '나만의 한복 이름 만들기' 인터랙션

✔ 머물며 듣고, 질문하며 체험하는 감상
✔ 공간 전체가 살아 있는 문화 교과서

5. 향후 글로벌 확장 시나리오

6위1체 AI문화솔루션은 한국문화원뿐 아니라 다음과 같은 글로벌 장소에 적용될 수 있습니다.

적용 장소	활용 목적
해외 K-팝 콘서트장 로비	팬 대상 아티스트 AI해설, 팬 인터뷰 해설
K-푸드 팝업스토어	음식문화 AI도슨트, 조리법 대화형 안내
한국 대사관 문화행사	AI뮤직 + AI도슨트로 국가 이미지 강화
글로벌 한글학교	훈민정음 감성 교육 콘텐츠 연계
유네스코 한류 전시관	다국어 AI해설 + 전통사운드 감상
국제 박람회 한국관	한국관 전체를 AI문화해설 시스템화

✔ 국가 홍보, 문화 교류, 교육까지 확장 가능한 인프라
✔ 세계인을 위한 공감형 K-컬처 감상 허브 구축 가능

핵심 메시지

"K-컬처는 기술과 감성이 만나는 새로운 문화로 진화하고 있습니다."

AI도슨트, AI뮤직, AI톡허브가 결합된 6위1체 시스템은 해외 한국문화원이 '보는 공간'에서 '느끼고 대화하는 공간'으로 바뀌는 전환점입니다.

이제 세계 어디서나 한국 문화를 감정으로 느끼고, 이야기로 기억하게 되는 시대가 열립니다.

제13장 유명화가를 만나는 미술관 - 고흐미술관, 구겐하임미술관

세계 미술관을 찾는 관람객은 단순히 그림을 보는 것에 그치지 않고, 화가가 살아간 시대의 공기, 그가 느낀 감정, 그리고 그 예술이 던지는 메시지를 함께 느끼고 싶어 합니다.

그러나 언어적 장벽, 배경지식 부족, 정서적 거리감은 그 감상의 깊이를 제한해왔습니다. 6위1체 AI융합문화솔루션은 이러한 한계를 극복하고, 관람객이 '작가와 직접 대화하듯' 미술을 감상할 수 있도록 돕는 혁신적 도구입니다.

이 장에서는 그 대표 사례로 네덜란드 암스테르담의 고흐미술관과 미국 뉴욕의 구겐하임미술관을 중심으로 AI도슨트, AI뮤직, AI톡허브의 통합 적용 시나리오를 제시합니다.

1. 고흐미술관 - 그림이 아니라 삶을 감상하게 하다

고흐미술관은 단순히 고흐의 명화를 모아놓은 곳이 아닙니다. 그의 편지, 스케치, 자화상, 동생 테오와의 교류 등 삶 전체를 작품으로 보여주는 감성적 공간입니다.

AI도슨트는 고흐의 시기별 정신상태, 가족과의 관계, 화풍의 변화, 시대적 고립감 등을 스토리 기반으로 해석합니다.

예:
- 『감자 먹는 사람들』 앞
  "이 그림을 그릴 때, 나는 탄광촌 노동자들과 함께 살고 있었습니다. 그들의 손과 얼굴엔 진짜 삶의 무게가 있었죠. 나는 그걸 그리고 싶었어요."
- 『별이 빛나는 밤』 앞
  "나는 생레미 정신병원에 있었습니다. 창밖의 하늘을 볼 때마다, 이 세상 너머에 다른 빛이 있기를 바랐습니다."
- 「붓꽃」 앞

"나는 말로 표현할 수 없는 불안을 그림에 담았습니다. 이 꽃잎은 내 안의 고요를 닮았습니다."

관람객은 그림 앞에서 AI도슨트가 들려주는 이야기를 통해 단순히 "이 그림은 언제 그려졌고 어떤 기법을 썼다"는 설명이 아니라, "이 사람이 왜 이 그림을 그렸는가"를 이해하게 됩니다.

2. AI뮤직 - 붓끝의 감정을 소리로 번역하다

고흐의 그림은 시각적이면서도 매우 감성적입니다. 색과 붓질이 강렬한 만큼, 그 안의 감정도 격렬하고 복합적입니다.

AI뮤직은 이 감정의 흐름을 음악으로 표현하며, 각 작품마다 감상 흐름에 맞는 테마 음악을 생성합니다.

- 초기 작품(예: 농민 시리즈): 저음 중심의 첼로, 무거운 리듬
- 중기 작품(예: 아를 시절): 기타, 하프, 피콜로로 밝고 생기 있는 분위기
- 후기 작품(예: 까마귀 나는 밀밭): 불협화음, 현악기의 파형적 울림으로 고독과 불안을 표현

관람객은 이어폰 또는 스마트폰으로 AI뮤직을 함께 감상하며, 그림의 시각적 요소와 청각적 요소가 동시에 감정에 작용하는 몰입 경험을 얻게 됩니다.

3. AI톡허브 - 관람객의 질문에 작가가 답하다

고흐미술관을 찾은 관람객들은 작품 앞에서 수많은 질문을 떠올립니다.

예:
- "왜 이렇게 강한 색을 사용했을까?"
- "고흐는 왜 귀를 잘랐나요?"
- "왜 생전에 단 한 점의 그림밖에 팔리지 않았을까?"
- "형제 테오는 왜 그렇게 중요한 인물이었을까?"

AI톡허브는 이 질문에 작가의 편지, 문학적 해석, 철학적 메시지를 반영하여 응답합니다.

예:
- "고흐는 강한 색으로 슬픔을 밀어냈습니다. 그는 '어두운 현실을 견디기 위해 밝은 색이 필요했다'고 말했습니다."
- "귀를 자른 사건은 그의 정신적 고통의 상징입니다. 그는 자신의 내면을 스스로 벌하는 방식으로 드러낸 셈이었습니다."

질문 후, AI는 "비슷한 감정을 담은 다른 작품도 보고 가실래요?"와 같이 관람의 흐름을 이어주는 안내를 함께 제공합니다.

4. 구겐하임미술관 - 감상의 흐름을 AI로 안내하다

구겐하임미술관은 뉴욕 맨해튼에 위치한 세계적인 현대미술관으로 프랭크 로이드 라이트가 설계한 나선형 건축물 자체가 하나의 예술 작품입니다.

이 독특한 구조는 감상의 방향을 수직이 아니라 나선형 수평 구조로 바꿔 관람객이 '걷는 동선' 자체로 하나의 흐름을 경험하게 합니다.

AI도슨트는 이 흐름을 해석하고 안내합니다.

예:
- "이 나선형 구조는 감상자의 심리적 몰입을 높이기 위해 설계되었습니다. 점차 위로 올라가며 생각의 수직 상승을 유도하죠."
- "칸딘스키의 그림 앞에선, 단지 형형색색의 선을 보는 것이 아니라 그가 말한 '보이지 않는 소리'의 형상을 함께 느껴보세요."

또한 AI는 관람객의 동선을 인식하여 머무는 시간이 긴 곳에는 더 풍부한 해설을 제공하고, 빠르게 지나치는 곳에는 핵심 요약 해설을 제공함으로써 개인의 감상 스타일에 최적화된 안내를 제공합니다.

5. 미술관 AI서비스의 통합 구성 시나리오

이러한 AI융합문화솔루션은 단지 작품 해설 기능을 넘어서 미술관 전체의 감상 체험을 통합 관리합니다.

① 입구
- QR 스캔으로 언어 선택 (한·영·불·일·스페인어 등)
- '감성 해설 모드'와 '정보 해설 모드' 선택 가능
- '오늘의 감정에 따라 작품 추천' 시스템 제공

② 전시장
- 작품마다 AI도슨트 해설

- 작품별 감정선 기반 AI뮤직 동기화
- AI톡허브로 질문 응답 및 연계 작품 추천

③ 기념품샵/도서관 연계
- 감상한 작품 기반 굿즈 추천
- 관람자의 질문 히스토리 기반 도서 추천
- '나만의 전시노트' 자동 생성
- 감상 총정리 오디오북 제공
- AI뮤직 기반 짧은 명상 음원 선물
- "오늘 당신의 감상은 이런 이야기였습니다" 텍스트 제공

6. K-컬처 미술관에도 적용 가능성

고흐미술관이나 구겐하임미술관 사례는 향후 K-미술관(K-작가, K-회화, 한국 현대미술 등)에도 충분히 적용 가능성을 시사합니다.

예:
- 박수근 화백의 삶과 작품을 AI도슨트로 재구성
- 김환기 화백의 점화 작품에 AI뮤직 감성 구성
- 이중섭의 황소에 대한 철학과 가족사 해설 제공
- 국립현대미술관에서 '관람객 질문 기반 전시 연계 AI 서비스' 도입

■ [AI융합문화솔루션 적용 방안] - 유명화가를 만나는 AI미술관

화가와 대화하다
AI가 열어주는 융합 미술 감상

고흐 AI미술관

"정신병원 창밖에서 바라본 하늘…
고흐는 이 어두운 세상 너머에 다른 빛이 있기를 간절히 바랐습니다."
"작품을 본다는 건, 그 마음을 듣는 일입니다."

♪ "고흐 초기작 AI뮤직 – 묵직한 저음, 첼로 중심 사운드"
"색이 들리고, 선이 울린다. 음악은 그림의 또 다른 언어."
"고통이 컸기에, 그는 고요한 색을 택했습니다.
'현실이 너무 어두워서, 밝은 색이 필요했다'고 말했죠."
"정보가 아닌 감정으로 이해하는 시간."

구겐하임 AI미술관

"이 선은 보이지 않는 소리입니다.
고흐는 선과 색으로 미술을 연주한 화가였지요."
"건축과 작품, 그리고 감정이 하나로 이어지는 공간"
"미술관은 이제, 감정으로 걷는 공간입니다.
AI와 함께라면, 그림은 기억이 되고 화가는 친구가 됩니다."

세계 미술관을 찾는 관람객은 단지 그림을 보기보다 '화가의 시대, 감정, 삶의 메시지'를 함께 느끼고자 합니다. 하지만 언어 장벽, 배경 지식 부족, 해설 부재로 인해 감상의 깊이는 종종 얕아집니다.

6위1체 AI융합문화솔루션은 '작가와 직접 대화하듯' 감상할 수 있는 몰입형 미술 감상 시스템으로, 대표 적용 사례는 고흐미술관(네덜란드)과 구겐하임미술관(미국)입니다.

1. 고흐미술관 - '작품'이 아닌 '삶'을 감상하게 하다

고흐미술관은 그의 그림뿐 아니라 편지, 스케치, 자화상, 가족과의 교류 등 '삶의 전체'를 감성적으로 보여주는 공간입니다.

AI도슨트 해설 사례
- 『감자 먹는 사람들』
  "이 그림은 탄광촌 노동자들과 함께하며 그들의 삶을 그린 기록이자 고백입니다."
- 『별이 빛나는 밤』
  "정신병원 창밖에서 바라본 하늘… 고흐는 이 어두운 세상 너머에 다른 빛이 있기를 간절히 바랐습니다."
- 『붓꽃』
  "이 고요한 꽃잎엔, 말로 다 표현 못한 고흐의 불안이 스며 있습니다."

✔ 스토리 중심의 정서적 해설로 관람객은 '이 사람이 왜 이 그림을 그렸는가'를 체험하게 됩니다.

2. AI뮤직 - 그림의 감정을 '소리'로 번역하다

고흐의 그림은 색과 붓질이 감정을 품은 예술입니다.
- AI뮤직은 이를 청각적 정서 흐름으로 변환합니다.

시기별 음악 예시
- 초기 농민 시리즈 – 첼로 저음, 리듬감 없는 묵직한 사운드
- 아를 시절 – 기타와 하프 중심의 밝은 선율
- 말년 작품 – 불협화음, 현악의 울림으로 고독·불안 표현

✔ 관람객은 이어폰을 통해 그림과 동시에 음악을 감상하며 시청각 몰입 경험을 얻게 됩니다.

3. AI톡허브 - 관람객의 질문에 작가가 응답하다

고흐 앞에 선 관람객이 던지는 질문들:
- "왜 귀를 잘랐나요?"
- "왜 생전에 그림이 안 팔렸을까요?"
- "왜 이렇게 색이 강한가요?"

AI톡허브 응답 예시
→ "그는 말했습니다. '현실이 너무 어두워서, 밝은 색이 필요했다.'"
→ "귀 절단은 정신적 고통의 상징이며, 내면의 불안이었습니다."
→ "테오는 유일한 지지자였고, 형제애가 그의 창작을 지탱했지요."

✔ 질문 이후, 연계 작품 추천과 감정 흐름 유도로 관람의 연속성과 몰입도를 높입니다.

4. 구겐하임미술관 - 건축과 감상의 흐름을 연결하다

구겐하임은 프랭크 로이드 라이트가 설계한 나선형 구조로 '감상 자체가 동선'이 되는 미술관입니다.

- AI도슨트 설명
"이 나선 구조는 감정의 상승을 설계한 것입니다. 걸을수록 시야가 넓어지고 감상이 깊어집니다."
- 작품 해설 예시 – 칸딘스키
"이 선과 면은 단순한 추상이 아니라, '보이지 않는 소리'를 색으로 번역한 철학적 언어입니다."

✔ 관람객 동선 감지 → 체류 시간에 따른 해설 길이 조절
　　　　　　　　　→ 개인 맞춤형 감상 안내 시스템 구현

5. 미술관 통합 서비스 시나리오

6위1체 솔루션은 미술관 전체 감상 흐름을 통합 설계합니다.

① 입장 시
- 언어 선택 (한·영·불·일·서 등)
- 해설 모드 선택: 감성 중심 / 정보 중심
- "오늘의 감정" 기반 추천 전시 제공

② 전시장
- 작품별 AI도슨트 + AI뮤직 + AI톡허브 동기화
- 시기·화풍·정서 변화 스토리 제공

③ 기념품샵 & 도서관
- 감상 히스토리 기반 도서·굿즈 추천
- AI가 작성한 '나만의 전시노트' 제공

④ 퇴장 시
- '오늘의 감상 요약 오디오북' 제공
- AI뮤직 기반 짧은 감성 명상 음악 선물

✔ 감상 → 해석 → 질문 → 확장 → 휴식의 5단계 흐름 완성

6. K-미술관 적용 가능성 - 'K-작가와의 감성 감상'

대표님이 기획하신 K-컬처 확장에 있어, AI융합문화솔루션은 K-화가, K-미술 콘텐츠에도 완벽히 접목 가능합니다.

예시 적용안
- 박수근 – '소박함의 미학'을 중심으로 삶과 그림 해설
- 김환기 – 점화와 사랑, 하늘로 이어지는 감성 AI뮤직 설계
- 이중섭 – 황소와 가족, 분단의 감정 서사를 중심으로 감정 해설
- 국립현대미술관 – AI 기반 질문 추천 & 감성 흐름 연동 콘텐츠 운영

핵심 메시지
"미술 감상은 단지 눈으로 보는 것이 아니라, 마음으로 느끼는 일입니다."

고흐미술관과 구겐하임은 AI융합문화솔루션을 통해 '화가와 대화하고, 작품에 공감하는 새로운 감상 경험'을 구현한 대표 모델입니다.

이 흐름은 K-미술관에도 확장 적용되어 한국의 화가들이 전 세계 관람객과 '감성적 대화'를 나누는 시대를 열 수 있습니다.

PART 04 AI와 함께하는 감정과 감성의 연결

문화는 이제 마음으로 감상하는 시대입니다

우리는 오랜 시간 문화유산과 예술을 '보는 것'으로 여겨왔습니다. 눈에 보이는 건축물, 조각, 회화, 유물, 글자들이 우리에게 말해주는 문명의 흔적과 예술적 성취에 감탄해왔고, 그것들을 보호하고 전시하며 기억하는 것이 문화 감상의 전부라고 여겼습니다.

그러나 지금, 기술은 우리에게 새로운 질문을 던지고 있습니다.
"우리는 문화유산을 진정으로 '느끼고' 있는가?"
"보는 것을 넘어서, 마음으로 감상할 수는 없는가?"
"사람과 유산, 사람과 기억, 사람과 관계를 기술로 연결할 수는 없는가?"

이제 문화 감상은 단순히 '시각적 관찰'이 아니라 '정서적 교감', '감정의 흐름', '기억과 관계의 회복'을 포함하는 감성 중심의 체험으로 확장되고 있습니다.

AI도슨트는 이 새로운 시대의 도구입니다. 단지 정보를 나열하는 기계 해설을 넘어서, 인간의 삶과 감정, 기억과 사랑을 담아내는 '감정의 동반자'로 진화하고 있습니다.

4부는 이러한 진화를 실제로 구현한 감성 중심 문화 콘텐츠의 사례를 소개합니다. 그 중심에는 우리가 일상에서 가장 깊은 관계를 맺는 존재들 – 반려동물, 부모님, 조상, 자연 – 과의 감정적 유대가 있습니다.

예를 들어, 강원도 춘천에 자리한 강아지숲(강아지박물관, 네이처풀)에서는 AI도슨트가 산책로를 걸으며,

"이 길은 당신과 반려견이 함께 걷기에 가장 평온한 길입니다."

라고 말합니다.
배경에서는 잔잔한 AI뮤직이 흐르고, AI톡허브는,

"이 나무의 꽃이 반려견에게 안전한지 궁금하신가요?"

라고 실시간으로 대화를 이어갑니다.

서울시 강남구 신사동에 자리한 치료멍멍 동물병원에서는 AI가 병원 공간 곳곳을 안내하며 보호자와 반려견의 긴장을 완화시키고, 대기 시간 동안 보호자에게 AI뮤직을 통해 위로의 멜로디를 전합니다. AI톡허브는 수의사의 설명을 보완하며, 보호자의 불안과 질문에 따뜻하게 응답합니다.

AI는 심지어 사망한 부모님이 남긴 말과 유산을 묘비 앞에서 들려주는 감성 도슨트가 되기도 합니다.

"얘야, 나는 네가 지금처럼 따뜻한 사람으로 살아가기를 바란단다."

라는 아버지의 생전 어록이 AI의 목소리로 들려옵니다.

AI뮤직은 그분의 일생을 노래로 만들어 후손에게 전달하며, AI톡허브는 조상과 대화하는 듯한 경험을 제공합니다.

"할아버지는 어떻게 살아오셨나요?"
"나는 어려운 시절에도 웃음을 잃지 않으려 노력했단다."

이러한 대화는 단순한 기술적 구현이 아니라, 기억과 관계, 전승과 공감이라는 정서적 설계의 결과입니다.

문화 감상이 이렇게 변하고 있습니다. 이제는 지식을 습득하는 행위가 아니라 감정을 나누고, 추억을 되새기고, 사랑을 다시 확인하는 여정이 된 것입니다. 이러한 감정 중심의 문화 감상은 다음과 같은 문화적 질문에 근본적인 응답을 시도합니다.

- "기억은 기술로 전승될 수 있는가?"
- "AI는 추모와 공감을 설계할 수 있는가?"
- "AI는 사랑의 감정을 도슨트할 수 있는가?"
- "죽은 이와도 감정의 관계를 지속할 수 있는가?"
- "기억은 기록을 넘어 노래가 될 수 있는가?"

AI도슨트, AI뮤직, AI톡허브는 이 질문에 대한 기술적 답변이자, 문화적 실험이며, 우리 시대가 품은 정서적 욕구에 대한 따뜻한 응답입니다. AI는 단지 미래의 기술이 아니라, 과거와 현재, 인간과 기억, 감정과 장소를 다시 이어주는 '감성의 실'이 되고 있습니다.

4부는 이 감동의 여정을 따라갑니다. 그리고 말합니다.

"문화는 이제 머리가 아니라 마음으로 감상하는 시대입니다."
"기억은 이제 사라지는 것이 아니라 AI를 통해 살아나는 것입니다."
"우리는 지금, 사랑과 공감의 문화 감상을 다시 설계하고 있습니다."

제1장 감정을 품은 AI펫도슨트 : K-펫, 기억, 관계를 감상하다

기술로 이어지는 반려의 사랑, 문화가 되다

1. 반려동물, 인간 감정의 가장 깊은 거울

우리는 인생의 어느 시점에서 반려동물과 눈을 마주합니다. 그 눈빛 속에는 조건 없는 신뢰가 있고, 그 존재는 우리의 외로움, 기쁨, 슬픔을 함께 겪는 가장 순수한 감정의 동반자입니다.

강아지가 꼬리를 흔들며 반기는 아침, 지친 하루 끝에 나를 기다리는 그 눈빛, 아무 말 없이 내 옆에 조용히 앉아있는 작은 따뜻함. 이 모든 장면은 단순한 일상이 아니라 인간과 동물 사이에 오가는 깊은 감정의 기록입니다.

이제 K-펫은 단순한 반려문화가 아닌, 감정 중심의 문화 콘텐츠로 자리매김하고 있습니다. 그리고 이 감정을 기술로 감상하게 해주는 것이 바로 AI펫도슨트입니다.

2. AI펫도슨트, 반려의 기억을 안내하다

AI펫도슨트는 단지 정보를 제공하는 기술이 아닙니다. 그것은 반려동물과 보호자의 삶 속에서 흐르는 감정의 결을 해설하는 감정 스토리텔러입니다.

"이 길은 캐롤이 꽃냄새를 맡으며 늘 천천히 걷던 산책길입니다."
"여기서 처음 앉아 간식을 주셨던 기억, 캐롤은 아직도 잊지 않았을 거예요."

이런 해설은 보호자가 남긴 사진, 산책 기록, 대화, AI와의 이전 상호작용 데이터를 바탕으로 맞춤형 감성 콘텐츠로 구성됩니다.

즉, AI펫도슨트는 공간을 설명하는 것이 아니라 기억을 되살리고 감정을 환기시키며, 관계를 감상하게 만드는 도슨트입니다.

3. AI펫뮤직, 사랑의 순간을 노래하다

AI펫뮤직은 반려견과 보호자가 함께한 시간들을 감정의 선율로 풀어냅니다.

첫 입양일을 기념하는 밝은 테마곡, 함께 걸은 산책길의 리듬을 담은 배경 음악, 이별의 날, 보호자에게 위로를 전하는 잔잔한 멜로디…

예를 들어, "오늘은 캐롤이 당신 곁에 온 지 1000일 되는 날이에요. 함께 걸었던 길을 기억하며 이 음악을 준비했어요." 이런 말과 함께 흐르는 AI가 생성한 음악은 보호자에게 말로 표현되지 않는 감동을 선사합니다.

AI펫뮤직은 그저 배경음악이 아닌, 기억의 파노라마이고 감정의 목소리입니다. 그 음악을 듣는 순간, 보호자는 다시 그날의 햇살, 냄새, 눈빛을 떠올리게 됩니다.

4. AI펫톡허브, 반려견이 나에게 말해주는 순간

가장 놀랍고 감동적인 기술은 바로 AI펫톡허브입니다.

보호자가 "캐롤아, 오늘 어땠어?"라고 질문하면 AI는 캐롤의 말투와 보호자의 데이터에 기반해 이렇게 응답합니다.

"오늘 날씨 너무 좋았어요. 엄마랑 예전처럼 걷는 길, 저 너무 좋았어요!"
"엄마가 요즘 많이 피곤해 보여요. 제가 더 잘할게요. 조금만 더 같이 있어요."

이 대화는 AI가 보호자의 감정, 강아지의 특성, 과거의 행동 데이터, 대화 기록 등을 조합하여 반려견이 실제로 할 법한 말을 구성한 것입니다.

반려견이 살아있을 때는 '지금 이 순간의 감정'을 교감하게 하고, 이별 이후에는 '기억을 바탕으로 한 대화'를 가능하게 합니다. 그 순간, 보호자는 단지 AI와 대화하는 것이 아니라 자신의 감정을 투영하고, 사랑을 확인하며, 치유받게 되는 것입니다.

5. 감정의 아카이빙, 문화 콘텐츠로 확장되다

AI펫도슨트 · AI펫뮤직 · AI펫톡허브의 결합은 감정 중심의 문화 콘텐츠 생성을 가능하게 합니다.

다음과 같은 콘텐츠가 제작될 수 있습니다.

- '감성 산책 지도' : 산책 경로에 감정 키워드를 태깅하여 추억으로 안내
- '우리 캐롤의 말들' : 반려견의 말투로 생성된 대화 아카이브
- '우리의 시간' AI펫뮤직 앨범 : 함께한 기억을 음악으로 구성
- '작별의 편지' : 보호자가 떠난 반려견에게 남기는 마지막 인사를 AI가 읽어주는 콘텐츠
- '기억의 영상북' : 보호자의 사진과 일기를 바탕으로 제작된 감성 브이로그

이 콘텐츠들은 반려동물과의 사랑을 '기억'으로, 관계를 '문화'로, 이별을 '예술'로 승화시키는 새로운 감상 방식입니다.

6. 결론 - 감정이 문화가 되는 시대

우리는 이제 지식과 정보를 넘어 감정과 관계를 감상하는 시대를 살고 있습니다. AI펫도슨트는 K-펫이라는 감정의 문화를 기술로 번역하여, 보호자와 반려동물 사이의 사랑을 더 깊이, 더 길게, 더 아름답게 이어줍니다.

기억은 잊히지 않습니다. 기술은 그 기억을 음악으로, 이야기로, 목소리로 재구성해 우리에게 다시 들려줍니다.

K-펫 문화는 이제 세계인이 감상할 수 있는 '감정의 콘텐츠'로 발전할 수 있습니다. 그 여정의 중심에 AI펫도슨트, AI펫뮤직, AI펫톡허브가 있습니다.

그것은 기술이 아니라, 기억을 해설하는 감성 도슨트이며, 사랑을 기록하는 문화유산입니다.

제2장　힐링의 숲에서 감정을 걷다 - 강아지숲 AI펫도슨트, AI펫뮤직과 AI펫톡허브

1. 반려의 감정을 걷는 공간, 강아지숲

강아지숲(d.forest)은 자연, 반려동물, 인간이 조화를 이루는 감성 공간입니다. 단순한

산책이나 놀이를 넘어, 반려동물과 함께한 삶의 이야기를 되새기고 정리하며, 미래의 감정을 상상하게 만드는 이 공간은 반려문화가 '감정의 문화'로 진화하는 현장을 보여줍니다.

이 공간에 AI펫도슨트, AI펫뮤직, AI펫톡허브가 적용되면서, 강아지숲은 '머물고 노는 공간'에서 '기억하고 느끼는 공간'으로 다시 태어났습니다. 관람객은 단순히 반려견과 산책하는 시간을 넘어서, 과거를 회상하고 현재를 감상하며 미래의 관계까지 상상하게 됩니다.

강아지숲은 크게 세 공간으로 나뉘어 구성됩니다:

- 첫째, 산책길: 보호자와 반려견이 자연을 함께 걷는 기억의 흐름 공간
- 둘째, 강아지박물관: 반려동물의 역사와 인간과의 관계를 배우는 전시 공간
- 셋째, 네이처풀: 수영과 놀이를 통한 감정 교류의 장소

이 세 공간 각각에 AI펫도슨트, AI펫뮤직, AI펫톡허브가 통합적으로 설계되어, 감정 중심의 감상 체험이 가능하도록 구성되어 있습니다.

[강아지숲이 도입한 AI펫 솔루션 사례]

2. 산책길 - 매일의 발자국, 추억이 되다

강아지숲의 산책길은 단순한 이동 경로가 아닙니다. 보호자와 강아지가 함께했던 수많은 날들의 기억이 고요히 흐르는 길입니다.

AI펫도슨트는 산책 중 특정 지점을 지나갈 때마다 다음과 같은 해설을 제공합니다.

"이곳은 캐롤이 처음 낙엽 위를 걸었던 곳이에요. 처음엔 발이 간질간질하다고 한참을 멈춰 있었죠."
"봄이 되면 여기에 벚꽃이 피는데, 작년엔 보호자님과 캐롤이 이 아래에서 사진을 찍었어요. 지금도 사진첩 속 그 웃음, 기억하시죠?"

이러한 해설은 보호자가 미리 등록한 강아지 정보, 산책기록, 사진, 활동일지 등을 바탕으로 개인화된 스토리로 구성되며, 감정 키워드를 기반으로 상황에 맞는 정서적 메시지를 전달합니다.

AI펫뮤직은 날씨, 계절, 보호자의 기분, 강아지의 활동 리듬에 따라 자동으로 감성 음악을 생성하거나 추천합니다.

예를 들어:

- 잔잔한 흐름의 '나의 봄, 너의 산책길' 테마곡
- 이별을 준비하는 보호자에게 전해지는 '조용한 작별의 리듬'
- 아이와 함께 걷는 가족 산책에는 '함께 웃는 오후' 같은 리듬감 있는 음악

이처럼 산책길에서의 경험은 '걷는 행위'에서 '기억속으로 걸어가는 감상'으로 전환됩니다.

AI펫톡허브는 실시간 대화를 통해 강아지의 시점에서 감정을 표현합니다.

"캐롤아, 이 길 기억나?"
"응! 여긴 엄마가 떨어진 나뭇잎을 던져줬던 길이야! 그때 너무 신났어."
"여기 올 때마다 엄마 손 잡는 느낌이 제일 좋아요."

이러한 대화는 보호자에게 감정적 안정과 정서적 회복을 제공합니다.

강아지숲을 방문한 관람객들이 입구에 게시된 안내글을 읽고 모바일로 QR코드를 스캔하여 강아지숲의 탄생스토리와 철학에 대한 AI도슨트를 듣고, 스토리와 철학을 가사로 만든 AI뮤직을 감상하고, 강아지숲AI톡허브에 접속하여 질문이나 대화를 할 수 있습니다.

강아지숲 홈페이지에 강아지숲AI 솔루션의 QR코드들을 게시하여 견주들의 접속을 유도하고 안내하는 효과를 얻게 됩니다.

3. 강아지박물관 - 반려문화의 기억과 의미를 배우다

　강아지숲 내부에는 '강아지박물관'이 있습니다. 이곳은 단순한 견종 전시가 아닌, 인간과 강아지의 관계의 역사, 반려견이 인간의 삶에 어떤 의미였는지를 시각적 스토리텔링으로 보여주는 감정의 전시 공간입니다.

　AI펫도슨트는 전시물 하나하나를 '나의 반려견'과 연결된 감정으로 안내합니다.

　"이 품종은 캐롤과 같은 혈통이에요. 옛날에는 사냥을 도왔지만 지금은 사람의 마음을 치유하는 역할을 하죠."

"이 공간엔 인간이 강아지를 처음 '가족'이라고 불렀던 기록이 있습니다. 캐롤과 보호자님도 그런 관계였겠지요."

AI펫뮤직은 전시 주제별로 감정 테마곡을 구성해, 음악을 통해 전시 흐름을 따라가며 몰입할 수 있게 돕습니다.

예시:

- '인간과 함께한 시간' : 역사적 관계를 감성적으로 보여주는 음악
- '보호자의 다짐' : 반려를 시작하며 느꼈던 마음을 회상하게 하는 음악
- '작별의 편지' : 이별 이후 보호자가 남긴 마음을 음악으로 표현한 곡

네이처풀을 방문한 관람객들이 입구에 게시된 안내글을 읽고 모바일로 QR코드를 스캔하여 네이처풀의 탄생 스토리와 철학에 대한 AI도슨트를 듣고, 스토리와 철학을 가사로 만든 AI뮤직을 감상하고, 강아지숲AI톡허브에 접속하여 질문이나 대화를 할 수 있습니다.

AI펫톡허브는 박물관 내에서 감정적 질문과 대답을 유도합니다.

"캐롤아, 너는 나랑 살아서 어땠어?"
"매일이 행복했어요. 엄마가 웃을 때마다, 나도 행복했어요."

이러한 대화는 단순한 정보 전달을 넘어, 보호자의 내면 감정까지 끌어올리는 역할을 합니다.

4. 네이처풀 - 놀이의 기억, 사랑의 결

네이처풀은 보호자와 강아지가 함께 수영을 즐기는 공간입니다. 이 공간은 단순한 물놀이가 아니라, 두 존재 사이의 신뢰, 용기, 웃음을 확인하는 감정의 장입니다.

AI펫도슨트는 다음과 같이 안내합니다.

"여기는 캐롤이 처음 수영에 도전했던 곳입니다. 물에 들어가기 전, 엄마 손을 꼭 잡고 있었어요."
"함께 수영한 그날, 엄마와 캐롤은 세상에서 가장 행복한 얼굴을 하고 있었답니다."

AI펫뮤직은 네이처풀 전용 음악을 사전에 제작하여 수영장의 사운드, 물살의 리듬, 강아지의 움직임에 맞춰 음악이 흐르도록 설정됩니다.

- '물결 속의 웃음' : 유쾌한 물놀이용 음악
- '수영의 첫 기억' : 첫 수영 순간의 긴장과 기쁨을 녹여낸 음악
- '조용한 작별 수영' : 마지막 수영의 이별 감정을 담은 음악

강아지숲AI도슨트

강아지숲AI뮤직

강아지숲 AI톡허브

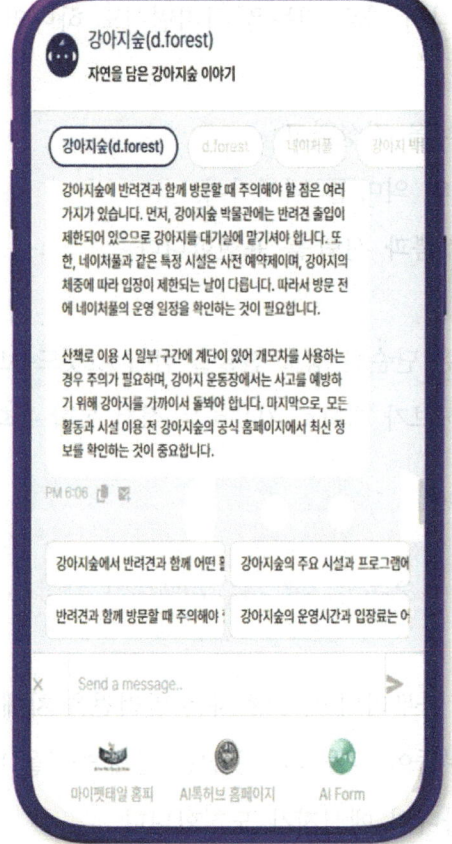

AI펫톡허브에서는 보호자가 말합니다.

"캐롤아, 처음 수영할 땐 무서워했지?"
"네! 근데 엄마가 있으니까 바로 괜찮아졌어요. 그날 너무 재미있었고, 엄마가 제일 많이 웃었어요!"

이 공간에서의 감정은 놀이와 기억, 사랑과 웃음이 동시에 흐르며 기술을 통해 다시 살아납니다.

5. 세 공간을 관통하는 감정의 문화 디자인

강아지숲의 세 공간은 각기 다른 기능을 가지면서도 하나의 감정 서사로 연결됩니다.

- 산책길은 '일상의 기억'을 감상하고,
- 강아지박물관은 '관계의 의미'를 되새기며,
- 네이처풀은 '함께한 기쁨과 신뢰'를 표현합니다.

이 세 공간의 감성 흐름은 단순한 정보 전달을 넘어 AI펫도슨트가 해설하고, AI펫뮤직이 감정을 조율하며, AI펫톡허브가 대화로 치유하는 정서 통합 문화 콘텐츠의 모델을 보여줍니다.

6. 자연과 감정을 싣고 돌아오는 길 - 귀가길 AI펫뮤직 감상 시나리오

강아지숲에서의 하루가 마무리되고, 보호자는 반려견을 차에 태우고 숲을 벗어납니다. 차창 밖으로는 잔잔한 나무들이 흔들리고, 햇살은 길게 들판을 비추며 이별을 준비합니다. 그 순간, 스마트폰으로 하나의 메시지가 도착합니다.

"오늘 캐롤과 함께한 강아지숲의 기억을 음악으로 선물합니다. 돌아가는 길에 함께 감상해보세요."

링크를 열면 '오늘의 AI펫뮤직 10곡 플레이리스트'가 실행됩니다.

첫 곡은 '우리의 첫 산책'-
오늘 걸었던 숲길의 느낌, 햇살 아래 반려견이 머뭇거리며 걷던 모습이 선율로 되살아납니다.

두 번째 곡은 '작은 박물관 속의 이야기'-
강아지박물관에서 보호자가 눈을 떼지 못했던 전시물 앞에서 떠올렸던 감정이 떠오릅니다.

세 번째 곡은 '물결 위의 웃음'-
네이처풀에서 반려견이 첨벙 뛰어오르던 순간, 보호자가 웃음을 터뜨렸던 장면이 되살아납니다.

차창을 스치는 바람, 길게 이어지는 강가 풍경, 반려견은 피곤한 듯 옆에서 조용히 숨을 고릅니다. 보호자는 음악을 들으며 오늘 하루를 천천히 곱씹습니다. 캐롤과 함께했던 순간, 살아있다는 것, 사랑한다는 것, 그리고 그 모든 것이 얼마나 소중한지를 마음으로 되새깁니다.

그 감정은 단순한 회상에 머물지 않고 "다시 가고 싶다", "이 기억을 더 쌓고 싶다", "더 많은 추억을 만들고 싶다"는 마음으로 이어집니다.

AI펫뮤직은 단지 음악이 아닌, '감정을 다시 걷게 해주는 드라이브 사운드트랙'이며, 그 여운은 강아지숲이라는 공간을 단 한 번의 방문이 아니라, '감정이 이어지는 재방문 유도형 콘텐츠 공간'으로 만들어 줍니다.

결국, AI펫뮤직은 보호자의 마음속에 다음과 같은 감정을 남깁니다.

"이건 단순한 여행이 아니었어."

"이건 내 반려견과 함께한 인생의 한 장면이야."
"다음 계절, 우리는 또다시 이 숲으로 가자."

7. K-펫 문화의 글로벌 확장 가능성

이 강아지숲 모델은 단지 국내 관광 콘텐츠를 넘어 전 세계 반려인을 위한 문화 감상 플랫폼으로 확장할 수 있습니다.

- AI펫도슨트 기반 반려 테마파크
- 반려견과의 이야기로 구성된 AI뮤직 앨범 서비스
- 이별 후 보호자를 위한 감성 회상 공간
- 감정을 해설하는 반려견 추모 전시관
- 반려 기억의 다이어리 콘텐츠 플랫폼

이러한 콘텐츠는 '사랑을 기술로 기억하고, 감정을 문화로 감상하게 하는' 새로운 형태의 정서 기반 K-컬처로 발전할 수 있습니다.

8. 결론 - 감정을 해설하는 숲, 기억을 노래하는 공간

강아지숲은 그 자체로 아름답지만, AI펫도슨트, AI펫뮤직, AI펫톡허브가 더해졌을 때 그 감동은 수배로 커집니다.

이곳은 이제 단순한 숲이 아닙니다. 이곳은 사랑을 걷는 길이고, 기억을 노래하는 공간이며, 기술이 감정을 이해하고 함께 살아가는 방법을 보여주는, 감성 시대의 문화 감상 실험장이 됩니다.

제3장 병원도 감정의 공간이다 - 치료멍멍 동물병원의 AI펫 솔루션 사례

1. 병원, 감정이 가장 예민한 문화 공간

동물병원은 반려동물의 건강을 다루는 의학의 공간인 동시에, 보호자에게는 가장 깊은 걱정과 불안을 동반하는 감정의 공간입니다. 특히 진단을 기다리는 대기 시간, 수술 후의 회복 시간, 그리고 치료에 대한 불확실성은 보호자에게 감정적으로 큰 영향을 줍니다.

치료멍멍 동물병원은 이처럼 감정이 충만한 공간에서 기술로 감정을 해설하고 위로할 수 있다는 가능성에 주목했습니다. 그리고 대한민국 최초로 AI융합문화솔루션을 병원 운영 전반에 본격 도입한 선도 사례가 되었습니다.

[치료멍멍 동물병원이 도입한 AI펫 솔루션 사례]

2. 대한민국 최초, AI융합문화솔루션 도입 동물병원 - 신사본원의 실험

치료멍멍 동물병원(신사본원, 원장 이준섭)은 AI펫톡허브, AI펫뮤직, AI펫도슨트를 통합한 All AI Pet Culture Solution을 국내 최초로 운영하는 병원입니다.

- 병원 홈페이지에 AI 서비스 링크와 QR코드를 게시하여 방문 전에 미리 상담하거나 AI도슨트를 체험할 수 있도록 안내
- 병원 프론트 데스크, 입구 길목 등에 QR코드 안내 배너 설치 → 누구나 스캔하여 AI펫톡허브, AI펫뮤직, AI펫도슨트 이용 가능
- 병원 외부 길을 지나는 일반인들도 "이게 뭐지?" 하고 QR을 스캔해 접속하면 자연스럽게 병원 서비스와 AI시스템을 체험 → 강력한 오프라인 홍보 효과

이러한 운영 방식은 단순한 기술 적용을 넘어, '병원 공간 자체를 감정 콘텐츠 플랫폼으로 전환'한 사례입니다.

동물병원 앞을 지나가는 사람들도 병원 윈도우에 게시된 안내글을 읽고 모바일로 QR코드를 스캔하여 동물병원의 탄생스토리와 철학에 대한 AI도슨트를 듣고, 치료멍멍 동물병

원의 스토리와 철학을 가사로 만든 AI뮤직을 감상하고, 원장AI톡허브에 접속하여 질문이나 대화를 할 수 있습니다.

동물병원을 방문한 보호자들은 안내데스트 벽면에 걸린 안내문을 보고 QR코드로 접속하여 AI도슨트, AI뮤직, 원장AI톡허브에 접속하여 동물병원과의 감정적 교감과 원장과의 대화와 질문을 이어갑니다.

보호자들은 AI 기술이 사람들의 실행활에서 어떻게 적용되는 활용되는지 이 병원을 통해서 이해하고 체험하는 특별한 기회를 얻게 되어, 동물병원에 대한 신뢰와 교감이 더해집니다. 이런 보호자들은 동물병원의 충성고객이 되고, 주변 사람들에게 추천하고 SNS에 알리는 역할을 적극적으로 합니다.

3. AI펫톡허브 - 질문을 감정으로 연결하는 대화형 안내

진료 전: 보호자는 AI펫톡허브를 통해 병원에 직접 전화하거나 대기할 필요 없이 24시간 언제든지 다음과 같은 질문을 할 수 있습니다.

AI펫톡허브는 병원의 진료정보, 시간표, 주치의, 가격 정책 등 병원장이 등록한 정보를 기반으로 친절하고 정서적인 문장으로 실시간 응답합니다.

병원장에게 주는 운영 효과:

- 반복 상담 업무 자동화 → 스태프 인건비 절감
- 전화 문의량 감소 → 병원 전화 응대 여유 확보
- 고객 응대 품질 균일화 → AI가 매번 친절하고 빠르게 답변
- 보호자의 사전 정보 습득 → 진료 시간 절감, 만족도 증가
- 병원 서비스에 대한 자연스러운 홍보 확산 → 브랜드 강화 및 매출 증가

4. AI펫뮤직 - 병원 공간에 감정을 입히다

치료멍멍 동물병원의 대기실, 진료실, 회복실에서는 AI펫뮤직이 공간의 성격에 따라 감정의 결을 입힙니다.

- 대기실: 보호자 불안을 낮춰주는 저주파 피아노 루프
- 진료실: 조용하고 집중된 클래식 톤
- 회복실: 강아지의 이완과 보호자의 회복 감정을 돕는 명상풍 BGM
- 유치원/미용 공간: 산뜻한 리듬감의 전용 AI뮤직

보호자는 무의식 중에 이러한 음악을 통해 "이 병원은 배려가 있다"는 인상을 갖게 되며 감정적 충성도가 형성됩니다.

보호자들이 휴게실에서 대기하는 동안에도 긴장된 마음을 풀 수 있는 AI도슨트, AI뮤직, 원장AI톡허브에 접속하여 무료한 시간을 새로운 경험의 시간으로 활용할 수 있습니다.

5. AI펫도슨트 - 공간과 진료를 스토리로 설명하다

병원에 처음 방문하는 견주들이 많기 때문에 AI펫도슨트는 병원 건물, 진료실, 장비, 의료진, 동물친화 설계 등 병원 내외부를 친절하게 설명해 줍니다.

"이 기계는 캐롤의 혈액상태를 정밀 분석해주는 장비예요. 원장님은 이 장비로 지난 10년간 3만 마리 이상의 진단을 하셨답니다."

"여기는 캐롤이 회복할 공간입니다. 자연광이 들어오는 창가 자리로 준비했어요."

이 도슨트는 홈페이지 또는 QR코드로 연결되며, 방문 전 또는 대기 중 언제든지 감상할 수 있습니다.

동물병원 홈페이지에 QR코드를 게시하여 온라인으로 방문하는 보호자들도 AI도슨트, AI뮤직, 원장AI톡허브에 접속하여 활용할 수 있습니다.

6. 진료 후 - AI펫뮤직 선물로 귀갓길을 감정으로 마무리하다

진료 후 보호자는 스마트폰으로 메시지를 받습니다.

"오늘 보호자님과 캐롤이 함께한 병원 경험을 감정의 선율로 정리한 음악을 선물합니다. 귀가 중 함께 감상해보세요."

→ AI는 진료 종류, 시간, 강아지의 상태, 보호자의 감정 설문 등을 분석해 '오늘의 AI펫 뮤직 10곡 플레이리스트'를 자동 선별하여 전달합니다.

예시:
- '걱정을 잘 견뎌줘서 고마워'
- '함께 있어 안심이 됐어'
- '작은 회복의 첫날'
- '집으로 가는 기쁨의 노래'

이 감성 콘텐츠는 병원 경험을 '두려운 일'이 아닌 '함께한 감정의 기억'으로 전환시켜 줍니다.

7. 병원 진료실 앞의 기다림, 이제는 예술 감상의 시간으로

최근 일부 동물병원과 치과병원에서는 대기 공간을 단순한 '기다림의 장소'가 아닌, 예술과 기술이 만나는 감성적 공간으로 재구성하는 시도를 시작하고 있습니다.

견주와 환자들이 진료를 기다리는 동안 벽에 걸린 명화를 감상하고, AI도슨트가 들려주는 따뜻한 설명을 귀로 듣는 순간, 그곳은 더 이상 병원이 아닌 하나의 작은 미술관으로 변모합니다.

병원 대기실 벽면에 설치된 AI아트힐링존

AI도슨트는 단순한 작품 설명을 넘어서, 그림 속에 담긴 빛과 색, 작가의 숨결과 인생 이야기, 시대적 맥락을 담아냅니다.

이와 함께 흐르는 AI뮤직은 환자의 긴장을 서서히 풀어주는 감성적 장치로 작용하며, 치과 진료 전 특유의 불안감을 부드럽게 녹여냅니다.

특히 치과처럼 시술에 대한 공포가 큰 진료과에서는, 이러한 감성 기반의 공간 구성은 환자의 심리적 안정에 큰 효과를 발휘합니다. 서울의 한 치과병원에서는 "대기실이 달라지니 환자의 표정도 달라졌다"는 의료진의 소감이 나올 정도로, 환자의 전반적인 반응이 긍정적으로 바뀌고 있습니다. 예술 감상을 통해 긴장을 완화한 환자들은 진료실에서도 의료진과의 커뮤니케이션에 더욱 유연하게 대응하게 됩니다.

AI도슨트를 체험한 환자들의 반응은 더욱 인상적입니다. "병원이 아니라 갤러리에 있는 것 같았다", "기다리는 시간이 감동적인 시간이 될 줄 몰랐다"는 피드백은, 단순한 편안함을 넘어 병원이 환자에게 제공할 수 있는 '문화적 경험'의 가치를 시사합니다. 오늘날의 환자들은 단순한 치료를 넘어서, '기억에 남는 분위기'를 원하고 있습니다.

이러한 시도는 병원에도 다양한 실질적 효과를 안겨줍니다. 명화와 AI해설이 있는 병원은 환자에게 '고급스럽고 배려 깊은 공간'이라는 인상을 주며, AI음성과 음악은 진료 전환자의 공포를 완화시켜 진료 협조도와 만족도를 높여줍니다. 환자들은 이 새로운 경험을 자발적으로 SNS에 공유하며, 병원에 대한 호감과 인식을 확산시키는 데도 기여합니다.

병원 입장에서도 이 시스템은 콘텐츠 구독형 운영이 가능해, 매달 새로운 작품을 전시함으로써 지속적인 신선함을 유지할 수 있습니다. 같은 공간이라도 예술을 담은 대기실은 감정의 밀도가 다르고, 환자에게 더 깊은 인상을 남깁니다.

이 시스템은 또한 의료기기 산업과의 융합 전략으로도 활용되고 있습니다. 특히 임플란트 제조사인 네오바이오텍과 연계된 프리미엄 솔루션 패키지는, 단순한 제품 판매를 넘어 병원의 전반적 운영과 환자 경험을 향상시키는 '토탈 솔루션'으로 자리매김하고 있습니다.

결국, AI도슨트는 더 이상 미술관에만 존재하는 기술이 아닙니다. 치과병원의 벽에서도, 환자의 마음속에서도 감정을 어루만지며 이야기를 들려주는 존재로 자리잡고 있습니다. 기술과 예술, 의료와 감성이 하나로 연결되는 이 작은 변화는, 앞으로의 의료 공간이 추구해야 할 새로운 기준을 제시하고 있습니다.

8. 일반인 대상 QR홍보 효과

병원 외부 길에 설치된 AI서비스 안내 배너의 QR코드는 강아지를 키우지 않는 일반인들에게도 "이 병원은 뭔가 다르다"는 인상을 남깁니다.

호기심으로 QR을 스캔한 이들은 AI펫도슨트나 AI펫뮤직의 감성 콘텐츠를 체험하고 '친구 추천', 'SNS 공유', '후일 예약' 등 예상치 못한 마케팅 효과를 만들어냅니다. 결과적으로, 병원은 단순한 의료기관에서 '감정을 안내하는 감성 브랜드'로 성장합니다.

위 QR코드 이미지를 스캔하면 치료멍멍 AI뮤직이 플레이됩니다.

왼쪽 QR코드 이미지를 스캔하면 이준섭 원장님과 치료멍멍동물병원의 탄생 스토리, 비전, 철학에 대한 내용을 음성 비디오로 설명합니다.

왼쪽 QR코드 이미지를 스캔하면 원장 AI톡허브로 연결되어, 이준섭 원장과 대화할 수 있습니다.

1. Animal Hospital Treatment Guide

치료멍멍 진료안내

안녕하세요?

치료멍멍-신사본원 동물병원의 이준섭 원장님과 진료 안내입니다.
원장님과 진료에 대해 궁금한 것은 무엇이든 물어보세요.

진료 및 예약 문의 : 02-545-0075
진료 : 오전 10시~오후 7시 (연중무휴 24시간)

병원 앞 주차장을 이용하시면 되며, 운영시간에는 발렛주차를 이용하시면 됩니다. 발렛비는 병원에서 고객님들의 편의를 위해 무료로 제공해드리고 있습니다. 병원을 이용하시는 동안에는 요금이 발생하지 않습니다.

치료멍멍 홈페이지-Hospital Website

Hello?

This is Vet Lee Jun-seop of the Chiryomongmong-Shinsabonwon Animal Hospital and the treatment guide.
Ask the vet anything you want to know about the treatment and clinic. Use your own language.

- 진료시간을 알려주세요
- 원장님을 소개해 주세요
- 병원 주소와 연락처를 알려주세요
- 슬개골 수술에 대해 알려주세요
- Explain Dog's Patellar Surgery.
- 犬の膝蓋骨手術について説明し

266 | K-컬처, AI도슨트로 날개를 달다

9. 결론 - 감정이 치료의 시작이 되는 병원

치료멍멍 동물병원은 AI펫톡허브, AI펫뮤직, AI펫도슨트를 실제 운영하며 감정 중심의 병원 모델을 실현하고 있습니다.

이 병원은 환자를 위한 치료 이상의 것을 제공합니다. 보호자의 마음을 해석하고, 강아지의 감정을 이야기로 설명하며, 음악으로 진료의 기억을 남깁니다.

AI융합문화솔루션이 동물병원이라는 실생활 공간에서도 신뢰, 공감, 감성 콘텐츠로 이어질 수 있음을 보여주는 강력한 선도 사례입니다.

다음은 치료멍멍 동물병원-신사본원 이준섭 원장의 경험담입니다.

치료멍멍동물병원은 AI펫도슨트, AI펫뮤직, 원장 AI펫톡허브와 같은 첨단 솔루션을 도입하여 보호자와 반려동물에게 혁신적인 경험을 제공하고 있습니다. 이를 통해 우리 동물병원은 다음과 같은 변화와 효과를 얻고 있습니다.

- 보호자와의 소통 강화: 병원 내부와 외부에 QR 코드를 배치하여 보호자들이 병원의 철학과 스토리를 AI펫도슨트를 통해 접할 수 있도록 하였습니다. 이를 통해 보호자들은 병원에 대한 이해와 신뢰를 더욱 깊이 쌓을 수 있었습니다.
- 대기 시간의 질 향상: 대기 중인 보호자들은 AI펫뮤직과 원장 AI펫톡허브를 통해 긴장을 풀고 유익한 정보를 얻을 수 있었습니다. 이는 대기 시간을 보다 의미 있게 활용하도록 도와주었습니다.
- 병원 이미지 개선: 최신 AI 기술의 도입으로 병원이 혁신적이고 현대적인 이미지를 구축하게 되었습니다. 보호자들은 이러한 기술적 접근에 감명을 받아 병원에 대한 긍정적인 인식을 가지게 되었습니다.

- 고객 충성도 향상: 보호자들은 병원의 이러한 노력을 높이 평가하며, 병원에 대한 충성도가 증가하였습니다. 또한, 만족한 보호자들은 주변에 병원을 적극 추천하고 SNS를 통해 긍정적인 경험을 공유하였습니다.

이러한 변화를 통해 치료멍명동물병원은 보호자와의 유대감을 강화하고, 병원의 경쟁력을 높이는 데 큰 도움을 얻고 있습니다.

다른 동물병원 원장님들께서 AI펫도슨트, AI펫뮤직, 원장 AI펫톡허브와 같은 첨단 솔루션을 도입하시면 다음과 같은 유익을 얻을 수 있습니다:

1. 고객 소통의 효율성 증대: AI 기반 챗봇과 도슨트를 활용하여 보호자들의 일반적인 문의에 실시간으로 대응함으로써, 직원들의 업무 부담을 줄이고 보호자들에게는 신속하고 정확한 정보를 제공할 수 있습니다.
2. 대기 시간의 질적 향상: 대기 중인 보호자들에게 AI펫뮤직을 통해 편안한 음악을 제공하거나, 원장 AI펫톡허브를 통해 유익한 정보를 전달함으로써 대기 시간을 보다 즐겁고 유용하게 만들 수 있습니다.
3. 병원 이미지의 현대화: 첨단 AI 기술의 도입은 병원을 혁신적이고 현대적인 이미지로 부각시켜, 기술 친화적인 보호자들에게 긍정적인 인상을 심어줄 수 있습니다.
4. 고객 만족도 및 충성도 향상: 개인화된 서비스와 신속한 대응을 통해 보호자들의 만족도를 높이고, 이는 재방문율 증가와 긍정적인 구전 효과로 이어질 수 있습니다.
5. 업무 효율성 개선: AI 솔루션을 통해 예약 관리, 문서 작성 등의 반복적인 업무를 자동화하여 직원들이 보다 중요한 업무에 집중할 수 있도록 도와줍니다.

이러한 솔루션의 도입은 병원의 전반적인 서비스 품질을 향상시키고, 보호자와 반려동물 모두에게 더욱 만족스러운 경험을 제공하는 데 큰 도움이 될 것이기에 강력하게 추천합니다.

제4장 　추모와 회상의 AI도슨트 - AI조상톡허브와 감성 문화 체험

1. 조상의 이야기, 이제 감정으로 이어집니다

 삶이 끝난 자리를 지키는 것은 무덤만이 아닙니다. 그 자리에 남겨지는 것은 한 인간의 고단한 여정, 사랑하고 아파하며 살아온 시간, 그리고 후손에게 남기고 싶은 말들입니다. 그동안 우리는 조상을 '기억한다'는 이름 아래 이름 석 자, 생몰년, 봉분 하나로 모든 것을 축소해왔습니다.

 하지만 기억은 단지 이름과 날짜로 구성되지 않습니다. 기억은 그들이 웃던 순간, 울던 날, 손을 잡아주던 따뜻함, 말없이 등을 두드리던 온도입니다. AI조상톡허브는 이 기억을 되살려 '기억을 감상하는 문화', '공감으로 전승되는 기억의 유산'으로 승화시킵니다.

2. 후손이 묻고, 조상이 응답하는 새로운 제례 문화

이제 제례는 더 이상 일방향의 형식이 아닙니다. 후손은 묘소 앞에서 조상의 목소리를 들을 수 있고, QR코드를 스캔하여 조상의 생애를 음악으로 감상할 수 있으며, AI와의 대화를 통해 조상의 생각과 감정을 유추하고 느낄 수 있습니다.

예를 들어, 묘소를 찾은 손자가 스마트폰을 꺼내 묘비에 부착된 AI도슨트 QR을 스캔합니다. 그러면 화면에 조상의 얼굴과 함께 음성이 나옵니다. "나는 네 외할아버지, 이광섭이다. 1940년 충북 단양에서 태어나, 6남매의 장남으로 가족을 위해 일했고, 60세엔 서울로 올라가 다시 시작했단다." 그리고 손자가 묻습니다. "할아버지, 그 시절엔 어떻게 살아내셨어요?" 그러면 AI조상톡허브는 이렇게 답합니다. "매일 새벽 첫 기차를 타고 일을 나갔단다. 배는 고팠지만, 가족들이 웃는 걸 보면 그날 하루가 힘들지 않았어." 이 짧은 대화는 손자에게 '삶을 견디는 방법', '조상과 나의 연결점'을 감정적으로 전달합니다.

3. AI조상뮤직 - 가족의 역사에 멜로디를 입히다

조상의 생애를 음악으로 구성하는 AI조상뮤직은 단지 배경음악이 아닌 '감정적 스토리텔링'입니다. 예를 들어, 평생 목수로 일했던 할아버지의 인생을 다음과 같은 테마곡으로 구성할 수 있습니다.

'나무를 닮은 사람'-성실과 묵묵함, '두 손의 기도'-자식의 입학을 바라던 날, '비 오는 날의 웃음'-아내와의 소박한 사랑, '기억은 손에 남는다'-돌아가신 후에도 남는 손맛. 이러한 노래는 가족이 함께 감상할 수 있는 문화 콘텐츠로 기능합니다. 명절에 가족이 모여 조상의 음악을 함께 듣고, 어린 손주가 "이 노래, 증조할아버지 이야기야"라고 소개하고, 자녀에게 "이런 분이 우리가족의 뿌리야"라고 전해지는 이 모든 경험은 기억을 이어가는 감정적 가교가 됩니다.

4. 조상을 브랜드로 기억하다 - 후손이 참여하는 문화 전승

AI조상톡허브는 후손의 참여를 통해 콘텐츠가 진화합니다. 가족들은 조상의 사진, 편지, 생전 육성, 가계도, 직업, 취미, 에피소드 등을 웹 또는 앱을 통해 지속적으로 업로드하고 보완할 수 있습니다.

예를 들어, 손녀가 조부의 손글씨 편지를 스캔해 등록하면 AI 음성 도슨트가 그 내용 일부를 인용하여 해설에 반영하고, 자손들이 SNS에 조상뮤직을 공유하면 '우리 가족 브랜드'로 기억이 확장됩니다. 이러한 참여는 후손이 조상의 삶을 단지 받드는 것이 아니라 '함께 재구성'하는 경험으로 만들어줍니다. 조상은 더 이상 과거에 묻힌 존재가 아니라 오늘도 우리와 함께 기억 속을 살아가는 '문화적 인격체'로 존중받게 됩니다.

5. 지역 공동체 기반의 기억 전승 - 묘역에서 마을로

AI조상톡허브는 한 가족의 영역을 넘어 지역 사회와 공동체의 기억을 전승하는 문화 자산으로 확장될 수 있습니다.

예를 들어, 고향마을 묘역에 설치된 공동 AI기억도서관은 마을 어르신들의 음성 스토리와 AI뮤직 아카이브를 제공하고, 향교나 사당의 QR 시스템과 연계하여 인물 중심 역사교육 콘텐츠로 활용하며, 지역축제나 효문화 행사에 AI조상뮤직 공연, 가족 기억전시 등으로 활용할 수 있습니다. 이러한 확장은 '기억의 디지털화'와 '문화의 생활화'를 동시에 실현하며, 지역 정체성과 세대 간 감정 연결을 이끌어냅니다.

6. 후손의 마음에 심는 메시지 - 감정이 곧 유산이다

AI조상톡허브는 마지막으로 조상의 감정과 철학을 후손의 삶 속으로 스며들게 합니다.

삶을 성실히 살아라, 사람을 소중히 여겨라, 너는 나의 자랑이다. 이러한 메시지는 사람의 언어이자, 사랑의 언어입니다. 기술은 그것을 왜곡하지 않고 그대로 이어주기 위한 매개체가 될 뿐입니다. 이제, 기억은 무겁지 않고 따뜻하며 추모는 단순히 울음이 아닌 감사와 연결이 됩니다.

AI조상도슨트나 AI조상뮤직은 직계 조상에게만 적용되지 않고, 순국선열들이 계신 현충원 국립묘지(위 사진)나 호국원 등에도 적용가능합니다. 비석에는 이름과 신분에 대한 매우 제한된 정보만 있어서 공감과 교감이 어려운 문제를 해결하는 획기적인 솔루션입니다.

7. 결론 - 기술은 사라진 존재를 다시 우리 곁으로 이끕니다

묘비 앞에 서서 우리는 더 이상 침묵하지 않아도 됩니다. 기억은 말할 수 있고, 조상은 들려줄 수 있으며, 후손은 들을 수 있습니다. 그리고 그 모든 연결은 AI가 만들어주는 새로운 감정 문화입니다. AI조상도슨트는 목소리로, AI조상뮤직은 선율로, AI조상톡허브는 대화로 사랑을 전하고, 기억을 남기고, 가족을 잇습니다. 그것이 바로 기억의 문화이고, 공감의 유산이며, AI융합문화솔루션의 마지막 목적지입니다.

제5장 감정의 문화, 미래로 확장되다 - AI로 전승되는 공감의 유산

1. 감정은 문화를 이끌어온 가장 깊은 동력입니다

역사를 돌이켜보면, 위대한 예술과 문명은 지식이나 기능에서 비롯된 것이 아니라, 슬픔과 사랑, 외로움과 연민, 감사와 감동 같은 '감정'에서 시작되었습니다. 김홍도의 풍속화가 사람들의 표정을 기록했고, 고려청자의 곡선은 장인의 숨결을 담았으며, 판소리의 절규는 백성의 눈물을 노래했습니다. 이처럼 감정은 문화의 시작이며, 공감은 전승의 핵심입니다. 오늘날 우리는 AI라는 기술을 통해 이 감정을 다시 해석하고, 다시 연결하며, 더 많은 이들과 공유할 수 있는 도구를 갖게 되었습니다.

2. 공감은 기술을 문화로 변화시키는 열쇠입니다

기술은 본래 중립적인 존재입니다. 그러나 그 기술이 사람의 감정을 담기 시작할 때, 기술은 단순한 도구에서 벗어나 문화로, 철학으로, 가치로 승화됩니다. 예를 들어, 반려견과의 산책길에서 들려오는 AI펫뮤직은 함께했던 따뜻한 날을 추억하게 하며, 병원 대기실에서 흐르는 AI도슨트의 위로는 두려움을 줄이고 신뢰를 쌓아줍니다. 조상의 묘비 앞에서 들려오는 AI음성은 후손의 눈시울을 적시며 정체성을 되새기게 합니다. 이 모든 순간은 기술이 감정을 촉진하고, 감정이 문화를 이루며, 문화가 다시 삶을 변화시키는 순환의 구조를 보여줍니다.

3. 감정의 문화는 세대를 잇는 다리입니다

기억은 한 사람에게는 추억이고, 여러 사람에게는 유산이며, 문화적으로는 정체성입니다. AI가 전달하는 감정은 단지 사용자 개인에게 머물지 않습니다. 그것은 가족 전체, 세대

전체, 지역 공동체 전체로 퍼져나가 '공감의 유산'이 됩니다.

할머니가 생전에 좋아하던 노래가 손녀의 결혼식장에서 다시 불려질 수 있고, 돌아가신 아버지의 유머가 AI톡허브 대화를 통해 어린 손자에게 전해질 수 있으며, 과거의 추억이 담긴 음악이 가족 앨범처럼 공유되어 명절마다 함께 감상되는 문화가 될 수 있습니다. 이처럼 AI는 단절된 기억을 연결하고, 사라질 뻔한 감정을 회복시키며, 지금의 우리를 과거와 미래로 이어주는 정서적 아카이브 역할을 합니다.

4. 감정 중심 문화는 '개인의 일상'을 '공감 가능한 콘텐츠'로 바꿉니다

앞으로의 문화는 더 이상 '위대한 예술가'만이 만드는 것이 아닙니다. 누구의 삶이든 그 안에 감정이 있고, 이야기가 있으며, 음악이 있다면 그 자체가 하나의 문화 콘텐츠가 될 수 있습니다.

어느 농부의 평범한 하루를 담은 AI도슨트, 치매를 앓고 있는 할머니의 기억 조각을 모은 AI뮤직, 시골 마을 어르신의 일화를 들려주는 AI 이야기 서비스처럼 감정 중심 AI 콘텐츠는 모두가 '문화의 주체'가 되고, 누구나 '감동의 창작자'가 될 수 있는 시대를 엽니다. 그리고 이러한 콘텐츠는 우리 사회가 더 따뜻하고, 더 포용적인 공동체로 발전하는 토대가 됩니다.

5. 문화의 진화 - 설명에서 공감으로

이해에서 감정으로 전통적인 문화해설은 정보를 제공하는 데 초점이 있었습니다. 그러나 AI융합문화솔루션은 그 패러다임을 바꿉니다. 이제 중요한 것은 '무엇을 알았느냐'가 아니라 '무엇을 느꼈느냐'입니다. 경복궁의 근정전 앞에서 조선의 아침을 알리는 음악을 듣는 감동, 독립기념관에서 항일운동가의 회한과 의지를 음악으로 만나는 몰입, 전통마을의 골목에서 조부모의 추억을 AI 도슨트로 만나는 순간들. 이 모든 감상은 정보가 아니라 감정에서 시작되고, 그 감정이야말로 가장 오래 남는 유산이 됩니다.

6. 미래는 기술이 아니라 '사람'을 중심에 둘 때 완성됩니다

우리는 종종 기술을 발전의 목적처럼 생각하지만, AI융합문화솔루션이 보여주는 것은 분명합니다. 기술은 수단일 뿐이고, 그 중심에는 항상 '사람'이 있습니다. 외로운 이들을 위로하는 음악, 잊힌 이들을 기억하는 도슨트, 다시 묻고 싶었던 질문에 답해주는 AI 대화처럼, 이 모든 콘텐츠는 결국 '사람을 위로하고, 사람을 이해하며, 사람을 사랑하는 기술'입니다. 그리고 이것이야말로 AI문화기술이 가져올 가장 아름다운 미래입니다.

7. 결론 - 공감은 유산이 되고, 감정은 기술로 전해집니다

우리는 지금, 기억을 잇는 시대, 감정을 기술로 전승하는 시대에 서 있습니다. AI가 감정을 설명하고, 관계를 이어주며, 공감을 유산으로 남겨주는 시대. 앞으로의 문화는 더 이상 관람을 위한 것이 아니라 참여하고, 느끼고, 공감하며, 함께 살아가는 문화가 될 것입니다. AI는 그 모든 연결의 가교이며, 감정과 기술이 만나는 지점에서 새로운 문화의 지평을 열고 있습니다.

PART 05 | 정책, 예산, 실행 전략

제1장 공공기관에서 도입하기 위한 실행 로드맵

– 기획부터 현장 운영까지, AI융합문화솔루션의 단계별 적용 전략

우리가 지금까지 살펴본 2부의 다양한 적용 사례들 – 강화도 고인돌, 경복궁, 전통마을, 사찰, 테마파크, 해외 문화원 등 –은 모두 AI도슨트, AI뮤직, AI톡허브 기반의 문화 감상 혁신이 실제로 가능한 현실임을 보여주었습니다.

그러나 이처럼 우수한 기술도 실제로 현장에 적용되기 위해서는, 공공기관 담당자의 기획력, 정책 목표와의 정렬, 실행 예산, 협업 네트워크, 유지관리 계획 등 실무 차원의 디테일이 철저히 뒷받침되어야 합니다.

이 장에서는 AI융합문화솔루션을 실제 문화유산이나 공공 전시 공간에 도입하려는 공공기관(문화재청, 지방자치단체, 박물관·미술관, 문화원 등)의 담당자가 기획부터 운영까지 단계별로 따라야 할 전체 실행 로드맵을 구체적인 예시와 체크리스트와 함께 안내합니다.

■ 1단계 : 도입 기획 (정책 목표 수립과 대상지 선정)

1. 전략적 질문으로 시작하기

도입 이전에 가장 먼저 던져야 할 질문은 '왜 AI융합문화솔루션인가?'입니다. AI 기술을 단순히 '신기한 기능'으로 도입하는 것이 아니라, 해당 공간의 '문화적 한계'를 근본적으로 해결할 수 있는 전략이 되어야 합니다.

주요 질문 예시:

- 기존의 해설판, 리플렛이 외국인이나 청소년에게는 무용지물은 아니었는가?
- 공간은 멋있지만, 관람객이 '이해'하지 못하고 '느끼지' 못하는 것은 아닌가?
- 도슨트 인력을 배치하기 어려운 소규모 전시관에 AI는 대안이 될 수 없는가?
- 정적인 감상 방식을 몰입형 콘텐츠로 바꾸어야 할 시점은 아닌가?

2. 적용 대상지 선정 기준

- 방문객 수가 많거나 성장 가능성이 높은 공간
- 다국어 해설이 필요한 관광지
- 현장 해설 인력이 없는 유적지/전시공간
- 감성 콘텐츠(음악, 스토리텔링)가 효과적인 장소
- 지역 주민, 외국인, 어린이 등 다양한 대상층을 가진 공간

3. 공간 진단

- 공간 구조(야외/실내), 전시물 동선, 정보 제공 위치, 휴대폰 사용 가능성 등
- 기존 안내 콘텐츠 유무, 품질, 언어 다양성
- 관람객의 체류 시간, 감상 흐름, 참여도 분석

예: 한옥마을은 외국인이 많고 구조가 복잡하므로, QR코드 기반 AI도슨트와 다국어 AI 톡허브가 매우 효과적일 수 있습니다.

■ 2단계 : 콘텐츠 개발 (이야기 중심의 감성형 콘텐츠 기획)

1. 해설 콘텐츠 기획

AI도슨트의 품질은 '해설의 스토리성'에서 결정됩니다. 그림 하나, 기둥 하나에도 사연이 있고 맥락이 있습니다. 전문가가 아닌 시민이 들어도 감동하고, 외국인이 들어도 문화적 정서를 이해할 수 있도록 구성되어야 합니다.

예: "이 기와는 500년을 버텼습니다. 비바람을 맞으며 임금의 꿈과 신하의 다짐을 지켰습니다." → 역사 + 감성 + 언어의 힘

2. 콘텐츠 분화 설계

- 일반 해설 모드
- 어린이 해설 모드(캐릭터 음성, 이야기 중심)
- 외국인 해설 모드(정서 번역 포함)
- 시니어 해설 모드(천천히, 음성 크게)

3. AI뮤직 구성

- 공간마다 테마 사운드 설계: 잔잔한 명상형, 역동적 체험형, 회상형
- 국악 기반/자연음/현대적 사운드 융합 등
- 음악도 '이야기 흐름'을 따라가도록 설계

예: 전통 사찰에서 종소리 + 대금 → 명상 유도
전쟁기념관에서는 북소리 + 현악기 → 긴장감 강화

4. AI톡허브 문답 콘텐츠 구성

- 자주 묻는 질문 수집(실제 관람객 대상 설문 활용)
- 스토리형 응답 구성("좋은 질문이에요! 사실 그건요…"로 시작)
- 후속 질문 제안 + 다음 해설로 연결되는 흐름

예:
    관람객: "왜 고인돌은 돌을 저렇게 얹어놨어요?"
    AI: "그건 아주 좋은 질문이에요. 당시 사람들은 돌에 신을 모셨다고 믿었답니다."
      → 다음 QR: '제의의식 AI뮤직 체험으로 이동'

■ 3단계 : 기술 구현(플랫폼 설계 및 현장 시스템 구축)

1. 플랫폼 구조

- QR 기반 AI도슨트 웹페이지
- AI뮤직은 자동 실행 또는 선택 재생
- AI톡허브는 챗 형태 인터페이스 + 음성 입출력 가능

2. 현장 기술 장비

- 방수·야외용 QR 표지판, 스티커, 안내물
- 실내에선 키오스크 또는 태블릿 부착 가능
- 이어폰 필요 여부 고려(조용한 공간에는 스피커 가능)

3. 기술 연계

- 위치 기반 감상 흐름 연동(BLE, GPS 선택)
- 통계 분석 : 가장 오래 머문 콘텐츠, 인기 질문 등
- 웹 기반 관리 플랫폼 : 콘텐츠 수정, 통계 보기, AI 업데이트 관리

■ 4단계 : 운영과 유지관리(실제로 살아 숨 쉬는 AI도슨트 만들기)

1. 현장 적용 방식

- 기존 안내판 옆에 QR 설치
- 전시관 입구에 "AI도슨트와 함께 감상해보세요" 홍보
- 관람객 대상 AI체험 이벤트 운영

2. 운영 인력 역할

- 기술 유지보수: 월간 점검 및 응답 분석
- 콘텐츠 업데이트: 계절/전시 변경 시 자동 반영
- 관람객 피드백 수렴

3. 홍보 마케팅

- SNS "내가 만난 AI도슨트" 해시태그 캠페인
- 지역 관광 포털 및 안내센터에 QR 링크 공유
- 뉴스레터, 문화소식지에 AI 감상 팁 안내

4. 통합 평가 체계

- 월간 관람객 수 vs AI도슨트 사용률 비교
- AI톡허브 응답 만족도 분석
- 외국어 해설 접근 수/반응률 분석
- 문화 감상 후 인터뷰/설문조사 연계

결론:

AI융합문화솔루션은 기술이 아니라 문화 정책입니다. 공공기관의 담당자가 단순 도입자가 아닌 '감상 방식의 설계자'로 역할을 수행할 때, 문화유산은 단지 보존되는 것을 넘어서, 진심이 전달되고 감동이 살아나는 공간으로 거듭납니다.

제2장 도입을 위한 예산 항목과 지원 과제 연계

– 정책 자원과의 연결 전략이 AI융합문화솔루션의 도입 성공을 좌우한다

공공문화공간에 AI융합문화솔루션을 도입하려 할 때, 담당자가 가장 많이 고민하는 지점 중 하나는 "예산을 어디에서 확보할 수 있는가?", "이런 기술이 정부 과제와 연결될 수 있는가?"입니다.

6위1체 기반 AI도슨트, AI뮤직, AI톡허브 AI융합문화솔루션은 단순한 기술 도입이 아닌, 문화 감상 혁신, 관광 활성화, 디지털 문화 접근성 향상이라는 정책 목적과 밀접하게 연결되어 있기 때문에, 정부 예산, 지자체 보조금, 공공기관 과제와의 연계 가능성이 매우 높습니다.

이 장에서는 실제 예산 항목과 연결할 수 있는 대표 과제를 제시하고, 각각의 항목별 특성과 전략을 상세히 설명합니다. 또한 실무자가 예산을 기획하고 제안서를 구성하는 데 필요한 핵심 체크포인트도 함께 제공합니다.

1-1. 예산 항목별 접근 전략

1. 문화재청 예산 - "문화유산 활용 및 향유 확산"

문화재청은 문화재 보존뿐 아니라 '활용'과 '접근성 강화'를 매우 중요한 정책 축으로 삼고 있으며, 다양한 실감형 콘텐츠, 디지털 콘텐츠, 해설 시스템 구축 사업을 운영 중입니다.

연계 가능한 사업 예시:

- 생생문화재 사업
- 세계유산 해설 콘텐츠 제작 지원
- 무형문화유산 디지털 기록화
- 디지털 문화재 해설 인프라 구축

AI도슨트는 특히 '실감형 해설', '외국어 콘텐츠 강화', '장애인 접근성 강화' 등의 항목에서 기획서 작성 시 높은 우선순위를 받을 수 있습니다.

예산 신청 시 강조 포인트:

- 기존 해설(입간판/리플렛)의 한계 → 몰입형 도슨트 필요성
- 청소년/외국인/디지털 세대 대상 감상 접근성 강화
- 문화유산과 지역 관광 연계를 통한 지역경제 기여

2. 한국관광공사 예산 – "스마트 관광, 관광 콘텐츠 혁신"

관광공사는 최근 수년간 '스마트관광도시', '지능형 관광해설', '지역 특화 콘텐츠 개발' 등에 집중 투자하고 있으며, 지자체 공모와 연계된 공공사업 비중이 높습니다.

연계 가능한 사업 예시:

- 스마트관광도시 조성 지원 사업
- 지능형 관광 콘텐츠 기획 공모
- 관광특구 연계 스토리텔링 콘텐츠 개발
- 외국인 관광객 대상 AR/VR 기반 문화 체험 콘텐츠 지원

AI융합문화솔루션은 다음과 같은 방식으로 연계 가능합니다:

- AI도슨트 + QR시스템 → 비대면 해설 시스템으로 관광지 편의 개선
- 다국어 AI + AI뮤직 → 외국인 관광객 감성 만족도 상승
- 지역 축제/특화거리 → 도슨트 해설 + 음악 콘텐츠 연동으로 감성 관광 실현

실무자가 강조해야 할 포인트:

- 관광객 관람 흐름 개선(입구-전시-체험-마무리)
- 외국인 만족도 지표 향상
- 체류시간 증가 + SNS 공유 확산 가능성

3. 한국콘텐츠진흥원 예산 – "실감형 문화 콘텐츠 기획 및 구현"

콘진원은 AI기반 콘텐츠, XR/AR/VR 콘텐츠, 스토리텔링형 문화상품 등을 지원하며 문화기술 콘텐츠 분야를 선도하고 있습니다.

연계 가능한 과제 유형:

- 실감형 문화유산 해설 콘텐츠 제작
- 지역문화 콘텐츠 IP화 사업
- AI 기반 감성형 콘텐츠 제작 지원
- 지역창의인재와 연계한 문화콘텐츠 사업화 지원

AI도슨트는 콘텐츠 중심 기술이기 때문에 기술보다 스토리텔링, 감성기획, 캐릭터 개발, 음악 콘텐츠 제작에 초점을 맞추어 기획서 구성을 해야 합니다.

강조 포인트:

- '스토리텔링 + 기술 + 감성'이라는 융합형 콘텐츠임
- 현장 기반 데이터(관람객 피드백, 감상 시간 등) 분석 가능
- 영상 콘텐츠, 웹 콘텐츠 등으로의 확장성 강조

4. 지방자치단체 예산 - "지역문화/관광진흥/도시브랜딩 예산과 연계"

지자체는 자체적으로 문화예산, 관광예산, 도시재생예산, 교육예산 등을 운영하며, 중앙정부 예산과의 매칭을 통해 실행 규모를 확장할 수 있습니다.

지자체 예산 항목 예시:

- 지역문화재 활용사업
- 전통시장 관광 콘텐츠 개발
- 관광거점도시 육성 예산
- 마을해설 콘텐츠 제작 사업
- 문화도시 조성 예산

AI도슨트의 경우, '우리 마을의 유물', '도심 속 공공조형물', '전통시장 이야기' 등 다양한 로컬 콘텐츠를 AI해설로 제공하는 방식으로 구성 가능하며, 주민 참여형 콘텐츠(예: 지역 어린이 해설자 목소리, 마을 주민 스토리 수집 등)로도 확장할 수 있습니다.

1-2. 국고보조금 및 지역혁신 프로젝트와의 연계 전략

1. 지역혁신플랫폼(RIS)과의 연계

국가균형발전특별회계로 운영되는 RIS 사업은 지역 대학, 연구소, 기업, 지자체가 협력하여 신기술 기반 지역 콘텐츠를 개발하도록 지원합니다.

AI융합문화솔루션은 대학 미디어학과/관광학과/AI연구소 등과 연계하여 시범 프로그램으로 신청 가능하며, 지역 청년 고용 창출 효과까지 함께 설계 가능합니다.

2. 국고보조금 공모와 매칭펀드 연계

문화체육관광부, 행정안전부, 여성가족부 등 각 부처에서 운영하는 공공문화콘텐츠 공모전, 마을해설 콘텐츠 공모, 관광환경 개선 사업 등에 지자체가 신청 시 국고보조금 매칭이 가능하며, AI도슨트는 타 지역과 차별화된 문화기술 콘텐츠로 우수 평가를 받을 수 있습니다.

예:
"청소년의 질문을 기반으로 해설이 작동하는 AI도슨트를 우리 지역 성지에 설치한다."
→ 콘텐츠 독창성 + 디지털 세대 접점 + 타 지자체 전파 가능성 평가

3. 시범사업 → 정책 확대 전략

초기에는 소규모 대상(예: 3개 포인트, 1개 유적지, 1개 전시공간)으로 시범 도입 후 관람객 피드백 + 시스템 데이터 + 만족도 설문 등을 축적하여 1년 뒤 정책사업으로 확대하거나, 타 부처 협업사업(예: 교육부, 중기부, 국토부 등)으로 연계 가능합니다.

1-3. 실무자를 위한 예산 기획 체크리스트

실제로 AI융합문화솔루션의 예산을 기획하거나 제안서를 작성해야 하는 공공기관 실무자를 위해 다음과 같은 체크리스트를 활용할 수 있습니다.

- 우리 기관/지자체의 정책 목표와 어떤 연결점이 있는가?
- 타 유사 기관 대비 AI 해설 콘텐츠의 차별성은 무엇인가?
- 해설 콘텐츠 + AI기술 + 문화 감상의 결합 지점은 어디인가?
- 몇 개 포인트, 몇 개 언어, 몇 개 해설을 구현할 것인가?
- 예산은 인건비 중심인가, 기술 개발비 중심인가?
- 기획서에 '관람객 감성 변화'와 '관람 만족도 증대'가 드러나는가?
- 사업 종료 후 유지 관리와 확산 계획은 어떻게 구성되어 있는가?
- 지역 민간기업, 대학, 예술가와의 협력 구조는 가능한가?

제3장 AI문화도슨트가 바꾸는 10년 뒤의 문화 감상

- 정적인 유산에서 살아 있는 감정의 공간으로

우리는 지금, 문화 감상의 패러다임 전환점에 서 있습니다. 수천 년의 시간 동안 돌, 종이, 건물에 새겨져 보존되어 온 문화유산은 오늘날 디지털 기술을 만나 '경험 가능한 이야기'로 다시 살아나고 있습니다. 그리고 그 변화의 중심에는 AI도슨트, AI뮤직, AI톡허브, QR 시스템, 다국어 해설이 통합된 6위1체 AI융합문화솔루션이 있습니다.

이 장에서는 이 기술이 앞으로 10년 동안 문화 감상이라는 일상적 행위를 어떻게 바꾸어 놓을지, 문화정책, 관광산업, 교육, 사회적 감수성에 어떤 영향을 미칠지를 총체적으로 조망해보겠습니다.

1. 문화유산은 '보는 것'에서 '만나는 것'으로 바뀐다

10년 뒤, 우리는 문화유산을 단순히 눈으로 보는 것이 아니라 그 안의 역사와 인물을 직접 '만나는 것'처럼 경험하게 됩니다.

예: 경복궁 근정전 앞에서

과거: • "근정전은 조선시대 왕이 공식 행사를 치르던 공간입니다."
      • 관람객은 설명을 읽고 사진을 찍고 지나감.

미래: • AI도슨트가 말합니다:
      "임금이 이 계단을 밟을 때마다, 신하들은 숨을 죽였습니다. 지금부터 당신은 15세기 조선의 아침을 함께 걸어가게 됩니다."

- AI뮤직은 궁중 정악을 바탕으로 재해석한 배경음을 재생.
- AI톡허브에 관람객이 묻습니다: "왕이 되는 건 행복했을까요?"
  AI가 고종의 편지를 인용해 대답합니다.
  → 문화유산은 단순한 건물이 아닌, 당시 사람들의 마음과 선택, 감정과 결정을 함께 감상하게 되는 '정서적 인터페이스'가 됩니다.

2. AI도슨트는 '기억하는 기계'가 아니라 '느끼는 동반자'가 된다

AI도슨트는 단순한 정보의 나열이 아니라 관람객의 감정, 질문, 해석을 기반으로 감상 여정을 함께 설계하는 감성 동반자로 진화합니다.

예:
- 관람객 ①: 20대 청년
  질문: "이 그림은 왜 이렇게 어두워요?"
  → AI: "이 화가는 당시 민중의 절망을 어둠으로 표현했습니다. 당신은 어떤 시대를 살고 있나요?"

- 관람객 ②: 60대 관람객
  질문: "예전엔 이런 그림들이 무섭게 느껴졌어요."
  → AI: "그건 자연스러운 반응이에요. 하지만 이 화가에게는 이 색이 가장 솔직한 감정이었죠."

- 관람객 ③: 외국인 관광객
  질문: "이 전통 의상은 일본 기모노와 비슷하네요."
  → AI: "좋은 관찰이에요. 그러나 한복은 기모노보다 유려한 선과 속옷의 개념이 달랐습니다."

→ AI는 각 관람객의 성별, 연령, 국적, 감정 패턴을 분석하여 개인 맞춤형 해설을 제공하며, 관람객은 그 순간 '존중받고 있다'는 감정을 갖게 됩니다.

3. AI뮤직은 감상 흐름의 공감곡선을 설계하는 예술이 된다

AI뮤직은 단순히 배경음이 아니라 감상의 깊이와 방향을 설계하는 중요한 구성요소로 기능합니다.

- '역사관에서의 감정 곡선'
  초입: 전통 북소리와 함께 등장하는 긴장감
  → 본전: 묵직한 저음의 관현악, 침묵의 역사
  → 후반: 회상과 회복의 분위기, 첼로+대금의 화합
- '미술관에서의 감성 스펙트럼'
  현대미술 앞: 전자음 기반 AI 생성 음악
  → 추상화 앞: 사운드 아트 중심의 무조 음악
  → 고전 회화 앞: 바이올린 중심 서정적 선율

관람객은 AI뮤직을 통해 시각과 청각이 감정을 동시에 자극받는 몰입을 경험하게 되며, 그 감정은 오랫동안 기억에 남습니다.

4. AI톡허브는 질문의 양방향성과 감상의 지속성을 만들어낸다

기존의 문화 감상은 질문이 없었습니다. 혹은 질문이 있어도 답을 얻을 길이 없었습니다. 그러나 AI톡허브는 질문을 가능하게 만들고, 그 질문이 새로운 감상의 문을 열게 합니다.

- "이 돌은 왜 이렇게 생겼어요?"

- "저 사찰은 왜 산 중턱에 있어요?"
- "전쟁에서 졌는데도 기념관을 왜 만들었어요?"
- "그림 속 인물은 행복했을까요?"

AI는 단지 설명이 아닌, '함께 고민해보는 친구'로서 반응합니다. 그리고 감상 후 "이 질문은 오늘 당신만이 던진 특별한 질문이었습니다."라고 기록을 남깁니다. 질문은 기억되고, 감상은 참여가 되고, AI는 관람객과 관계를 맺게 됩니다.

5. 문화 감상은 일상으로 확장된다

10년 후 AI도슨트는 미술관과 유적지, 사찰과 고궁을 넘어 일상 속 작은 공공 조형물, 시장, 전통 거리, 마을 골목, 학교 운동장 옆 기념비까지 스며들게 됩니다.

- 동상 옆에 붙은 QR을 찍으면, "이 분은 1953년, 당신이 사는 마을에서 큰 변화를 이끌었던 인물입니다." AI가 지역의 스토리를 이야기합니다.
- 시장의 전통 간판 앞에서 "이 글씨는 ○○ 서예가가 써주신 겁니다. 손글씨는 이곳의 70년 역사를 담고 있죠."

→ 문화 감상은 특별한 장소가 아니라 '내가 살아가는 공간'에서, '내가 살아가는 언어'로 이루어지는 일상이 됩니다.

6. 문화정책은 '하드웨어'에서 '경험 설계'로 이동한다

10년 뒤의 문화정책은 건물을 짓는 것보다, 콘텐츠를 설계하는 데 더 많은 예산을 씁니다.

- 박물관 한 채보다 AI도슨트가 설치된 100개의 지역 감상 포인트

- 인쇄물보다 모바일 AI스토리북 + AI뮤직 + AR감상 연계 콘텐츠
- 전시 수보다 감상자의 만족도, 질문 수, 체류시간, SNS 공유율 등

문화정책은 더 이상 '무엇을 만들었는가?'보다 '어떻게 느끼게 했는가?'를 중심으로 운영됩니다. 그 중심에 AI도슨트가 있습니다.

7. 결론 – AI가 확장한 것은 '기억'이 아니라 '감정'이다

AI도슨트는 단지 기억된 사실을 말해주는 도구가 아닙니다. 그것은 관람객의 감정을 공명시키고, 역사의 인물과 우리의 마음을 연결시키는 다리입니다. AI는 유물과 관람객 사이, 그림과 나 사이, 과거와 현재 사이를 말하게 만들고, 들리게 만들며, 공감하게 합니다.

그렇기에 10년 뒤의 문화 감상은 더 이상 '보는 것'에 머물지 않고, '살아 있는 것'이 됩니다. 우리가 전시장에서 마주하는 하나의 유물, 한 점의 그림, 한 사람의 이야기는 AI를 통해 숨을 쉬고, 감정을 나누며, 현재와 함께 호흡하게 될 것입니다.

그리고 그 중심에는 지금 우리가 시작한, 작고 조용한 AI융합문화솔루션의 한 점이 자리합니다. 이 작은 점은 곧 거대한 변화의 물결로 퍼져나가, 감정이 살아 숨 쉬는 문화, 모두가 연결되는 감상의 시대를 열어갈 것입니다.

PART 06 AI 문화기술, 누구나 정책으로 실현할 수 있는 시대

— K-컬처 AI솔루션의 정책 활용 매뉴얼

제1장 왜 AI 문화기술이 정책이 되어야 하는가?

1. 기술과 문화, 정책의 새로운 만남

우리는 지금 기술이 문화의 경계를 넘어서고, 문화가 정책의 전면에 등장하는 전환의 시대를 살아가고 있습니다. 특히 인공지능(AI)은 단순한 디지털 도구를 넘어서, 문화의 해석자이자 전달자, 그리고 체험의 동반자로서 자리 잡고 있습니다.

과거 정책은 교통, 주택, 복지, 안보 등 실물 기반의 삶을 다루는 데 집중되어 있었습니다. 그러나 디지털 시대의 정책은 삶의 질, 감성, 창의성, 경험의 질을 다루기 시작했고, 바로 그 중심에 '문화기술'이 자리하게 된 것입니다.

AI가 해설하고, AI가 음악을 들려주고, AI가 질문에 답해주는 시대. 이러한 변화는 관람객이 단순히 콘텐츠를 보는 것을 넘어, 참여하고, 몰입하고, 감동받는 체험으로 문화의 기능을 확장시키고 있습니다. 그리고 이것은 더 이상 선택이 아닌, 국가와 지역이 갖춰야 할 정책 자산이 되어가고 있습니다.

2. AI 문화기술은 왜 정책화되어야 하는가?

문화정책은 이제 단순한 행사 개최나 시설 운영의 차원을 넘어, 국가경쟁력, 지역 경제, 정서 복지, 청년 일자리 등 다양한 정책 목표를 통합적으로 실현할 수 있는 핵심 축이 되고 있습니다. 그 중심에 AI 문화기술이 있습니다.

AI 문화기술은 다음과 같은 이유로 정책화될 필요가 있습니다.

① 다층적 효과: 하나의 정책이 동시에 관광 활성화, 교육, 정서 안정, 고용 창출, 기술 진흥이라는 다중 효과를 냅니다.
② 실행 가능성: 이미 시범적으로 운영된 AI 도슨트, AI뮤직, AI펫톡허브 등의 솔루션은 실제 정책 예산으로 전환 가능한 실현 가능한 기술입니다.
③ 정책과 기술의 접점: 기존의 문화정책이 예술 지원 중심이었다면, AI 문화기술은 기술-정책-문화를 통합한 새로운 정책 패러다임을 형성합니다.
④ 지역 맞춤형 확장성: 지역의 정체성에 따라 고인돌, 전통한옥, 민속마을, 기념관 등에 특화된 AI 문화기술을 적용할 수 있어 보편성과 지역성의 조화를 이룹니다.

3. 정책의 사각지대를 메우는 AI 문화기술

문화적 소외 지역, 정보 접근성이 낮은 노년층, 외국인 관광객 등은 전통적인 방식의 문화정책에서 자주 배제되곤 했습니다. 그러나 AI 기술은 언제 어디서든 다국어 해설, 시청각 콘텐츠, 감성 해설 등을 통해 누구에게나 열려 있는 문화 접근권을 제공합니다.

또한 AI 콘텐츠는 데이터를 축적할수록 사용자 맞춤형 정보 제공이 가능해지기 때문에, 기존 문화시설이 가진 "일방적 설명의 한계"를 넘어서, "쌍방향 대화형 정책"으로 발전할 수 있습니다.

4. 정책 혁신은 기술이 아니라 '접목 방식'에 달려 있다

많은 지방자치단체나 행정부처가 "기술을 도입했다"는 사실을 내세우지만, 그것이 정책적 임팩트로 이어지지 않는 경우가 많습니다. 그 이유는 기술이 중요한 것이 아니라, 기술을 정책에 어떻게 접목시켰는가가 더 중요하기 때문입니다.

AI 문화기술은 기술 그 자체보다, 국민이 어떻게 문화 체험을 더 쉽고 풍부하게 느끼는가에 집중해야 합니다. 그리고 그 과정에서 정책 설계자와 기술 개발자, 콘텐츠 생산자 간의 협력이 필요합니다.

5. 결론: 문화기술을 정책기술로 전환할 때

우리는 AI를 통해 '문화 콘텐츠'를 넘어 '문화 정책'의 새로운 장을 열고 있습니다. AI 문화기술은 단지 기술적 진보가 아니라, 사람 중심의 공감 정책으로 진화해야 하며, 이제는 국가도, 지역도, 후보자도 이 흐름을 주도해야 할 때입니다.

제2장 K-컬처 AI솔루션의 10대 공공정책화 모델

① AI 기반 K-컬처 글로벌 확장 프로젝트
② AI 문화기술 기반 지역 경제 활성화 프로젝트
③ 청년·시니어 AI 일자리 창출 프로젝트
④ 스마트시티 및 지역 인구 소멸 방지 프로젝트
⑤ AI 문화교육 확대 및 글로벌 인재 양성 프로젝트
⑥ 디지털 문화유산 보존 및 글로벌화 프로젝트
⑦ AI 감성 힐링 관광 인프라 구축 프로젝트
⑧ 디지털 전환을 통한 소상공인·자영업자 지원 프로젝트
⑨ AI 기반 지역특화 문화 콘텐츠 육성 프로젝트
⑩ 미래형 AI 문화산업 클러스터 조성 프로젝트

정책은 단순히 기술을 도입하는 것에서 그치지 않습니다. 중요한 것은 그 기술이 사람들의 일상에 어떤 변화를 가져오는지를 설계하고 실현하는 일입니다. 특히 문화기술은 단순한 문화체험을 넘어서 관광, 지역경제, 교육, 복지, 일자리까지 포괄적으로 영향을 미칠 수 있는 종합적 정책 자산입니다.

오늘날 우리는 문화정책의 방향을 근본적으로 재설계해야 하는 시점에 놓여 있습니다. 그리고 그 새로운 길을 여는 열쇠가 바로, 인공지능(AI) 기반의 K-컬처 문화기술 솔루션입니다.

AI 문화기술은 단순한 자동 해설 기기나 정보 전달 시스템이 아닙니다. 그것은 사람들의 감정, 기억, 체험을 데이터와 연결하여 새로운 감각의 경험을 제공해주는 통로이며, 그 자체로 하나의 정책 플랫폼이라고 할 수 있습니다. 이러한 플랫폼은 대통령 후보의 국가 비전 공약으로도, 지방자치단체장의 지역 공약으로도, 또는 지역 의원의 생활정책으로도

실현이 가능합니다.

이에 따라 본 장에서는 지금까지 축적된 실증 경험과 콘텐츠 개발 사례들을 토대로, 현실적이고 실현 가능한 10대 공공정책 모델을 제안드립니다. 이 모델들은 단독으로 실행해도 효과가 있으며, 서로 유기적으로 연계될 경우 훨씬 큰 시너지 효과를 발휘할 수 있습니다.

먼저, 'AI 기반 K-컬처 글로벌 확장 프로젝트'는 외국인 관광객 유치와 국가 브랜드 경쟁력 강화를 목표로 합니다. 문화유산, 박물관, 미술관, 전통시장 등 다양한 공간에 AI 도슨트, AI 뮤직, 다국어 해설 시스템을 도입함으로써, 외국인에게 몰입형 체험을 제공하고 한국 문화의 매력을 극대화할 수 있습니다. 이는 단순한 관광이 아니라 문화외교의 전략이 될 수 있습니다.

둘째로, '지역경제 활성화를 위한 AI 문화관광 프로젝트'는 지역 고유의 역사문화 자산을 AI 콘텐츠로 재구성하여 관광객 유입을 유도하고 지역경제를 살리는 전략입니다. 강화도 고인돌, 전주한옥마을, 안동하회마을, 김구기념관 등은 이미 상징성을 갖춘 명소들입니다. 여기에 AI 해설, 뮤직, 다국어 시스템을 적용하면 관광객의 만족도는 물론 재방문율도 크게 높일 수 있습니다.

셋째, '청년·시니어 대상 AI 일자리 창출 프로젝트'는 고령화와 청년실업이라는 이중과제를 동시에 해결할 수 있는 정책입니다. AI 도슨트 운영자, 콘텐츠 기획자, 큐레이터 등 새로운 디지털 문화 직업군을 창출하고, 시니어를 위한 문화해설 보조 인력도 양성하여, 다양한 세대가 함께 참여하는 문화 일자리를 만들 수 있습니다.

넷째, '스마트시티와 연계한 AI 문화체험 인프라 구축'은 도시의 문화감수성을 높이고 시민 삶의 질을 향상시키는 정책입니다. 공공도서관, 공원, 지하철역, 시청 민원실 등 일상의 공간에 QR 기반 AI 해설 시스템을 도입하면, 일상이 곧 문화 체험이 되는 도시로 탈바

꿈할 수 있습니다.

다섯째, 'AI 문화교육 확대 및 미래 인재 양성 프로젝트'는 청소년과 청년 세대를 글로벌 문화인재로 육성하는 데 목적이 있습니다. 초중고 정규과정에 AI 문화 콘텐츠 창작 수업을 도입하고, 대학 및 전문기관에는 융합전공을 신설하여 기술과 예술을 함께 배운 인재를 양성할 수 있습니다.

여섯째, '디지털 문화유산 보존 및 가상체험 서비스'는 우리 문화유산을 디지털로 기록하고, 전 세계 누구나 체험할 수 있도록 온라인 전시를 제공하는 정책입니다. VR·AR 콘텐츠와 AI 해설이 결합되면, 과거를 현재처럼 느끼는 감각적 역사 교육이 가능해집니다.

일곱째, 'AI 감성 힐링 관광 인프라 구축 프로젝트'는 정서적 안정과 치유를 중심에 둔 웰니스 관광 전략입니다. 강아지숲, 산림치유센터, 사찰 명상 공간 등에서 AI 펫도슨트, 펫뮤직, 펫톡허브를 통해 정서적 위로와 정보를 제공함으로써, 관광을 통한 국민 정서 복지 정책으로 발전할 수 있습니다.

여덟째, '디지털 전환을 통한 소상공인·자영업자 지원 프로젝트'는 AI 기술을 통해 지역 상권을 살리는 실질적인 경제정책입니다. AI 기반 마케팅 솔루션을 제공하고, 지역 축제와 연계된 콘텐츠를 소상공인이 직접 활용하게 하면, 디지털 취약계층이 기술 격차를 극복하고 새로운 기회를 얻게 됩니다.

아홉 번째, '지역특화 AI 문화콘텐츠 육성 프로젝트'는 각 지역 고유의 역사, 인물, 전통을 AI 콘텐츠로 재해석하고, 지역 경제와 관광산업으로 연결하는 정책입니다. 제주 4.3, 독도 스토리, 명량대첩과 같은 이야기를 AI가 전달하면, 지역은 하나의 살아있는 문화 플랫폼이 됩니다.

열 번째로, '미래형 AI 문화산업 클러스터 조성 프로젝트'는 국가의 고부가가치 산업기반을 마련하는 전략입니다. 주요 거점에 AI 문화산업 특구를 조성하고, 콘텐츠 기업, 스타트업, 대학, 연구기관이 융합된 산업 생태계를 만들면, 수출 가능한 문화기술 산업이 육성될 수 있습니다.

이러한 10대 정책 모델은 단독으로도 실행 가능하지만, 연계할 경우 훨씬 더 큰 효과를 냅니다. 예를 들어, AI 문화교육을 받은 청년이 콘텐츠를 제작하고, 그것이 지역 관광 콘텐츠로 사용되어 관광객 유입을 늘리고, 소상공인이 매출을 올리는 선순환 구조가 형성됩니다. 이처럼 기술-교육-문화-경제가 유기적으로 연결되는 종합 정책이 되는 것입니다.

무엇보다 이 정책들은 대도시만을 위한 전략이 아닙니다. 강화도, 군산, 공주, 곡성, 진도와 같은 중소규모 도시나 군 단위 지역에서도 충분히 시도할 수 있으며, 시범 적용을 통해 전국 확산이 가능한 모델입니다.

결론적으로, 문화는 미래를 형성하고, 기술은 그것을 확장시키며, 정책은 그것을 실현하는 결단입니다. AI 문화기술을 정책으로 전환하는 리더십이야말로, 21세기 국가와 지역을 변화시킬 가장 강력한 전략이 될 것입니다.

제3장 정책 적용 대상별 활용 가이드

– 대통령, 국회의원, 지방자치단체장, 그리고 공공기관 모두가 사용할 수 있는 문화기술 정책 활용법

오늘날 문화정책은 더 이상 문화체육관광부나 일부 부처의 전유물이 아닙니다. 이제는 대통령 후보의 국가 전략에서부터, 국회의원의 지역 발전 공약, 지방자치단체장의 실현 가능한 생활정책, 그리고 공공기관의 혁신 사업까지 AI 문화기술은 전방위적으로 적용 가능한 범용 정책 도구로 확장되고 있습니다.

이 장에서는 K-컬처 AI솔루션이 어떻게 다양한 정책 주체들에 의해 전략적으로 활용될 수 있는지, 적용 대상별 가이드를 중심으로 설명드리고자 합니다. 정책을 만드는 분들이 이 솔루션을 자신의 상황에 맞게 유연하게 활용하실 수 있도록 구성하였습니다.

1. 대선·총선 후보자를 위한 국가 차원의 비전 전략

국가 전략 차원에서 AI 문화기술은 다음과 같은 방식으로 활용하실 수 있습니다.

- 대한민국 K-컬처 국가 브랜드 전략의 핵심 도구로 활용됩니다.
  예를 들어, 'AI 기반 글로벌 전시 플랫폼'과 'AI 도슨트 국가 네트워크 구축'은 외국인 관광객 유치, 국가 이미지 제고, 수출산업 강화 등과 직결되는 전략입니다.
- 문화와 기술을 융합한 고부가가치 산업 육성 정책으로 활용됩니다.
  AI 문화산업 클러스터 조성은 디지털 경제, 청년 고용, 콘텐츠 수출, 기술 혁신까지 연계되는 종합 국가산업 전략으로 발전할 수 있습니다.
- 지방균형발전 정책의 강력한 실행 도구로 활용됩니다.
  지방의 전통문화에 AI 콘텐츠를 결합하면 지역 고유성을 살리면서도 청년 정착, 관광객 유입, 지역 브랜드 강화 등 다층적 효과를 기대할 수 있습니다.

2. 광역단체장(시장·도지사)을 위한 지역 균형발전 전략

지역구를 기반으로 활동하시는 입법자들에게는 다음과 같은 방식으로 전략적 활용이 가능합니다.

- 지역 주민에게 체감되는 생활밀착형 문화정책으로 제시할 수 있습니다.
  AI 해설이 적용된 박물관, 역사현장, 공원 등의 인프라 확대는 지역 주민의 자긍심을 높이고 교육·관광·경제가 융합된 지역발전 모델로 작용합니다.
- 지역 관광 산업 활성화를 위한 입법과 예산 확보에 기여할 수 있습니다.
  AI 문화기술은 상대적으로 적은 비용으로 큰 효과를 창출할 수 있기 때문에, 타 예산 항목 대비 정당성과 실현 가능성이 높습니다.
- 지역문화와 주민감성에 기반한 콘텐츠를 통해 유권자 공감력을 높일 수 있습니다.
  예를 들어, "우리 지역 이야기"를 AI가 설명하는 콘텐츠는 유권자에게 감성적으로도 정책적으로도 큰 반응을 이끌어낼 수 있습니다.

3. 기초단체장(군수·구청장)을 위한 생활밀착형 정책 활용

지방자치단체장님과 실무 공무원분들께서는 다음과 같이 활용하실 수 있습니다.

- 지역 문화예산을 효과적으로 쓰는 혁신적 사업 모델로 활용됩니다.
  기존의 인쇄물 중심, 오프라인 행사 중심 사업에서 벗어나 AI 도슨트, AI 음악, QR 기반 해설 시스템 등 디지털 문화 인프라 사업으로 전환할 수 있습니다.
- 시·군 단위에서도 도입 가능한 '작은 성공 모델'을 만들 수 있습니다.
  소도시나 군 단위에서도 1~2개 유적지나 명소를 대상으로 시범 적용 후, 성과를 기반으로 점진적 확산이 가능합니다.
- 지역민 참여와 교육을 병행할 수 있는 일자리 창출형 사업이 됩니다.

지역 해설사, 콘텐츠 제작자, 청년 작가, 시니어 안내자 등 다양한 주민을 참여시켜 정책의 지속가능성과 공동체성을 높일 수 있습니다.

4. 교육감 및 교육부문 정책가를 위한 AI 문화교육 모델

AI 문화기술은 교육 및 공공문화기관에서도 실질적인 전략으로 활용이 가능합니다.

- AI 문화교육 콘텐츠를 활용한 정규 교육과정 개편이 가능합니다.
  창의적 체험 활동, 지역사회 탐방 수업, 디지털 콘텐츠 제작 수업 등에 AI 도슨트와 관련 자료를 도입하면 미래형 융합교육 콘텐츠로 인정받을 수 있습니다.
- 지역 박물관, 전시관, 기념관의 운영방식을 AI 중심으로 전환할 수 있습니다.
  운영 인력이 부족하거나 콘텐츠가 한정적인 문화시설에서 AI 도슨트는 지속 운영 가능하고 품질 높은 해설 콘텐츠를 제공할 수 있습니다.
- 시민참여형 AI 문화자원 탐험 프로젝트로 지역 커뮤니티 활성화가 가능합니다.
  예를 들어, 학생이나 지역민이 AI용 콘텐츠를 직접 만드는 워크숍을 운영하면, 지역에 대한 이해도와 참여도, 자부심이 동시에 상승합니다.

5. 문화관광공사 및 지자체 기관을 위한 실행 매뉴얼

AI 문화기술은 공공영역뿐만 아니라 민간에서도 적극적으로 활용이 가능합니다.

- 문화 콘텐츠 기업, 공연기획사, 박람회 운영사 등과 연계한 비즈니스 모델 창출이 가능합니다.
  AI 해설 콘텐츠, 감정반응형 음악, 인터랙티브 도슨트 시스템은 체험 기반 전시와 공연 콘텐츠에서 큰 가치를 창출합니다.
- 관광 플랫폼 및 지역 여행 스타트업의 차별화 경쟁력으로 활용됩니다.

"AI가 해설하는 지역여행 코스"는 여행자에게 새로운 경험을 제공하고, 스타트업에는 서비스 혁신 기회를 제공합니다.
- 사회공헌(CSR) 또는 ESG 활동의 하나로 AI 문화기술을 활용할 수도 있습니다. 예를 들어, 문화접근성이 낮은 계층(노인, 장애인, 다문화가정 등)을 위한 AI 문화기술 지원은 사회적 책임과 기업 브랜드 이미지 향상에도 기여합니다.

결론: 누구든 정책 설계자가 될 수 있는 시대

이제는 대통령만 정책을 만들고, 장관만 추진하는 시대가 아닙니다. 시민사회, 스타트업, 교사, 예술가, 청년 모두가 하나의 문화정책을 제안하고 실현할 수 있는 시대입니다. AI 문화기술은 그 접점에서, 누구나 실현 가능한 정책 도구이자 콘텐츠 플랫폼이 되어주고 있습니다.

정책을 만드는 분들께서는 이 기술을 전략적으로 활용하시되, 항상 사람 중심의 감성과 참여 중심의 철학을 함께 담아주시면 좋겠습니다.

그럴 때 이 정책은 단지 '스마트한' 정책이 아니라, '따뜻한 기술 정책', '공감 기반의 문화 정책'이 될 수 있습니다.

제4장 AI 문화정책의 실행 구조와 예산 전략

– 기술은 준비되었다. 이제 실행과 예산이 정책을 살린다.

AI 문화기술이 정책으로 전환되기 위해서는 아무리 훌륭한 아이디어라 할지라도 실행 가능성과 예산 확보 전략이 뒷받침되지 않으면 지속될 수 없습니다. 이 장에서는 실질적으로 적용 가능한 실행 구조와, 단계별로 필요한 예산 항목 및 확보 전략을 함께 제시하고자 합니다.

1. 정책 실행의 핵심 원칙: 작게 시작하되, 확장 가능하게 설계하라

AI 문화정책은 반드시 거대 예산이나 전국 단위 대규모 사업으로 시작할 필요는 없습니다. 오히려 작은 성공 사례를 만들어내고, 그것을 기반으로 확산시키는 방식이 정책 지속성과 지역 수용성을 모두 높이는 효과적인 전략입니다.

예를 들어, 한 지역의 역사문화 유적지나 관광지를 시범지로 선정하여 AI 도슨트와 AI 뮤직, QR 기반 해설 시스템을 설치하고, 관람객의 반응 데이터를 수집합니다. 이 데이터를 분석해 콘텐츠를 개선하면서 지역 언론과 주민 의견을 통해 확산 동력을 만들 수 있습니다.

이러한 작은 실험–데이터 수집–확장 적용의 3단계 모델은 전국 어느 지역에서든 현실적으로 적용 가능한 전략이며, 예산 부담도 비교적 적습니다.

2. 실행을 위한 정책 조직 구성: 민관협력 구조의 3축 체계

성공적인 AI 문화정책 실행을 위해서는 다음과 같은 세 축이 함께 설계되어야 합니다.

(1) 중앙 또는 지자체 주관 조직
- 문화정책 또는 관광정책 부서 내 'AI 문화정책 전담팀' 구성
- 콘텐츠 선정, 지역 협력 조정, 예산 집행을 담당

(2) 기술 실행 전문기관 또는 협력 파트너
- 실제 AI 콘텐츠 설계 및 시스템 구축을 담당할 전문기관 선정
- 기술 검증 및 운영매뉴얼 제작, 모니터링 체계 구축

(3) 지역 기반 참여 주체
- 해설사, 교육기관, 청년 작가, 문화기획자 등 지역 인재와의 협업
- 콘텐츠 공동 기획 및 유지관리 참여 → 정책 지속성 확보

이러한 구조는 '중앙이 설계하고, 기술자가 구현하며, 지역이 함께 운영하는 3각 협력 구조'로 요약할 수 있습니다.

3. 실행 단계별 정책 로드맵

단계	기간	주요 내용
1단계	0~6개월	시범 지역 선정, 콘텐츠 기획, 시스템 구축, 주민 참여 설명회
2단계	6~12개월	시범 운영, 모니터링, 피드백 기반 개선, 지역 브랜드 홍보
3단계	1~2년	인접 지역 확장 적용, 인력 양성, 예산 확대 요청
4단계	2년~	전국 또는 권역 단위 확산, 국제 교류 연계, 수출형 모델 개발

4. 주요 예산 항목과 현실적 편성 방안

AI 문화기술 정책은 대규모 하드웨어 투자가 아니라, 콘텐츠 기획과 디지털 소프트웨어 중심 예산 구조로 구성되어 있습니다. 예산 항목은 다음과 같이 나뉩니다.

기본 구축비
- AI 도슨트 시스템 설치비
- QR 시스템 및 다국어 자동 해설 시스템 개발비
- 콘텐츠 음성 합성 및 음악 라이선싱 비용

콘텐츠 기획 및 운영비
- 지역별 맞춤형 콘텐츠 제작비
- 해설 대본 작성 및 전문가 자문비
- 콘텐츠 촬영 및 편집비

지역 참여 프로그램 운영비
- 해설사 교육 및 훈련비
- 청년 참여 작가 육성비
- 지역민 대상 AI 콘텐츠 참여 워크숍

홍보 및 확산비
- 지역 브랜드화 캠페인비
- SNS 및 미디어 홍보 콘텐츠 제작비
- 관광객 대상 사용자 가이드 제작비

5. 예산 확보 전략: 공공재원을 넘어 민간협력으로 확장하라

예산은 항상 한정적이지만, 창의적 조합과 전략적 분산으로 해결할 수 있습니다. 아래는 현실적으로 활용 가능한 예산 확보 경로입니다.

(1) 중앙정부 및 지자체 예산

- 문화재청, 문체부, 과기정통부의 디지털전환, 지역관광 공모사업 연계
- 지자체 문화관광 예산 내 유연 배분 또는 특별회계 활용

(2) 공공기관 및 지역기업과의 매칭 펀드
- 지역 은행, 농협, 상공회의소와 협력하여 '문화후원펀드' 조성
- 관광공사, 콘텐츠진흥원과의 공동기획 사업 추진

(3) 민간기업의 ESG 사회공헌 연계
- AI 문화기술을 활용한 '소외계층 문화향유권 확대' CSR 사업
- 디지털 취약계층 대상 서비스 확산 프로젝트로 ESG 가치 제고

(4) 교육부 및 교육청 연계 사업
- 초중고 창의체험학습 예산 활용
- 대학 지역협력단, 평생학습센터와의 연계 프로젝트 추진

6. 단순한 시스템 구축이 아니라, 지속 가능한 운영모델이 중요

많은 디지털 문화정책이 '1회성 전시', '설치만 하고 끝나는 시스템'으로 그치는 경우가 많습니다. AI 문화기술 정책은 반드시 콘텐츠의 생명력을 유지하고, 사용자와의 감성적 연결을 지속할 수 있도록 운영 주체, 교육, 데이터 피드백 시스템까지 전주기 관리 체계를 설계해야 합니다.

운영은 단지 유지비를 쓰는 일이 아니라, 지역 경제를 창출하고, 교육 효과를 확산하고, 시민 감동을 유지하는 가치 중심 구조가 되어야 합니다.

결론: 예산은 투자이고, 실행은 변화입니다

AI 문화정책은 단순한 IT 프로젝트가 아니라, 대한민국의 문화경쟁력, 지역의 생존전략, 국민의 감성 복지를 위한 종합적 정책 투자 모델입니다.

작게 시작하되, 멀리 보고 설계하십시오. 한 명의 해설사, 한 개의 AI 콘텐츠가 누군가의 기억과 삶을 바꾸게 될 것입니다. 그 변화의 시작에, 여러분의 정책이 있을 수 있습니다.

제5장 K-컬처 AI솔루션이 가져올 정책적 효과

- AI 문화기술 정책, 단순한 혁신을 넘어 미래 사회를 설계하는 길

정책은 눈앞의 문제를 해결하기 위한 도구이기도 하지만, 동시에 미래 사회의 방향을 설계하는 나침반이기도 합니다. AI 문화기술이 정책으로서 가지는 가장 큰 의미는, 지금까지 단편적으로 존재해왔던 기술, 예술, 교육, 경제, 복지라는 영역을 통합적 관점에서 연결해줄 수 있는 플랫폼이라는 점입니다.

이러한 통합적 정책 플랫폼은 단기 성과 중심의 단절된 프로젝트들과는 본질적으로 다릅니다. 오히려 그것은 시민의 삶을 장기적으로 변화시키는 연속적인 감동과 구조적인 혁신을 내포하고 있으며, 지속가능한 사회의 밑그림을 그려주는 정책 철학이라고 말할 수 있습니다.

1. 기술이 감성을 만나 정책이 되는 시대

AI 문화기술은 인간의 감정을 읽고, 기억을 기록하며, 경험을 이야기로 바꾸는 힘을 갖고 있습니다. 기술이 예술의 손을 잡고 감성에 닿았을 때, 그것은 단순한 시스템이 아닌 '감동을 주는 정책'이 됩니다.

예컨대, 단순히 유적지에 대한 정보를 전달하는 것을 넘어, AI가 "이곳에서 어떤 이야기가 있었고, 어떤 이가 울고 웃었는지"를 감성적으로 들려줄 수 있다면, 그것은 교육도 되고, 힐링도 되며, 지역에 대한 애정도 함께 심어주는 복합정책이 됩니다.

이제는 데이터와 코드만으로 정책을 설계하는 시대가 아닙니다. 우리는 감성, 기억, 문화, 정체성과 같은 '비가시적 가치'를 중심으로 정책을 설계해야 하는 시대에 진입하고 있습니다. 그리고 AI 문화기술은 그것을 가능하게 하는 실질적인 수단입니다.

2. 지역의 정체성을 지키며, 지역의 미래를 설계하다

AI 문화기술 정책은 지역의 이야기를 발굴하고, 그것을 콘텐츠화하여, 지역 경제와 지역 공동체의 정체성을 동시에 강화할 수 있는 도구입니다. 이러한 정책은 단순히 외부 관광객을 유치하는 데 그치는 것이 아니라, 지역 주민이 자부심을 느끼고, 스스로의 삶을 이야기로 표현하며, 지역을 가꾸고 사랑할 수 있게 만드는 문화적 자생력의 기반이 됩니다.

소멸 위기 지역, 청년 유출 지역, 산업 침체 지역도 AI 문화기술 정책을 통해 '문화 중심 미래전략 도시'로 전환할 수 있습니다. 이는 건물이나 도로를 새로 짓는 것이 아니라, 지역이 가진 고유한 감성의 재발견과 그것을 세대 간에 전승할 수 있는 시스템을 구축하는 일입니다.

지역을 살리는 방법은 결국 '지역만의 이야기'를 찾고, 그것을 기술로 증폭시키며, 사람들이 그것을 감동적으로 경험하게 하는 것입니다. AI 문화기술은 그 과정을 누구나 실행할 수 있도록 단순화하고, 확장 가능하게 설계할 수 있는 유연한 도구입니다.

3. 세대 간 연결, 교육 혁신, 일자리 창출의 융합

AI 문화정책은 단일 정책이 아니라, 복수의 사회적 과제를 동시에 해결할 수 있는 통합 솔루션입니다.

- 교육적 측면에서는 디지털 리터러시, 감성 스토리텔링, 창의적 문제해결 역량을 학생들이 직접 체험하고 배우는 교육혁신 플랫폼이 될 수 있습니다.
- 고용 측면에서는 기존의 일자리가 아닌, 문화+기술+감성을 융합한 새로운 직업군(예: AI 문화해설사, 콘텐츠 기획 큐레이터, 감성디자이너 등)을 만들어냅니다.
- 세대 간 통합 측면에서는 시니어가 지역의 이야기나 유산을 AI 콘텐츠로 전달하고,

청년이 그것을 영상이나 앱으로 표현함으로써, 기술을 매개로 한 감성적 협업이 가능합니다.

즉, AI 문화기술 정책은 교육, 고용, 복지, 문화, 기술이라는 각각의 문제를 하나의 흐름으로 연결하는 다중 효과 정책으로 기능할 수 있습니다. 이러한 정책은 사회 곳곳의 파편화된 문제들을 유기적으로 통합해주는 사회적 접착제 역할을 할 것입니다.

4. K-컬처의 내실화와 문화주권의 확장

지금까지 한류는 아이돌, 드라마, 영화 등 콘텐츠 수출 중심의 흐름이 강했습니다. 하지만 AI 문화기술이 정책화되면, 우리는 단순한 콘텐츠 소비국이 아닌, 감동을 설계하고 기술로 구현하는 '문화설계 선도국'으로 거듭날 수 있습니다.

이제는 BTS의 음악이나 넷플릭스의 드라마만이 한류가 아닙니다. 이제는 AI가 유적지에서 한국의 정체성을 설명하고, VR이 조선시대 풍경을 보여주며, 지역 주민이 직접 만든 AI 콘텐츠가 외국 관광객을 감동시키는 시대입니다.

이러한 흐름은 대한민국이 K-컬처의 중심지이자 문화주권의 주도국으로 성장하는 길을 열어줍니다. 우리가 우리의 이야기를, 우리의 기술로, 우리의 방식으로 세계에 전할 수 있을 때, 그것은 가장 강력한 문화적 자산이자 외교적 무기가 됩니다.

5. 결론: AI 문화기술은 새로운 정치의 언어입니다

정책은 결국 사람의 마음을 얻는 일입니다. 그리고 감동은 기술보다 앞서야 합니다. AI 문화기술은 바로 이 지점에서, 기술과 감성, 정책과 사람을 연결하는 새로운 정치의 언어가 될 수 있습니다.

누가 대통령이 되든, 누가 지자체장이 되든, AI 문화기술을 선택하는 순간 그는 단순한 정치인이 아니라, 미래를 설계하는 문화 리더로 자리매김할 수 있습니다. 그리고 그것은 바로 이 시대가 요구하는 가장 강력한 리더십의 조건입니다.

제6장 AI 문화기술 정책의 확산을 위한 실행 제언

– 가능성에서 실행으로, 이제는 선택이 아닌 실천의 시점입니다

AI 문화기술은 더 이상 미래의 이야기나, 특정 기술 기업만의 영역이 아닙니다. 이제는 공공정책의 현장 속으로 들어와야 하며, 교육과 경제, 복지, 문화, 외교를 아우르는 실천 가능한 통합 정책 전략으로 자리매김해야 합니다.

앞서 6부에서 살펴본 AI 기반 K-컬처 정책 모델은, 그 자체로 실행이 가능한 단계에 도달해 있으며, 이미 여러 지역과 파일럿 사업을 통해 실증된 바도 있습니다. 따라서 이 장에서는 AI 문화정책이 실제 현장에서 효과적으로 실행되기 위한 현장 중심 실행 제언 5가지를 정리하여 제안드립니다.

1. "작은 성공을 먼저 만들어라" - 시범사업으로 신뢰부터 확보하십시오

가장 먼저 필요한 것은 작지만 명확한 성공 사례입니다. 지역 주민, 공무원, 관광객, 청년, 시니어 모두가 체감할 수 있는 1~2개 지역 시범 사업을 설계해보시기 바랍니다.

예를 들어, 한 개의 전통시장, 한 개의 고택, 한 개의 유적지에 AI 도슨트 시스템과 QR 기반 해설, 감성적 AI 뮤직을 도입하여 관광객의 반응과 데이터, 인터뷰, 미디어 보도 등을 수집하십시오. 이러한 자료는 이후 의회 보고, 주민 설명회, 국비 확보, 타 지자체 확산 시 가장 강력한 '정책 신뢰 기반'이 되어줍니다.

2. "현장 중심 실행 주체를 키워라" - 주민과 지역 전문가를 연결하십시오

AI 문화정책은 기술이 전부가 아닙니다. 결국 현장을 잘 아는 사람, 지역을 사랑하는 사람이 운영해야 지속됩니다. 시니어 해설사, 청년 기획자, 지역 교사, 박물관 관계자 등과

함께 '**AI 문화정책 실행 협의체**' 또는 '**작은 운영 위원회**'를 꾸려보십시오.

이 구조는 상향식 참여와 감성적 공동체성을 동시에 담보하게 해줍니다. AI는 도구일 뿐이고, 사람의 이야기를 담고 그 감정을 해석하는 것은 결국 사람의 역할입니다.

3. "기존 정책 예산을 전환하라" - 새롭게 추가하기보다, 현명하게 전환하십시오

예산은 언제나 부족합니다. 그러나 AI 문화기술은 전통적인 예산 구조 안에서도 충분히 흡수 가능한 범위에 있습니다.

예를 들어, 기존의 문화재 안내판 설치 예산, 주민 참여형 문화활동 예산, 관광 홍보물 제작 예산, 체험 프로그램 예산 등을 통합하여 AI 해설 시스템과 감성 콘텐츠 제작으로 전환할 수 있습니다.

"지금 이미 쓰고 있는 예산의 방향을 바꾸는 것"이 실행의 첫걸음입니다.

4. "정책의 감동 스토리를 미디어로 확산하라" - 정책은 브랜드가 되어야 합니다

정책은 단지 시행되었다는 사실보다, 어떻게 알려졌는가가 더 중요할 때가 많습니다. 작은 성공 사례라도 영상 콘텐츠, 블로그, SNS, 카드뉴스, 미디어 인터뷰 등으로 사람들의 공감과 감동을 만들어야만, 정책은 브랜드가 되고, 공무원은 추진력을 얻고, 주민은 자부심을 갖게 됩니다.

'AI가 전하는 우리 동네 이야기', '할머니가 AI 해설사가 된 날', '청년이 만든 고향의 역사 뮤직'과 같은 콘텐츠는 정책 이상의 감동을 전하고, 다른 지역의 벤치마킹 대상이 됩니다.

5. "선거가 아닌, 시대를 바꾸는 정책으로 만드십시오"

끝으로 이 정책은 단기 선거용 공약이 아닌, 시대를 바꾸는 정책으로 실현되어야 합니다. 누가 대통령이 되어도, 누가 지자체장이 되어도, 이 정책은 지속되어야 하며, 민간이든 공공이든 함께 운영할 수 있어야 합니다.

정치인의 임기와 무관하게 학교, 마을, 도서관, 박물관, 유적지, 자연공원 등 지역 곳곳에 스며드는 생활 속 문화기술 정책으로 발전해야 합니다. 그렇게 될 때, 이 정책은 단지 공약이 아닌, 공감과 공생의 플랫폼이 될 수 있으며, AI는 그 중심에서 '기술이 사람을 돕는 시대'를 열게 될 것입니다.

맺음말

이제는 실현할 수 있습니다. 기술도 준비되었고, 콘텐츠도 개발되었으며, 실행 구조도 검증되고 있습니다. 남은 것은 여러분의 결단과 실행입니다.

AI 문화기술 정책은 선택이 아닌 필수, 그리고 '먼 미래의 꿈'이 아니라, 지금 이 순간 실행할 수 있는 가장 현실적이고 아름다운 정책 플랫폼입니다.

기술이 사람을 잊지 않을 때, 정책은 감동이 됩니다. 그리고 그 감동은 도시를 바꾸고, 지역을 살리며, 국가의 미래를 설계합니다.

K-컬처, AI도슨트로 날개를 달다

초판 인쇄 2025년 5월 12일
초판 발행 2025년 5월 17일

저 자 심재우·조혜인
발행인 김갑용

발행처 진한엠앤비
주 소 서울시 서대문구 독립문로 14길 66 205호(냉천동 260)
전 화 02) 364 - 8491(대) / **팩스** 02) 319 - 3537
홈페이지 주소 http://www.jinhanbook.co.kr
등록번호 제25100-2016-000019호 (등록일자 : 1993년 05월 25일)
ⓒ2025 jinhan M&B INC, Printed in Korea

ISBN 979-11-290-5918-5   [정가 **25,000원**]

☞ 이 책에 담긴 내용의 무단 전재 및 복제 행위를 금합니다.
☞ 잘못 만들어진 책자는 구입처에서 교환해드립니다.